論壇 24

全球化變遷與兩岸經貿互動：策略與布局

陳德昇　主編

Changes in Globalization and Cross-strait
Trade and Economic Interaction:
Strategy and Planning

序言

近數十年來，經濟全球化蔚為風潮，不僅導致產業供應鏈變遷，國家經濟實力的消長，亦對跨界資源整合，以及地緣政治發展造成實質影響。此外，基於國家利益優先與世界霸權地位爭奪，亦出現反全球化或逆全球化之趨勢，甚而啟動貿易、科技戰，並正影響全球經貿格局和版圖。

本書是政治大學國際關係研究中心「跨界創新與前瞻論壇」舉辦之「經濟全球化變遷挑戰研討會」論文集匯編。主要包括三大議題：（一）全球化反思與再全球化思路；（二）疫情衝擊與臺商全球生產網路重構；（三）全球化變遷與投資臺灣：案例分享與實務。

第一部分，譚瑾瑜「再全球化與投資臺灣：機遇與挑戰」文章指出：經濟全球化因金融風暴、美中貿易戰與新冠疫情出現趨勢轉變，影響全球供應鏈與價值鏈，展現再全球化新格局。臺灣在產業回流、升級與再投資臺灣趨勢下，電子產業、數位轉型與競爭力提升皆有表現，但在國際經濟整合仍面臨挑戰；高長在「中美貿易戰對全球化的影響、挑戰與因素」文中強調：美中貿易戰根本原因是美國霸權受到中國經濟崛起的威脅日增，並採取科技制裁影響經濟成長動能。在全球化與供應鏈快速變遷趨勢下，政府應協助廠商在美中矛盾中尋求左右逢源的商機。

楊欣倫撰「全球化、貿易戰與兩岸產業鏈重構」文章指出：在金融海嘯、新冠疫情與地緣政治衝擊下，全球化發展面臨挑戰，並導致供應鏈重構。在區域整合和關稅限制下，廠商勢必做策略性布局。此外，美中科技戰持續與國際對抗，全球經濟整合勢必限縮；長期鑽研金融產業的邱志昌

在「經濟與金融衝擊對全球化的影響」一文表示，除非國際間發生大規模武力衝突，現階段出現的美中貿易衝突、疫情影響，以及貿易規則調整將是短期趨勢。未來終將顯示，全球化才是人類文明進步最穩健的戰略。陳德昇在「經濟全球化與全球治理」文章中指出：美中貿易、科技戰與新冠疫情三大變數，深化經濟全球化局部與結構性變遷；供應鏈將朝區域化、分散化、彈性化與短鏈化調整。此外，全球治理將因大國與強國對立升高，以及國家利益的競合，而使得協調與合作不易落實。

第二篇「疫情衝擊與臺商全球生產網路重構」，劉孟俊與吳佳勳所撰「臺商全球布局：大陸臺商投資動向與趨勢」指出：隨著美中貿易、科技戰與新冠疫情衝擊，臺商大陸投資原料採購當地化，形成上游原料供給替代效果，昔日外銷取向亦漸轉為內需，並強調經濟、研發與多元服務。儘管如此，臺商處於經濟全球變遷與挑戰階段，其經營決策將增加難度。此外，全球化漸趨向區域化，勢必改變臺商海外投資布局；黃健群「美中貿易戰對臺商投資大陸影響」文章指出：隨著中共加入 WTO、美中貿易逆美擴大，以及「交往促變」政策失敗，美中矛盾難解。此外，美中貿易戰亦導致臺商經營成本上升、思考全球布局。研究顯示，不同產業有在策略選擇差異，也顯現移轉的困境和開發內需市場的布局。

徐遵慈在「全球化變遷下的臺灣產業南向布局」文章指出：雖然經濟全球化創造全球經濟榮景，但在國家主義、貿易保護主義、地緣政治衝突下與美中貿易戰，皆顯示全球化浪潮受挫。臺灣企業在面對全球化與國際化背景下啟動海外投資，投資東南亞之南向政策即是策略布局。臺灣企業啟動「新南向政策」2.0 版，將面臨新的契機和挑戰；許加政、張儀穎撰「大陸推動『新基建』與臺灣資通訊產業契機」文中表示，中國大陸自 2018年起即提出「新基建」概念，可視為擴大有效投資，促進數位經濟發展的重要手段，估計在 5G、人工智慧與工業互聯網等新型基礎設施將有大規

模投資需求，其所需配套之半導體、通訊模組、伺服器生產，皆為臺灣資通訊產業的強項，有利於商機和市場參與。中共「十四五」（2021-2025）時期為「新基建」建設重點階段。

第三篇為「全球化變遷與投資臺灣」。陳華昇在「全球化與臺商投資變遷」文章指出：應對全球化趨勢變遷與供應鏈重組影響，企業營運強化韌性，並做布局調整。其中包括：續投資大陸並開展內需市場，或是同步開發東南亞新興市場；選擇回臺投資，重啟閒置產線或擴大產能、重設新廠；因應各國產業政策優惠與品牌產商需求前往他國投資。此外，為貼近終端消費市場，並應對「短鏈化」要求，而做全球布局之安排；羅懷家在「臺商因應全球產業變遷與投資臺灣策略」指出：兩岸經貿互動與發展之沿革，呈現成長快速、產業競合與互補互利的格局。當前隨著美中貿易與新冠疫情多採行規避風險之作為。此外，政府吸引臺商回臺投資統一事權、提供優惠已發揮效果，但臺商仍應全球布局與定位，非單一偏向返臺投資，而應布局成長快速之市場。

本書完成必須感謝孟辰與治元助理悉心的編校和連繫，也對印刻出版社同仁專業服務表達謝意。

陳德昇

2021 年 11 月 10 日

目錄

作者簡介（按姓氏筆畫排列）

吳佳勳

國立臺灣大學農業經濟學博士，現任中華經濟研究院副研究員兼副所長。主要研究專長為國際貿易、農業經濟、中國經貿政策研究。

邱志昌

淡江大學財務金融學系博士，現任鉅亨網證券投資顧問公司董事。主要研究專長為國際金融研究與情勢研究、全球主要股債匯市預測、財務金融理論與實務驗證。

徐遵慈

東吳大學法律研究所碩士，現任中華經濟研究院副研究員兼臺灣東協研究中心主任。主要研究專長為國際經濟法、國際組織、東南亞研究。

高　長

美國紐約州立大學（Binghamton）經濟學博士，現任國立東華大學公共行政學系榮譽教授。主要研究專長為中國大陸經濟金融、兩岸經貿關係、區域經濟發展。

張儀穎

中興大學財金研究所碩士，現任資訊工業策進會分析師。主要研究專長為新興科技應用、新創與獨角獸、智慧城市。

許加政

　　文化大學資訊傳播所碩士，現任資訊工業策進會資深產業分析師。主要研究專長為中國大陸總體經濟、中國大陸新興產業、中國大陸工業互聯網。

陳華昇

　　政治大學東亞研究所博士，現任臺灣經濟研究院兩岸發展研究中心主任及研究九所副所長。主要研究專長為兩岸關係、中共政經改革、區域經濟整合。

陳德昇

　　政治大學東亞研究所博士，現任政治大學國際關係研究中心研究員。主要研究專長為全球化、跨界治理、兩岸互動。

黃健群

　　政治大學東亞研究所博士，現任中華民國全國工業總會大陸組組長及文化大學兼任助理教授。主要研究專長為兩岸經貿研究、全球產業趨勢、國際政治經濟學。

楊欣倫

　　英國格拉斯哥大學全球經濟碩士，現任工業技術研究院產業科技國際策略發展所電子與系統研究組研究員。主要研究專長為總體經濟、產業政策、通訊標準與產業發展。

劉孟俊

　　澳洲莫納什（Monash）大學經濟學博士，現任中華經濟研究院第一研究所研究員兼所長。主要研究專長為中國經濟、中國科研體制與高科技產業、國際貿易投資。

羅懷家

　　中國政法大學經濟法學博士，現任財團法人光電科技工業協進會執行長。主要研究專長為國際經濟、兩岸經貿關係、高科技產業發展。

譚瑾瑜

　　中央大學經濟學博士，現任臺灣經濟研究院研究九所研究員兼所長、全國工業總會大陸事務委員會委員。主要研究專長為區域經濟、兩岸經濟、中國大陸經濟。

全球化反思與再全球化思路

再全球化與投資臺灣：機遇與挑戰

譚瑾瑜

（臺灣經濟研究院研究九所所長）

摘要

　　二次大戰後全球化浪潮興起，世界經濟受益於自由化，全球貿易及投資因而快速成長，然自 2008 年全球金融風暴後有減緩及停滯的趨勢。加之美中貿易逆差，隨著中國大陸融入全球經貿體系愈趨惡化，美中貿易戰及科技戰遂而吹起裂解全球價值鏈的號角；新冠肺炎疫情蔓延，全球價值鏈貿易因物流體系中斷而重挫，進而促使各國省思戰略物資產業的重要性，亦強化跨國企業分散生產基地的決心。

　　面對再全球化新局，世界將面對國際生產體系之轉型與跨國投資的銳減，在產業回流、生產布局多元化、區域化及複製化生產之國際生產方式轉變下，臺灣受益於堅實的電子零組件產業基礎，在積極推動投資臺灣、升級臺灣核心產業及優化臺灣數位基礎環境等積極作為，臺灣在再全球化新局中已掌握先機。惟仍須注意形成中的東亞區域整合進一步鞏固東亞供應鏈之可能，若干產業在國際生產變局下將面對更激烈的競爭，政府必須關切與因應。

關鍵詞：再全球化、美中貿易戰、新冠肺炎、供應鏈

壹、前言

自美國川普總統上任倡議美國優先以來，引發美中貿易戰興起貿易保護主義再起的憂慮，2020 年新冠肺炎蔓延緊急封城所造成的世界各國經濟衝擊，更加速各界正視全球化對於各國經濟體制運作之影響，並在疫情趨緩重新解封之際，有必要重新檢視經濟全球化所建構的全球貿易體系及產業供應鏈，並做出新的調整與作為。

此波調整與作為對於身處全球化的各國，都將有新的挑戰與契機，臺灣亦不例外。為探討此一趨勢下臺灣之機遇與挑戰，本文擬將疫情之後的經濟全球化轉變方向與趨勢，以「再全球化」定義之。在「再全球化」之中，探討投資臺灣的機遇與挑戰。

本文擬先盤點經濟全球化歷程，點出全球化風潮演進後，當前美中爭霸的全球化背景，透過衡量經濟全球化，評估全球化對全球經濟之影響，並探討全球化減緩之原因。接續探討美國與中國大陸在經濟全球化過程中的緊密與競合歷程，以探索美中貿易戰起因與全球化風潮之關聯性；再者，面對新冠肺炎爆發，分析其對全球化轉變之角色及其後續影響；最後透過探討「再全球化」時代之新局，提出投資臺灣之機遇與挑戰。

貳、全球化與全球經貿發展

18 世紀中葉的工業革命造就近代第一波全球化浪潮，然而兩次世界大戰爆發摧毀了第一波全球化所帶來的經濟榮景。二次戰後，隨著殖民主義終結並放棄對領土和天然資源的掠奪，建構布列敦森林體系（Bretton Woods System）。依序成立世界銀行（WB）、世界貨幣基金（IMF）、關稅暨貿易總協定（GATT）等，基於比較利益，致力於消除貿易壁壘的第

二波全球化浪潮正式開啟，並在柏林圍牆倒塌、中東歐及蘇聯解體之後，世界各國逐步融入經濟全球化體系。1995 年世界貿易組織（WTO）接續 GATT 任務，於烏拉圭回合談判主談消弭全球關稅障礙之後，進一步關切貿易與投資自由化、便捷化議題，擔任消弭全球非關稅障礙之重責。

　　WTO 多邊談判於杜哈回合談判後便停滯不前，區域貿易協定代以促進區域間經濟合作，透過雙邊與多邊自由貿易協定（FTA）之洽簽，完成區域貿易與投資自由化、便捷化目標，進而發展巨型 FTA，實踐區域貿易協定簽署有利於 WTO 達成全球貿易自由化之目標。以亞太地區為例，跨太平洋夥伴全面進步協定（CPTPP）生效，成員包含亞太地區的日本、加拿大、墨西哥、澳洲、紐西蘭、越南等 11 個成員，人口規模將近五億（占全球 7%）、GDP 超過 11 兆美元（占全球 13.1%），使亞太區域經濟整合，向經濟全球化跨出一大步（貿易局，2020）。

　　若以貿易自由化指數（trade openness）檢視經濟全球化 [1]，可以清楚觀察到貿易占全球 GDP 的比重，從二戰結束低於 10%，不斷上升至 21 世紀近 50%，顯示第二波全球化浪潮藉由貿易成長，為世界經濟繁榮做出貢獻（圖 1），若由貿易的組成觀察，隨著全球化之進展，製成品占全球貨品貿易比重大幅提升，至 2015 年，製成品全球貿易比例已大幅提升近三倍，其占比超過 50%，且服務貿易占比亦逐年上升至 2015 年的 10%，顯示全球化帶來的商業服務、運輸與觀光等人員流動的全球化。此外，新興市場經濟體在全球價值鏈（GVCs）的參與度急劇上升，2014 年新興市場經濟體參與的全球價值鏈貿易占比已達 50%，僅中國大陸便占 19%，特別值得注意的是，跨國企業在貿易自由化及全球價值鏈貿易中扮演相當重要的角色，對外貿易有 90% 與跨國企業有關，且跨國企業的母國主要均為已開發

1　貿易自由化指數定義為：全球貨品貿易與服務貿易總額占全球 GDP 之比重，以此衡量全球化對世界經濟成長的貢獻程度。

國家（圖 2）（國際清算銀行，2017）。

圖 1：貿易與全球化歷程

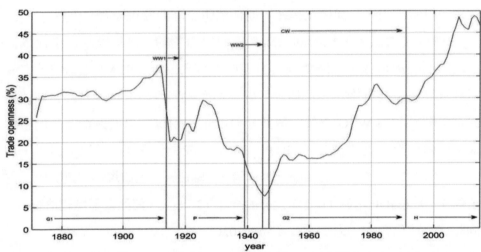

資料來源：António M. Lopes J. A. Tenreiro Machado John S. Huffstot Maria Eugénia Mata.
2018."Dynamical analysis of the global business-cycle synchronization,"
https://journals.plos.org/plosone/article?id=10.1371/journal.pone.0191491.
(Accessed on June 26, 2020).

圖 2：國際貿易愈趨複雜

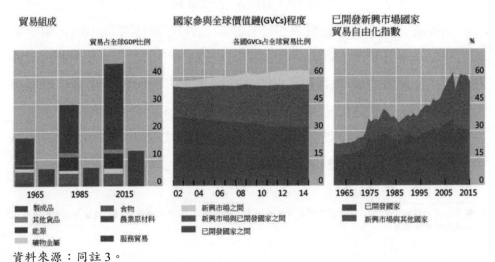

資料來源：同註 3。

　　另資本跨國流動也是全球化最主要的指標之一。隨著二戰後冷戰結束，WTO、歐盟（EU）相繼成立，各國爭相吸引外部資金投資，全球外人直接投資（FDI）流入在 1990 年代因而快速上升，在 2015 年突破 2 兆美元，達到頂峰（圖 3）。

圖 3：全球 FDI 流入趨勢

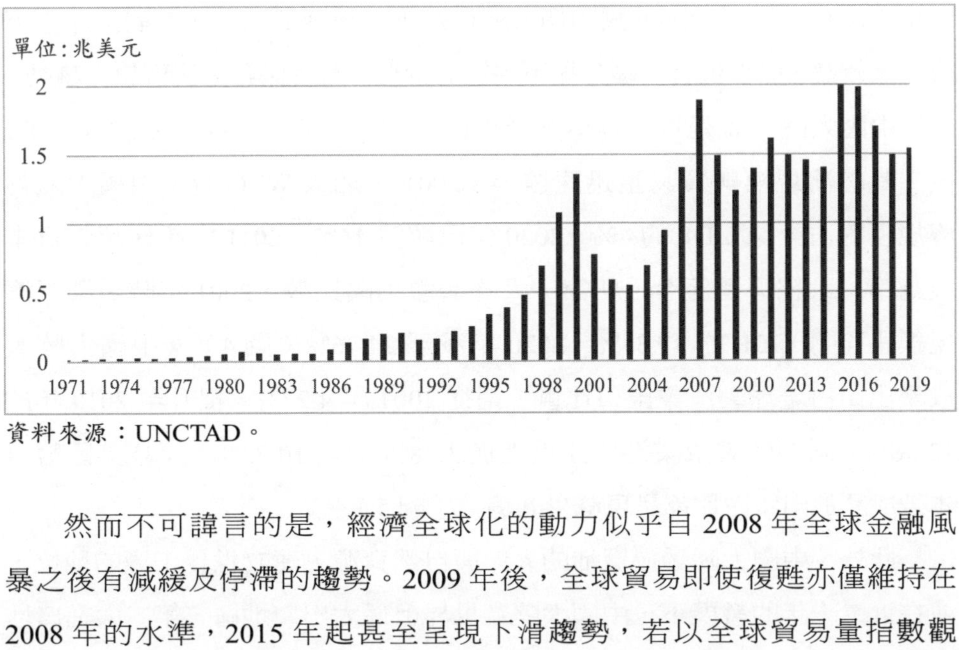

單位：兆美元

資料來源：UNCTAD。

　　然而不可諱言的是，經濟全球化的動力似乎自 2008 年全球金融風暴之後有減緩及停滯的趨勢。2009 年後，全球貿易即使復甦亦僅維持在 2008 年的水準，2015 年起甚至呈現下滑趨勢，若以全球貿易量指數觀察[2]，全球出口成長在 2010 年大幅反彈後便呈現下滑趨勢，美中貿易戰使 2019 年全球出口成長再度出現負成長；雖然全球 FDI 流入一直到 2014 年後才開始趨緩，2015 年後持續呈現負成長趨勢。另瑞士蘇黎世聯邦理工學院編製的全球化指數（KOF）可以發現[3]，2008 年全球金融危機之後，經

---

2 全球貿易量指數定義為：世界各國貨物出口金額成長率，以 100 為基準顯示較去年同期零成長，大於 100 表示正成長，小於 100 為負成長，以表示每一年貿易量較前一年的成長情況。

3 KOF 全球化指數分為經濟、社會、政治全球化三部分，其中經濟 KOF 指標的編製方式包括實際流量及限制程度兩部分。實際流量包括貿易、外人直接投資存量、財務投資、外國人收入占國家 GDP 比重等；

濟全球化幾乎沒有成長。

　　經濟全球化除了出現停滯的趨勢之外，事實上經濟全球化亦出現恐有拉大社會貧富差距及影響工資成長、就業機會的疑慮，也因此自 1990 年代以來，經濟全球化發展的同時，常伴隨著反全球化的活動與呼籲，並提出包括提高關稅及非關稅壁壘保護國內產業、要求對跨國資本與人員移動進行管控、要求提高國內勞工薪資及保護工作權益等主張。此外，經濟全球化不僅有上述可能影響國內個人所得及工作機會的情形，其對全球經濟成長之效益，似乎也有各國分配不平等的情形，而有保護主義再起之趨勢。

　　中國大陸可說是近代經濟全球化最大的受益者。中國大陸加入 WTO後，其經濟規模與貿易量迅速擴張，2001 年加入 WTO 時，中國大陸經濟規模約占全球 GDP 的 4%，2020 年已超過 16%，2011 年起便超越日本成為第二大經濟體至今，與第一大經濟體美國比較，2001 年時美國經濟規模占全球 GDP 的 31.38%，2020 年減至 24.76%（圖 4）；中國大陸製成業出口占全球製成業出口比重，則從 2001 年 4.27%，提升至 2019 年的13.06%，同期間製成業進口比重則從 3.78% 增至 10.73%，反觀美國與日本製成品進出口占比都呈現減少的趨勢（圖 5）。

　　此外，中國大陸透過豐沛的人口與自然資源，建立世界工廠的地位，並在近二十年的發展下，中國大陸為世界上最大出口地區、第二大進口地區，成為世界上多數國家的最大貿易夥伴，包括美國、日本、南韓、新加坡、澳洲、東協、歐盟、拉美、非洲等，中國大陸均為第一大出口地區。圖 6 清楚顯示中國大陸在加入 WTO 之後，逐漸取代美國，成為世界各國最主要貿易夥伴的事實。

　　限制程度包括隱性進入障礙、主要關稅稅率、國際貿易租稅占經常帳收入比重、資本帳管制等。

圖 4：主要國家占全球 GDP 占比變化

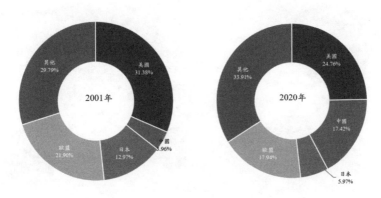

資料來源：IMF。

圖 5：主要國家製成品進出口占比變化

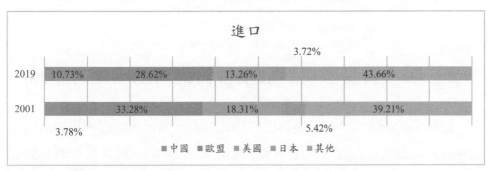

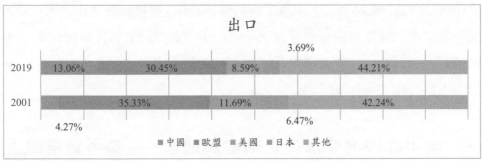

資料來源：World Bank。

圖 6：美國與中國大陸在世界各國貿易份額之變化

資料來源：Iman Ghosh. 2020. "How China Overtook the U.S. as the World's Major Trading Partner," https://www.visualcapitalist.com/china-u-s-worlds-trading-partner/ (Accessed on June 26, 2020).

參、美中貿易戰與新冠疫情對經濟全球化的意涵

　　經濟全球化使得世界貿易與投資快速成長後趨緩，新興市場經濟體積極參與全球價值供應鏈，其中中國大陸在加入 WTO、融入世界貿易體制之後快速成長，成為全球各國最主要的貿易夥伴。在經濟全球化的過程中，美中經濟深化後逐漸產生競合關係，因而引發美中貿易戰及科技競逐；而新冠肺炎的爆發更加快各國對於經濟全球化的檢視，並作出再全球化之決定與重點方向。

一、美中在經濟全球化之緊密與競合——美中貿易戰之起因

　　經濟全球化除了使中國大陸與全球各國經貿關係愈趨緊密，亦使美國

及中國大陸彼此貿易依存度高、經濟愈趨依賴。1996 年美國延續對中國大陸的最惠國待遇、2001 年中國大陸加入 WTO 國際貿易體系中，原是希望拓展中國大陸龐大具潛力的內需市場，以改善美中貿易逆差。

惟事與願違，美中貿易逆差隨著中國大陸加入 WTO、融入經濟全球化後嚴重惡化。2001 年中國大陸僅為美國的第九大出口市場及第四大進口來源，美國對中國大陸出口 192 億美元，進口 1,022 億美元，存在 838 億美元的貿易逆差，占美國整體貿易逆差的 20%。爾後美中貿易逆差逐漸擴大，川普上任前，2016 年中國大陸為美國第三大出口市場及第一大進口地區，美國對中國大陸出口金額為 1,156 億美元，進口 4,626 億美元，貿易逆差高達 3,470 億美元，為 2001 年美中貿易逆差的 4 倍，2018 年美中貿易逆差不但再創歷史新高，亦占美國總貿易逆差的 48%，改善貿易逆差結構勢在必行，且主要對象即為中國大陸（圖 7）。

圖 7：美國貿易逆差結構

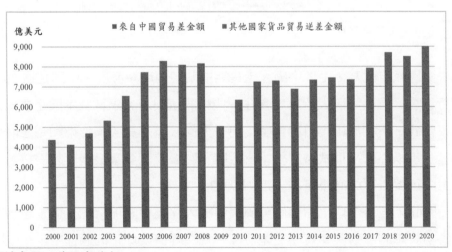

資料來源：美國商務部。

　　其次，從圖 8 可以看出美國雖為全球專利授權大國，然而近幾年呈現專利授權輸出下滑的事實；同期間中國大陸專利授權進口金額增加（圖9），亦使中國大陸希望改善技術進口大幅逆差，而積極致力於發展自主產業供應鏈，掌握關鍵零組件的高階生產技術，希望提升產業競爭力。在中國大陸提出中國製造 2025 計畫、希望成為製造強國之後，更使美國憂心不當技術外流引發技術優勢不再的可能性。

圖 8：美國國際專利授權金額比重

資料來源：美國商務部。

　　美國政府認為，由於中國大陸長期補貼國內產業發展，中國製造 2025施行後，一方面中國大陸政府會在一些相關新興產業領域為本國企業提供政策傾斜，不利於市場自由競爭；另一方面，為避免美國技術和智慧財產權進一步以不公平形式轉讓給中國大陸，影響美國產業發展，故需持續加大對中國製造 2025 相關產業的圍堵力道。

　　因此，經濟全球化的確使美國與中國大陸經貿關係深化，但未達到美國當初設想的改善美中貿易逆差目標，且在經濟全球化的過程中，在中國大陸希望透過中國製造 2025 發展自主供應鏈之際，美方認為存在不公平競爭，並涉及美國及中國大陸之間的科技技術之爭。

圖 9：中國大陸專利服務貿易金額

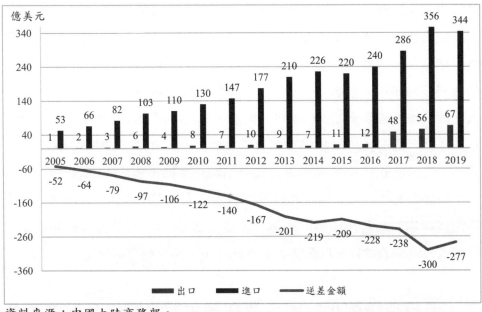

資料來源：中國大陸商務部。

　　美國商務部於 2018 年 3 月，完成對中國大陸 301 調查，強調中國大陸對美存在以下四項侵害美國智慧財產權的行為：一、限制外資持股比例，強迫美商技術轉移；二、以非市場價格要求美商進行技術授權；三、政策性支持陸企在美投資以獲取尖端技術；四、網路竊取美商營業秘密。爾後，2018 年 6 月 19 日美國白宮貿易與製造業政策辦公室提出《中國經濟侵略如何威脅美國和全球科技及智慧財產權》報告，列舉中國大陸六種經濟侵略行為，包括非關稅壁壘與高度不透明的監管制度、政策性補貼、海外天然資源控制、竊取智慧財產權等，認定中國大陸欲透過中國製造 2025 計畫，掌握能推動未來經濟成長的新興高科技產業，並包含許多重要防衛應用，在雙方反覆交涉與協商破裂後，2019 年美中貿易戰正式開啟，雙方不斷提高關稅課徵範圍與規模。

此外，自 2018 年下半年以來，美國便開始透過強化管制上述作為，防堵中國大陸竊取美國高科技，並在美中貿易戰之後，進一步提高至美中科技戰之技術圍堵，2019 年 5 月白宮發布出口禁令，重點打擊中國大陸科技巨擘華為、中興及其他科技公司，美國提出一系列強化管制中國大陸竊取高科技的作為，包括：一、修正《外國投資風險審查現代化法案》，擴大美國外來投資委員會（CFIUS）權責，防止中國大陸運用投資併購竊取技術；二、提出《2018 出口管制改革法案》，將出口管制擴大至國家安全層面；三、防止技術透過學研交流流出境外；四、提出 14 項新興技術進行出口管制等作為，防堵新興科技再與中國大陸有所連結，進而與中國大陸再度建構新興科技產業供應鏈。即便在 2020 年 1 月雙方終於達成第一階段貿易協議的成就，但衝突並未就此結束，甚至越來越激化。

二、新冠疫情強化跨國企業在美中貿易戰後分散生產基地的決心

2020 年年初爆發的新冠疫情肆虐全世界，除了造成各地人民確診感染甚至死亡，各國被迫採取封城、暫停商業活動等抑制疫情擴散的作為，亦使全球貿易及經濟成長倍受衝擊，世界銀行（WB）6 月最新經濟展望報告預估今年全球經濟將衰退 5.2%，世界貿易組織（WTO）則視全球復甦力道，預估今年貿易量將衰退 12.9% 至 31.9% 之間。

疫情迅速蔓延全球造成物流體系中斷，凸顯出經濟全球化，相當依賴海空運物流體系鏈結全球分工體系的事實，而中國大陸在全球價值鏈（GVC）參與程度近乎五分之一，過於依賴中國大陸世界製造工廠製造各類商品的後果，便是在疫情爆發後全球物流體系因封鎖而中斷後，危及國內民生物資及醫療需求，進而引發各國對於疫情相關戰略物資產業安全的

考量。

　　中國歐盟商會和德國海外商會大中華區聯盟（AHK）在 2020 年 2 月 20 日共同發布《新冠肺炎疫情對歐洲在華企業業務影響聯合調查》指出，高達 90% 歐洲企業表示受到中高程度的影響，且 48% 歐洲企業預期 2020 年上半年營收將出現兩位數的衰退，超過半數受訪企業反映需求降低，近半數表示由於物流干擾、缺工以及供應短缺造成的生產延遲，已無法趕在期限內出貨，因而企業也面臨現金流、越來越高的法遵成本以及進行投資決定等挑戰。另日本貿易振興機構於 2020 年 3 月至 4 月調查在中國大陸華東及華南地區的 1,167 家日本企業，結果顯示 14% 的華東地區日企及 15% 的華南地區日企將做出調整供應鏈的決定。

　　美中貿易戰所導致的跨國生產不確定風險升高，全球供應鏈已發生轉單效應，經此疫情顯現供應鏈斷貨衝擊之後，將促使長期高度依賴中國大陸之跨國企業正視其戰略布局，加速建置多元生產基地與分散市場，同時強化關鍵零組件在母國生產的備援能量並啟動雙源採購，於境內與境外同時進行採購，以確保滿足國內需求（中央銀行，2020）。

肆、再全球化之機遇與挑戰

　　中國大陸加入 WTO 之後，美中貿易逆差隨著中國大陸融入經濟全球化體系後嚴重惡化，美中貿易戰及科技戰因而開打。美中貿易戰雖然已達成第一階段美中協議，然而美中貿易戰後已透過關稅調升出現轉單效應，美國進口產品之國際生產地區開始變化。倘若觀察美中貿易戰後之貿易行為，可觀察到若干清單項目在關稅調升之後已產生轉單效應。舉例而言，在清單二電子零組件部分，2019 年美國自中國大陸進口金額大幅下降至 14.73 億美元，占美國進口零組件金額比重亦減少至 8.6%，同期間美國自

臺灣、馬來西亞、韓國等國進口比重依序增加 3.07%、1.67% 及 1.13%，可以看出美國清單二電子零組件產品部分訂單，已有移轉至臺灣、馬來西亞、韓國及其他地區的趨勢（譚瑾瑜 2020）。若轉單效應持續，有可能在跨國企業調整下進行全球供應鏈重組，長期透過全球企業投資布局改變，進而影響經濟全球化的發展。

美中科技戰在投資審查趨嚴及華為孟晚舟事件後，已使中國大陸對美投資及購併迅速大幅減少，並進而衝擊全球外人直接投資之成長，2020 年以來，落實 14 項新興科技清單出口管制及華為禁令為加溫美中科技戰之主線戰場，將可能透過引發全球供應鏈裂解影響經濟全球化之發展。

以華為禁令為例，美國運用擴大實體名單擴大管制範圍，然而供應華為的美商包含高通、博通、英特爾等晶片大廠及德州儀器、村田、亞德諾半導體（Analog Devices）等知名電子元器件生產商，限制企業出口給華為，不但使美國企業無法供貨而少了許多商機、原有的供應鏈呈現斷鏈困境，亦產生美國大廠有被迫退出通訊行業標準制定的危機。因此，美國商務部工業與安全局（BIS）於 2020 年 6 月 18 日發布新規，在不會改變《2018 出口管制改革法案》（EAR）對技術是否適用的前提下，放寬美國企業在與華為接觸前不須獲得許可證始能接觸的禁令，確保美國企業可以參與國際通訊行業標準制定，解除被排除在全球 5G、自駕車、人工智慧及其他尖端技術標準制定的危機。然而華為禁令已經使華為供應鏈廠商在衝擊之下思索解決之道，中國大陸有可能藉由強化自主研發實現進口替代，並與非美企業發展新的供應鏈以茲因應。

2020 年 6 月中旬出版的《2020 年世界投資報告》，指出 2019 年全球經濟受疫情影響遭受嚴重衝擊，今年全球的 FDI 將下降至低於 2008 年全球金融危機的水準，在以出口及與商品相關的投資受到波及最深之下，流入開發中國家的資金將受到特別嚴重的打擊，預計 2020 年流入亞洲發展

中經濟體的 FDI 將下降高達 45%。COVID-19 危機對 FDI 除了立即的影響
之外，並將在長期產生永久的影響。報告中詳述 FDI 受到疫情影響之一系
列傳導機制，包括：一、疫情發生遏制病毒傳播的當下，立即導致 FDI 正
在投資項目及已宣布併購的投資案延宕；二、短期跨國企業下調再投資及
新投資項目之利潤、進一步影響母公司營利之外，若干國家祭出投資審查
機制以保護國家利益及當地資產不被收購；三、中期將應對全球經濟衰退
的事實，全球需求嚴重收縮將抑制新的投資計畫，預期將導致 2020 年和
2021 年 FDI 銳減；四、長期跨國企業將朝著調整供應鏈彈性和確保關鍵中
間財及產品生產安全的方向發展，並可能因為政府政策推動國家或區域內
戰略物資生產供應鏈自給自足，而使得國際生產加速回流或區域化後，導
致 FDI 進一步的下行壓力。

　　疫情之後，針對未來十年國際生產體系之轉型，聯合國貿易和發展會
議（UNTCAD）官員詹曉寧強調，國際生產轉型不是簡單的去全球化或是
全球化進一步加深的過程，而是兩者的綜合體，並提出產業回流、生產布
局多元化、區域化以及複製化生產四種轉變軌跡。首先，產業回流主要影
響的是技術含量較高的價值鏈密集型產業，呈現短鏈、生產區域更集中的
趨勢；其次，生產布局多元化則將影響服務業和複雜價值鏈製造業，生產
布局多元化有助於增加經濟體和企業參與全球價值鏈的機會，但前提是要
有完善的數位基礎設施以茲因應；再者，加工業及農業則會走向生產區域
化，除了原本運用全球效率驅動型投資，將縮小為運用區域內市場驅動型
投資之外，部分原本運用在全球價值鏈中垂直分工之投資，將轉赴產業基
地及產業群聚進行投資；最後，在自動化及 3D 列印之技術創新下，複製
化生產將促進樞紐型和區域加工產業的發展，外資將從大規模產業活動轉
向相對分散的製造業，在建構完善的硬體及數位基礎建設之後，可以提供
各國國內生產基地及配套服務（北京新浪網，2020）。

　　由上述趨勢可以看出，疫情後再全球化的國際生產發展趨勢將朝向短鏈、附加價值高集中生產、愈趨減少的跨境生產投資，此亦表示未來國際生產將面臨全球價值鏈崩解重組的挑戰與機運。全球各地都可能發生跨國企業撤資或是轉移陣地的挑戰，在開發中經濟體經濟成長與 FDI 流入呈現正相關趨勢下，各國在再全球化之中必須構建更適宜、更吸引外資的投資環境，並有機會在國際生產重組的過程中，掌握新局。

伍、投資臺灣的機遇與挑戰

　　綜整上述再全球化浪潮特色，原本帶動貿易快速發展的全球價值鏈貿易面臨調整，而有下行的壓力；國際投資將因應疫情的短、中、長期的調整而有銳減的可能；未來十年國際生產體系朝向短鏈、附加價值高集中生產、跨境生產投資愈趨減少，擁有完善的硬體及數位基礎建設，將是吸引跨國企業進駐進行再全球化新型態的國際生產必要條件。

　　臺灣電子零組件、資通與視聽產品為出口大宗，2019 年兩者占臺灣出口的 47.2%，雖有美中貿易戰之衝擊，電子零組件產品、資通與視聽產品出口及貿易出超持續成長，2019 年電子零組件產品出超 530 億美元，資通與視聽產品出超 254 億美元，透過貿易成長為臺灣經濟做出貢獻。上述兩大產品均為技術含量高的價值密集型產業，在臺灣具有生產優勢的情況下，可以預期將成為再全球化浪潮下臺灣之主力出口產品之一。此外，上述兩大類產品亦受益於資訊科技協定（ITA）出口零關稅之優勢，使得臺灣在全球及亞太區域形成的全球供應鏈中扮演關鍵地位，在美中貿易戰及科技戰後調整產能布局，國際生產分鏈因應新局。

　　若再對照投資臺灣事務所所公布的資料，可以發現電子零組件產業回臺投資金額及占比亦相當顯著。此波回流臺商的產業屬性，最主要集中在

光電、電子零組件、半導體與電腦及周邊設備等，其中電子零組件產業回臺投資 27 家，金額達 1,001 億元，占比約 21.55%；半導體產業 11 家，金額達 642 億元，占比約 13.84%；電腦及周邊設備產業有 8 家，金額為 501 億元，占比約 10.79%。

臺灣於 2019 年 1 月 1 日成立「投資臺灣事務所」，提出投資臺灣三大方案，包含歡迎臺商回臺投資行動方案、根留臺灣企業加速投資行動方案及中小企業加速投資行動方案等，協助打通海內外臺商在臺投資的障礙。而為了因應全球新興產業的發展趨勢，加速我國產業升級及結構轉型，積極推動 5+2 產業創新計畫，提出亞洲・矽谷、智慧機械、綠能科技、生技醫藥、國防等五大產業創新及新農業、循環經濟，期能促進我國產業朝向創新模式發展，進而在此基礎上，打造六大核心戰略產業，包含強化資訊及數位產業發展、發展結合 5G 時代／數位轉型及國家安全的資安產業、生物及醫療科技產業、軍民整合的國防及戰略產業、綠電與再生能源產業，以及確保關鍵物資供應的民生與戰備產業等。佐以數位國家・創新經濟發展方案（簡稱 DIGI+ 方案），希冀透過：一、建構有利數位創新之基礎環境；二、全方位培育數位創新人才；三、數位創新支持跨產業轉型升級；四、成為數位人權、開放網路社會之先進國家；五、中央、地方、產學研攜手建設智慧城鄉；六、提升我國在全球數位服務經濟之地位等六大策略，提升數位匯流創新應用基礎環境。

由上述政策可以看出臺灣希望吸引投資進駐臺灣的用心，亦有掌握新興科技及數位基礎建設之重要性，而在疫情之後，因應時局關注資安產業發展，在既有電子零組件及資通訊產業既有基礎上，因應再全球化趨勢，吸引資金進駐臺灣，希望以投資帶動貿易成長，鞏固臺灣產業在全球供應鏈變遷下的角色。

惟在再全球化之新局下，臺灣仍不能忽略區域進一步深化鏈結的趨

勢。疫情提升強化區域間經貿互動之需求，加以跨太平洋夥伴全面進步協定（CPTPP）、區域全面經濟夥伴協定（RCEP）等巨型區域貿易協定的生效或簽署，早已表明深化區域間的經貿合作已是共識，因而受美中貿易戰衝擊的全球產業供應鏈，隨著疫情蔓延及逐漸加溫的美中科技戰，將加快裂解形成區域供應鏈。

受制於關稅提高及美方所要求的結構性改革壓力下，中國大陸可能會藉由原先的東協加一自由貿易區及區域全面經濟夥伴協定（RCEP）的形成，恰好進一步深化中國大陸、日本、韓國、紐澳及東協之間區域連結，逐漸建立屬於自己的東亞產業供應鏈。由於東協加中國大陸自由貿易區已形成多年，臺商在近十年間持續因應臺灣與東亞地區關稅障礙，運用臺灣接單、海外生產的營運模式，發展出臺商跨國產業鏈之營運模式。可以預期隨著 RCEP15 的簽署及生效，此趨勢將更加明顯，面對日本、韓國與臺灣在特定產業鏈處於競爭地位時，未參與 RCEP15 的臺灣企業將會面臨更艱難的競爭環境（譚瑾瑜，2020）。

陸、結語

此波二次大戰後的經濟全球化受益於自由化，已開發經濟體的跨國企業運用自身擁有的資本、技術與企業家精神，運用愈趨便捷的物流體系及價格合理的交易成本，整合開發中經濟體低廉的勞動成本，建構有效率、專業分工的國際產業供應鏈生產體系，無論是生產流程或是跨境生產的調配，均使跨國企業的國際投資，在經濟全球化中獲得高額報酬，而開發中經濟體在經濟全球化中，隨著外人直接投資進駐而進入經濟高速起飛階段。

美中貿易戰及新冠肺炎疫情之後，經濟全球化將轉變方向與趨勢，以

「再全球化」之姿向前邁進。各國在「再全球化」之中，均有其機遇與挑戰，臺灣亦不例外。疫情後，再全球化的國際生產將面臨全球價值鏈崩解重組的挑戰與機運，原本帶動貿易快速發展的全球價值鏈貿易面臨調整，而有下行的壓力；國際投資將因應疫情短中長期的調整而有銳減的可能；未來十年國際生產體系朝向短鏈、附加價值高集中生產、跨境生產投資愈趨減少，各國在再全球化之中必須構建更適宜、更吸引外資的投資環境，才有機會在國際生產重組的過程中，掌握新局。

臺灣既有堅實的電子零組件產業基礎，已經通過美中貿易戰及疫情的初期考驗，2019 年仍在出口上繳出亮眼的成績單，而從臺商回流投資情況亦可看出廠商看好臺灣投資環境之勢，加以臺灣積極推動投資臺灣、升級臺灣核心產業及優化臺灣數位基礎環境等積極作為，臺灣在再全球化新局中已掌握先機。惟再全球化新局中，仍須注意形成中的東亞區域整合進一步鞏固東亞供應鏈之可能，臺灣未有資訊科技協定零關稅護佑的其他產業，較難融入生產布局多元化及生產區域化之供應鏈體系，在國際生產變局下將面對更激烈的競爭，需要政府加以關切與因應。

參考文獻

一、中文文獻

中央銀行，2020，〈COVID-19 肺炎疫情對全球及臺灣供應鏈與經濟的影響〉，https://www.cbc.gov.tw/dl-142017-9122fa3a73dc41ecbd0f1e5d0fcfed25.html。

北京新浪網，2020，〈新冠疫情與世界格局 —— 聯合國貿發會議官員詹曉寧：國際生產體系十年內將深度轉型〉，https://news.sina.com.tw/article/20200628/35599214.html。

國際清算銀行，2017，"87th Annual Report," https://www.bis.org/publ/arpdf/ar2017e.htm。

經濟部貿易局，2020，〈CPTPP 簡介 〉，https://cptpp.trade.gov.tw/Files/Pages/
　　Attaches/ 2042/1090227_CPTPP%20%e5%b0%88%e7%b6%b2%e7%b0%a1%e4
　　%bb%8b.pdf。

譚瑾瑜，2020，〈RCEP 簽署對我國可能影響與因應〉，《產業雜誌》，604：3-9。

二、英文文獻

António M. LopesJ. A. Tenreiro Machado John S. Huffstot Maria Eugénia Mata.
　　2018. "Dynamical analysis of the global business-cycle synchronization," https://
　　journals.plos.org/plosone/article?id=10.1371/journal.pone.0191491 (Accessed on
　　June 26, 2020).

Iman Ghosh. 2020. "How China Overtook the U.S. as the World's Major Trading
　　Partner," https://www.visualcapitalist.com/china-u-s-worlds-trading-partner/
　　(Accessed on June 26, 2020).

中美貿易戰對全球化的影響、挑戰與因應

高　長
（國立東華大學公共行政學系 榮譽教授）

摘要

　　美國與中國大陸經貿摩擦不斷，川普執政後進一步爆發貿易戰。川普政府對大陸的貿易制裁、關稅與非關稅手段併舉；大陸不甘示弱，頻以關稅手段反制。美中爆發貿易戰，表面上是為解決雙邊貿易失衡擴大的問題，根本的原因在於，美國霸權地位受到大陸經濟崛起的威脅日增。川普政府制裁大陸，從貨品貿易延伸至科技領域，旨在遏制大陸高科技產業發展，拖累大陸經濟成長動能。不幸的是，貿易戰的後果不只兩敗俱傷，全球經濟也遭池魚之殃。

　　大陸拜全球化潮流之賜，逐漸在全球產業供應鏈占有一席之地；川普政府試圖透過貿易戰「去中國化」，迫使跨國企業撤離大陸，弱化大陸在全球價值鏈中的地位。貿易戰已演變成科技戰，全球最大的兩個經濟體競奪科技主導權的結果，未來國際社會科技標準可能產生兩套制度，企業會不會被迫選邊站，還有待觀察，政府應積極協助企業在美中兩強「去中國化」和「去美國化」競奪中取得左右逢源的機會。

關鍵詞：美中貿易戰、去中國化、去美國化、全球供應鏈

壹、前言

長期以來，美國與中國大陸（以下簡稱大陸）的經貿摩擦不斷，川普執政後的美國與大陸的對峙進一步升高，兩大經濟體貿易爭端的新聞，幾乎天天占據了國內外主要媒體的版面。美中兩國相互較勁的結果，不只演變成貿易戰爭，甚至已經陷入科技冷戰。

美中貿易大戰堪稱空前，導火線是源於雙邊貿易失衡擴大。川普在競選總統大位期間，即一再發表對大陸不友善的言論，譬如，宣稱將對來自大陸的貨品加徵 45% 的進口關稅，以減少鉅額貿易逆差；並誓言要把大陸列為貨幣操縱國。川普還表示，上任後將指示美國貿易代表署對大陸提起貿易訴訟，並依法行使總統權力對中美兩國貿易爭端採取補救行動，其中包括根據美國相關法規徵收懲罰性進口關稅。

不過，掀起這一場貿易大戰的川普絕不只為了改善雙邊貿易失衡問題，因為雙邊貿易失衡的問題相對單純，解決該問題的難度也不大。何況依過去經驗，雙方都可以透過談判很快地取得共識，因此貿易紛爭初始，各界咸認為應該不會持續太久。然而，整個事件的發展卻出乎各界意料之外。

川普政府對大陸發動貿易制裁，表面上是為了平衡雙邊貿易，實質上是「項莊舞劍、志在沛公」，也就是說，掀起兩國貿易戰的始作俑者川普另有居心。川普真正在意的是造成貿易失衡背後的因素，試圖藉貿易制裁促使跨國企業（含美資企業）撤離大陸，逼迫大陸徹底進行結構性改革。

川普一再公開指責大陸侵犯美國知識產權、破壞公平貿易、違反 WTO 規則的主要貿易壁壘、政府補貼等不當行為，並認為大陸在市場准入、強制要求美國在大陸的企業研發本土化等存在不正當手段，因而要求大陸徹底改革相關制度。因此，川普對大陸祭出貿易戰，除了對進口貨品施加懲

罰性關稅，另將大陸部分科技產業列為「實體清單」，實施禁售令和禁購令，也就是要求美國企業與實體清單內的大陸企業進行商業活動時，必須先獲得美國政府的批准。

　　川普政府對大陸掀起的貿易戰，基本上是一種保護貿易行為，且違反全球化潮流，受到傷害的絕對不只中美兩國，與中美兩國經貿關係密切的國家，尤其深度參與全球價值鏈的所有國家都將受到衝擊。中美貿易博弈未來將如何發展？是否導致全球化潮流難以持續？面對這些不確定性，產業界該如何因應？政府又該如何運籌帷幄，籌謀應對政策？是各界關注也是本文要探討的重點。

貳、川普掀起貿易戰端的戰略意圖

　　長期以來，美國與大陸之間經貿摩擦一直不斷，川普執政後的美國，與大陸的貿易爭端更加惡化，除了針對貨品進口課徵懲罰性關稅，甚至臚列「實體清單」實施禁售、禁購措施，遂行科技制裁，這些舉動無異於貿易保護，與全球化潮流背道而馳。

　　早在競逐總統大位期間，川普即曾一再批判大陸官方非法補貼出口、匯率操控、脅迫技術移轉、偷竊智慧財產等行為，進行不公平競爭，造成美國製造業衰落，數以百萬的美國人喪失工作機會，因此，揚言未來將對來自大陸的貨品加徵 45% 的進口關稅，並將大陸列為貨幣操縱國。

　　川普登上總統大位之後，隨即於 2017 年 3、4 月間，先後發布《2017年度國別貿易壁壘評估報告》和《特別 301 報告》，列舉大陸對美存在的破壞公平貿易或違反 WTO 規則的主要貿易壁壘，涉及知識產權、產業政策、服務貿易、數位貿易、農業、政策透明度、法律框架等；更指出大陸存在大量侵犯知識產權行為，在市場准入、強制要求美國在大陸的企業研

發本土化等方面存在不正當手段。

　　2017 年 8 月中旬，川普進一步授權美國貿易代表署，依據《1974 年貿易法》第 301 條，對大陸啟動「301 調查」，並於次年 3 月公布調查結果，認定大陸的技術轉讓制度不公平，指控大陸利用行政許可和審批程序，強迫美國企業技術轉移；竊取美國企業智慧財產；政府主導、企業和相關單位高度配合，惡意併購美國高科技企業，不正當獲取美國企業先進技術；歧視性的許可註冊限制，偏袒國內本土企業，嚴重傷害美國的商業利益。

　　該調查報告提到，今後將對大陸採取三大措施，一是對大陸製品進口加徵關稅，涉及的產品涵蓋 1,333 個稅項、進口金額約 500 億美元；二是訴諸 WTO 爭端解決機制，也就是向 WTO 就歧視性技術許可方面的問題起訴中國；三是限制大陸企業對美投資，由美國財政部在 60 天內，制定限制大陸企業投資和併購美國企業的方案。

　　川普政府依「301 調查」提出大規模的貿易制裁清單，對大陸的貿易戰火一觸即發。究其背景原因，表面上是川普對雙邊貿易失衡不斷擴大表示不滿，要求大陸改善雙邊貿易失衡，並進一步對美開放市場；其實骨子裡還有更深層的原因，那就是大陸經濟崛起對美國在全球的霸權地位已構成威脅，川普深覺芒刺在背。

　　根據統計，自 2000 年起，大陸取代日本成為美國貿易逆差最大的來源國，2018 年貨物貿易逆差高達 4,190 億美元，占美國貨物貿易逆差總額的 47%，較 2007 年的 32% 增加許多（高長，2019a：63-64）。川普認為，造成這種現象的根本原因在於，大陸不信守加入 WTO 之承諾，未充分踐行市場法則，採取國家主導、重商主義政策；主要表現在知識產權保護不力，政府補貼國企，「中國製造 2025」產業政策等不公平競爭，強制技術轉讓，在金融、通訊、能源、農業、交通等領域的市場對外開放不足，對經濟造成扭曲的必然。

　　其實，美國對大陸挑起貿易爭端，主要是因大陸綜合國力快速提升，已對美國的霸權地位造成威脅。美國指控大陸的種種「不公平」、「不對等」的行為並不是最近才出現，在過去中美兩國經濟實力差距很大的時候，美國大多是睜一隻眼閉一隻眼；如今大陸經濟崛起，美國已感受到國家利益遭到威脅，無法再像過去一樣視而不見。

　　中美兩國經濟實力對比的消長，以 GDP 指標來看，一目了然。1980 年代，美國的 GDP 平均約相當於中國大陸的 13.2 倍；進入 21 世紀，中美兩國 GDP 的規模差距大幅縮小，2011-2017 年平均，美國只超過大陸 70% 左右（表 1）。未來美國和大陸經濟成長率若每年分別以 6%、2.3% 的速度持續成長，則大約在 2027 年左右，大陸即有可能超越美國，成為全球第一大經濟體。美國已感受到大陸的強勁威脅，試圖複製 1980 年代美日貿易戰的經驗，牽制大陸發展，以維護自身在全球的政治、經濟領導地位。

表 1：近 40 年中美兩國 GDP 規模比較

	美國 GDP（兆美元）	大陸 GDP（兆美元）	美／中（倍）
1981-1990 平均	4.49	0.34	13.2
1991-2000 平均	8.03	0.80	10.0
2001-2010 平均	13.09	3.09	4.2
2011-2017 平均	17.42	10.10	1.7
2023 年預測	24.53	21.57	1.1

資料來源：作者根據相關資料整理。

　　此外，大陸高新科技產業快速發展，觸動了美國「國家安全」的敏感神經，是讓川普一再祭出「301 調查」撒手鐧的重要原因。近幾年，除了 BAT 這樣的軟體和服務供應商之外，華為、中興等通訊基礎設施供應商，甚至像小米這樣的硬體製造商，都逐漸在國際市場上嶄露頭角，占有一席之地。美國認為，這些領域的大陸企業之所以能夠快速發展，是大陸政府

的「市場換技術」政策，強迫外國企業轉讓所擁有的專利和技術；而大陸政府以行政資源強力介入後，這些行業的產能激增，進一步導致國際市場供需失衡。

在川普政府的如意算盤中，挑起對大陸的貿易爭端，除了有經濟利益考量，更有政治利益的訴求，一方面配合「再工業化」政策，吸引跨國美資製造業回流，強化產業技術方面的領先優勢與價值鏈上的主導地位，另一方面，試圖藉此事件激起國內民粹主義和貿易保護主義的風潮，兌現「美國優先」的競選承諾，爭取更多民意，累積政治籌碼。

川普政府在 2017 年 12 月提出的新版國家安全戰略中，將大陸列為戰略競爭對手，並稱大陸對美國「經濟侵略」。同時，公開拒絕承認大陸的「市場經濟」地位，又對大陸揮起「301 調查」大棒，並以安全為由否決中資企業在美國的併購投資、對大陸的太陽能電池板和洗衣機徵收懲罰性關稅、對進口自大陸的鋼鐵和鋁製品展開安全調查，顯示美國與大陸雙邊經貿關係現存的矛盾問題，川普已將之列為優先施政的議題。

參、遂行貿易保護的關稅手段

川普政府於 2018 年 4 月 4 日凌晨公布對大陸 500 億美元等值進口商品加徵 25% 關稅建議清單，並於同年 6 月 15 日拍板。第一波制裁清單自 7 月 6 日開始生效實施，包括 818 項、約 340 億美元進口商品；第二份清單包括 279 個項目，涉及商品約 160 億美元，於 2018 年 8 月 7 日公布，8 月 23 日正式實施。兩波制裁清單商品的附加關稅都是 25%（表 2）。

表 2：美國對中國大陸貿易制裁清單

	正式公告	生效日期	HS 八位碼分類項數	貿易額（億美元）	加徵稅率（％）
清單一	2018.06.15	2018.07.06	818 項	340	25%
清單二	2018.08.07	2018.08.23	279 項	160	25%
清單三	2018.09.17	2018.09.24	5,745 項	2,000	10%（2019.05.10 起加徵 25%）
清單四	2019.05.15	2019.09.01	3,805 項	3,000	10%
清單四修正版	2019.08.14	2019.09.01 2019.12.15	na	約 1,800 約 1,200	10% 10%
更新版一	2019.08.28	2019.09.01	6,842	2,500	30%
更新版二	2019.08.28	2019.09.01 2019.12.15	na	約 1,800 約 1,200	15%

資料來源：作者根據相關資料整理。

　　對於川普政府的作為，大陸幾乎與美國同步採取反制行動；4 月 4 日下午，大陸針對美國大豆、牛肉、化工品、飛機、汽車等重要進口產品，總價值約 500 億美元，宣布對等的加徵關稅，稅率同為 25%。如同美國提出的方案，反制清單也分為 340 億元、160 億元兩批執行，生效實施日期分別為 7 月 6 日和 8 月 23 日（表 3）。

　　川普對於大陸的反制行動相當不滿，乃於美東時間 7 月 10 日宣布，將針對自大陸進口商品，6,031 項、價值約 2,000 億美元商品課徵額外關稅 10%。最後確定共計 5,745 項，決定加徵關稅的稅率，在實施初期課 10%，從 2019 年 1 月 1 日起將提高到 25%。川普同時警告稱，若大陸對美國農民或其他行業採取報復行動，美方將立即再對價值約 3,250 億美元的大陸輸美商品課徵額外關稅。

　　對應美國的第三波制裁商品清單 2,000 億美元，大陸在 8 月 3 日也提

表 3：中國大陸反制美國貿易制裁清單

	正式公告	生效日期	HS 八位碼分類項數	貿易額（億美元）	加徵稅率（%）
清單一	2018.06.16	2018.07.06	545 項	340	25%
清單二	2018.08.08	2018.08.23	333 項	160	25%
清單三	2018.09.18	2018.09.24	5,207 項	600	5% ～ 10%
清單三修正	2019.05.15	2019.06.01	2,498 項 1,078 項 974 項 595 項	600	調高至 25% 調高至 20% 調高至 10% 維持在 5%
更新版	2019.08.23	2019.09.01 2019.12.15	na	750	5%、10%

資料來源：作者根據相關資料整理。

出反制措施，宣布對原產於美國的 5,207 項、約 600 億美元商品，加徵 5% 到 25% 的關稅；嗣於 9 月 24 日開始執行時，稅率改為 5% 或 10%，前者涵蓋 1,636 項商品，後者包含 3,571 項商品。

　　大陸官方在提出關稅反制措施的同時，另向 WTO 追加申訴美國「301 調查」對大陸 2,000 億美元商品加徵關稅的措施。並且同時強調，若美國繼續提高加徵關稅稅率，中方將給予相應的回擊。

　　2018 年 12 月初，在阿根廷召開的二十國集團（G20）峰會，美中兩國元首會晤並達成共識，為兩國僵持多月的貿易爭端達成 90 天停火的協議，暫時避免了貿易戰進一步激化。儘管如此，在隨即安排的經貿談判中，進展並不順利。

　　2019 年 5 月 6 日凌晨，川普透過推特宣布將 2,000 億美元的大陸商品附加關稅從 10% 上調到 25%，並於 5 月 10 日生效。而針對川普政府提出的新制裁方案，大陸隨即提出反擊，宣布自 6 月 1 日 0 時起將對已加徵

進口關稅 5% 到 10% 不等約 600 億美元的美國商品，稅率調整為 5% ～ 25%。

　　為了報復中方反制美國的制裁行動，8 月中旬，川普政府進一步宣布，對約 3,805 項產品、3,000 億美元自大陸輸入商品加徵關稅，分兩批生效實施，其中 40% 商品自 9 月 1 日開始實施，其餘的 60% 於 12 月 15 日開始執行。該項新措施宣布後沒過幾天，川普再度加碼，宣布對所有自大陸進口商品，在原已定案附加關稅的基礎上，再加課 5% 的關稅。也就是說，附加關稅稅率最高已達到 30%。

　　幾乎在同一時間，大陸隨即提出再反制，宣布對 5,078 項、價值 750 億美元美國商品加徵 5%、10% 的進口關稅；其中 1,717 項、價值 255 億美元的美國商品，9 月 1 日正式生效實施，其餘的部分延至 12 月 15 日實施。反制的措施還包括非關稅手段，譬如擴大不可靠實體清單，增加海關檢查，減少或取消予美國企業的訂單，騷擾美資企業或美資企業高管等。

　　一年多來，美中兩國歷經十幾回合的貿易談判，不但沒有達成共識，兩國經貿爭端反而更加惡化，究竟問題出在哪裡呢？根據公開的訊息研判，關鍵在於雙方貿易談判存在三大分歧。中方認為，取消附加關稅、回到原點是達成協議的必要條件；其次，農產品的採購數額不應隨意更改；再次是協議文本必須具平衡性。川普政府的要價不只為了改善雙邊貿易失衡，要求中方限期改善的「結構性」問題，涉及法規修訂、政策調整，還有關於協議執行的監督機制等，中方認為美國的這些要價已侵犯到國家主權，無法接受。

　　川普在中美貿易博弈中的訴求，是為了改善雙邊貿易失衡。平實而論，造成中美雙邊貿易失衡的原因，有部分是在於大陸開放程度不夠、某些產品進口關稅較高、政府補貼某些國有企業以保護幼稚產業等，但是還有其他更深層的原因，譬如中美兩國經濟結構不同、全球價值鏈分工格局、美

元的國際儲備貨幣地位、美國低儲蓄過度消費模式、美國企業在大陸投資製造產品回銷美國等，這些都是根本性的因素，難以透過貿易制裁方式在短期之內解決（任澤平等，2018）。

其實，美國根據「301 條款」對大陸發動貿易戰爭，除了試圖藉加徵關稅迫使大陸進一步對美開放市場，更深層的目的是要逼使在大陸投資的跨國企業撤出，一方面挫低外商直接投資大陸的規模，一方面阻斷大陸透過跨國企業投資活動取得高新科技，從而達到遏制大陸高科技產業發展，奪取高科技的領導權。

自川普入主白宮以來，美國已曾先後對大陸的高科技廠商中興和華為等祭出禁售和禁購措施，理由是該等公司之業務有危害美國國家安全之虞。2019 年 5 月下旬，美國又以「違反不擴散制裁法案向伊朗、北韓和敘利亞輸送美國管制清單上的物品、技術或服務」等理由，將 13 個中方實體和個人實施制裁，顯示中美兩國的貿易戰，已演變成科技戰。

肆、非關稅手段──科技霸權之爭

美方一直認為，造成中美貿易失衡和美國製造業衰落的原因，主要是大陸在對外貿易上實行重商主義、經濟上實行國家資本主義，其背後涉及的經貿體制和結構性問題必須徹底解決，否則難以改變這種局面。

美國貿易代表萊特希澤（Robert Lighthizer）在 2018 年《中國貿易壁壘清單》報告中曾公開指責，中方在關稅壁壘、投資限制、強制技術轉讓、知識產權保護、網路侵權、政府補貼國企等領域對美方不公平，還有政府採購、內容審查、網路安全法、國家安全法等違反市場經濟法則，導致美國對大陸的巨額貿易逆差，以及嚴重的製造業就業機會流失問題，因此，主張美國政府應當採取較以往更為積極的政策和措施對付大陸。

　　顯然，美中兩國的貿易爭端，表面上是商品貿易問題，實質上是高科技領域主導地位的競奪。換句話說，美國對大陸貨品加徵高額進口關稅，只是手段，最終目的是在迫使跨國企業撤離大陸，進而斬斷大陸從跨國企業取得先進技術的管道。

　　川普執政後的美國，與大陸的科技競爭逐漸白熱化，競爭的重點是在「新技術民族主義」[1]，從華為到 5G，從人工智能到航天工程，從無人駕駛汽車到清潔能源，每個領域都可能是這場戰爭的焦點（王凡，2018）。

　　值得注意的是，在關稅制裁之外，川普也採取一些非關稅措施制裁中國大陸，譬如，美國對大陸特定的高科技公司展開一系列制裁行動（表4）。具體的制裁手段之一，是禁止美國企業對大陸高科技企業出售高端設備和關鍵零組件。典型的案例，如中興通訊、華為、中科曙光、中廣核集團等。

表 4：美國制裁中國大陸高科技企業代表性案例

項目	公告日期	制裁對象	制裁內容
1	2018.04.16	中興通訊	禁止中國大陸電信設備商中興通訊從美國市場上購買零部件產品，期限為 7 年。
2	2018.08.01	44 家實體	將 44 家中國大陸實體（包括 8 個實體以及 36 個下屬機構）列入出口管制的實體清單，這些實體購買政策管制商品時，必須先取得特定許可證。
2	2018.08.15	華為、中興通訊	依據 2019 年版「國防授權法案」，禁止華為、中興通訊、海能達通信、杭州海康威視和浙江大華科技等科技公司參與美國政府採購。
3	2018.10.12		美國能源部宣布，嚴格限制民用核技術輸出中國大陸。

---

1 「新技術民族主義」是指一個國家將經濟和科技領域定義為與國家安全有關的行為，基於國家競爭力方面的考量，該國希望在該技術領域占統治地位。

項目	公告日期	制裁對象	制裁內容
4	2018.10.29	福建晉華集成電路	限制對福建晉華集成電路出口軟件和技術產品。
5	2018.12.01	華為（孟晚舟事件）	在溫哥華轉機時被加拿大警方應美國政府司法互助要求逮捕。
6	2019.05.16	華為	禁止美國國內通信運營商採購外國企業的通信設備；同日美國商務部將華為及其附屬公司（約70家），列為出口管制「實體名單」。
7	2019.06.21	中科曙光等5家	中科曙光、天津海光、成都海光集成電路、成都海光微電子技術、無錫江南計算技術研究所等5家新技術企業列入「實體清單」，禁止購買美國的關鍵設備和零組件。
8	2019.08.14	中廣核集團等4家	中廣核集團、中廣核有限公司、中廣核研究院、蘇州熱工研究院等4家實體列入實體清單，美國企業向這幾家公司出口零組件和技術時，需先獲得美國商務部的許可。
9	2020.05.15	華為及其附屬機構	要求使用美國技術的外國公司在向華為或海思等大陸企業供應芯片之前，需先獲得美國政府許可證。（2020.08.17，以「美國技術含量」進一步箝制華為供應鏈；同時增加38家華為附屬機構進入實體清單。）
10	2020.05.22	33家實體	以「大規模殺傷性武器及國家安全」為由，將北京計算科學研究中心等24家公司列入實體清單；以「新疆人權問題」為由，將南京烽火星空通信等9家公司列入實體清單。
11	2020.07.20	11家實體	以「侵犯人權」為由，將北京六合華大基因等11家公司列入實體清單。
12	2020.08.26	24家實體	以「南中國海建設軍事島」為由，將北京環佳電信等24家機構列入實體清單。
13	2020.12.18	中芯國際	10奈米及以下半導體芯片生產所需的特定技術與設備，禁止供貨給中芯國際。

項目	公告日期	制裁對象	制裁內容
14	2021.04.09	7 家實體	以「協助發展中國軍事方面的計算能力，有害美國國家安全」為由，將國家超級計算無錫中心等 7 個超級電腦組織列入禁止出口的實體名單。
15	2021.06.23	5 家企業	以強迫勞動、侵害人權為由將 5 家新疆太陽能企業列入出口管制清單。
16	2021.07.10	22 家大陸企業	以在新疆侵犯人權、進行高科技監控以及支持大陸軍事現代化為由，將涉及人工智慧、人臉識別、安防監控、政府服務相關領域企業列入管制清單。

資料來源：作者根據大陸官方公布的相關資料整理。

　　以中興通訊為例，2018 年 4 月中旬，美國商務部宣布制裁電信設備廠商中興通訊，禁止美國公司對其出售高科技零組件及服務 7 年，所持理由是該公司違反美國對伊朗和北韓等國的出口禁令，以及未履行 2017 年與美國商務部達成的和解協議，與涉嫌向商務部做虛假陳述。

　　中興通訊公司作為大陸新一代 5G 無線通訊技術的領先企業，在全球5G 技術水準名列前茅，其產品涵蓋了從大規模天線技術、5G 系統化基站、微波、回傳／前傳、核心網，以及終端的整條端到端產品鏈條等。美國對中興通訊的打壓，其實就是對「中國製造 2025」規劃下支持產業的打壓；除經濟效益考量，中美兩國目前在 5G 技術發展中主導地位之爭奪，更是美國打壓中興通訊的關鍵因素。

　　非關稅制裁手段之二，是規定政府機構或要求美國企業不得採購大陸高科技產業相關設備或關鍵零組件。典型的案例，譬如在 2018 年 8 月中旬，美國通過 2019 年版「國防授權法案」，其中「禁止某些電信和影像監控服務或設備」的條款，規定美國「政府機構不得採購華為與中興（或此類實體的任何子公司或附屬公司）的電信設備」。生產影像監控和電信設備的海能達（Hytera）通信、杭州海康威視（Hangzhou Hikvision）和浙江大

華科技（Zhejiang Dahua）等公司也列名其中。

川普政府制裁華為的動機，主要是基於國家安全的考量，排擠華為參與目前全球正在發展的 5G 基礎建設，降低華為電信設備在全球的市占率，以遏制大陸在 5G 甚至其他相關通信科技領域發展的話語權。顯然，美國制裁華為的意圖，不僅是意圖從經濟上與大陸脫鉤，更要透過阻止大陸獲得美國技術，達到遏制大陸科技產業發展的目的。有專家分析（橘報 2019），美國制裁華為的行動，受到傷害的不只一家公司，更將拖累大陸的 5G 無線網絡發展，美中貿易戰其實已經導向科技冷戰。

川普政府同時運用其他政策工具，阻止或遏制大陸從美國獲取高新技術，譬如打擊大陸的經濟間諜活動；又如透過新立法，加強審查來自大陸的投資，加強審查擁有智慧財產權的美國科技公司，在國內外的合資計畫等。其他的政策工具還包括司法起訴等，也就是依據反托拉斯法、反海外賄賂法、反洗錢法、反經濟間諜法等，監控、打擊大陸企業。關於司法起訴，過去已經有很多的案例，未來大陸企業受到美方關切的程度只會增加。

值得注意的是，美國為了防制技術輸出大陸，或防堵中方不擇手段取得美國高科技，正屬行科技脫鉤的行動。除了盯上中資科技公司，也限制滯留美國的華裔科技人才為大陸效力；某些部門甚至有計畫地盤查受邀參與大陸「千人計畫」的學者，要求必須選邊站。該項措施在美國的華裔科學家圈中已造成寒蟬效應，學者指出（王昉，2019），中美科技脫鉤的現象，不是一時興起，而是一個潮流之逆轉，美中兩國科技交流的門正在一步一步地縮小，造成的後果可能比貿易摩擦更令人擔憂。

這種趨勢持續發展，全球科技生態系統有可能裂變為二，分別由大陸和美國主導的兩個陣營。兩國各自發展獨立的科技生態系統，在激烈競爭下，甚至有可能禁止對方陣營使用己方的供應鏈，結果可能迫使其他國家在兩個陣營之間做出選擇。事實上，美中雙方都已採取某些行動，鼓勵或

甚至要求自己的盟友或經貿夥伴表態。譬如，美國曾多次說服歐洲盟國的電信相關設備採購，拒絕購買華為公司的 5G 技術；而大陸也積極地對其經貿夥伴傳遞一個訊息，特別是對「一帶一路」沿線國家，宣稱要將「數字絲綢之路」建設列為重點項目，吸引相關國家投入。

另一方面，隨著貿易戰不斷升級，從軟體到硬體，全世界正逐漸分裂成不同的技術區塊，例如在大陸為品牌手機大廠代工的富士康，已開始在印度投資生產供應全球市場，而該公司在大陸生產的產品主要是供應當地的消費者。這種情況若持續發展，隱含全球科技供應鏈有可能進一步分裂，從而跨國公司過去利用大陸作為製造基地，製成品行銷全球的局面將改觀。

伍、貿易戰對全球化的影響

川普之所以對大陸掀起貿易戰，主要是因為大陸經濟快速崛起，對美國霸權地位構成嚴重威脅，川普試圖透過關稅和非關稅制裁手段，遏制大陸高科技產業發展，拖累大陸經濟持續成長的動能。

大陸經濟快速崛起與經濟全球化發展息息相關。所謂經濟全球化，按照國際貨幣基金的說法，是指跨國商品與服務貿易及資本流動規模和形式增加，以及技術的廣泛迅速傳播，使跨國之間經濟關係更加緊密，相互依賴性增強（望長城內外，2019）。「全球化」潮流造成歐美各國歷經數十年高度工業化之後，出現「去工業化」現象，服務業的比重逐漸增加。歐美先進國家製造業透過外包、離岸生產等方式，將工業活動轉移到新興開發中國家，藉以取得成本優勢，並創造更大獲利空間，卻無可避免地衍生本國實體經濟被掏空的問題。

大陸擁有生產要素稟賦的比較優勢，在改革開放戰略、有計畫的政策

引導下，搭上了經濟全球化的列車，吸引大批跨國企業進駐，並逐漸發展成為「世界工廠」。加入 WTO 之後，大陸進一步融入全球價值鏈體系；同期間，先進國家資訊技術快速發展，產業結構加速轉型升級，開始向大陸等發展中國家轉移資本密集型和技術密集型行業製程中的部分環節。國際產業轉移伴隨著資本和技術的持續投入，在大陸形成產業聚落，並通過上下游產業關聯、示範和模仿效應，以及人員流動等方式形成外溢效應，促進了大陸高科技產業快速發展，其產業鏈在國際分工格局中的地位也水漲船高。

　　大陸在經濟全球化潮流助威下，逐漸發展成為全球最重要的生產基地（高長 2019b：19-23）。資料顯示，大陸製造業產值占全球的比重，在 1980 年間僅 1.5%（郭克莎、賀俊，2007，6），為巴西的一半，不過，到了 2000 年間，大陸製造業增加值占全球的比重已提高到 7.0%，僅次於美國、日本和德國，在全球排名第四位。2011 年進一步超越了美國，成為全球排名第一的製造大國。目前中國大陸製造業產值占全球的比重超過 30%，較排名第二的美國所占份額高出約 10 個百分點（楊燕青、林純潔，2018）。

　　大陸製造業產值持續快速成長，工業製品無論品項或是產量都大幅增加。大陸企業融入製造業全球供應鏈既深且廣，在聯合國公布的 500 多種主要工業產品中，大陸生產量居全世界第一位的超過 220 種，製造業供應鏈體系相對完整，是眾多製造業全球供應鏈的中心（張辛欣、張旭東，2020），大陸能夠獲得這樣的成就，堪稱是過去三十多年來全球供應鏈發展過程中最大獲益者。

　　平實而論，全球化潮流重塑了國際分工，大多數國家都從中獲益，同時，大陸作為「世界工廠」，對全球資源配置效率和跨國企業獲利之提高，以及為國際市場提供價廉物美商品，全球消費者都直接或間接享受更多的

福祉。然而，經濟全球化快速發展卻也衍生了許多問題，尤其歐美先進國家「去工業化」，非核心業務外包和離岸生產活動增加的結果，不但造成本國產業工人失業，實質工資停滯，也導致中產階級收入受到影響，這些人成為全球化潮流下的輸家，隨之而來的分配不均、貧富差距擴大等問題，激化了社會對立。這些問題已成為歐美民粹主義和逆全球化浪潮興起的重要原因之一。

　　逆全球化現象，主要表現在貿易保護主義增強、極端政治傾向加重、民粹主義抬頭；川普對大陸掀起的貿易戰，正是逆全球化的一種表現。川普認為大陸是全球化潮流中的最大受益者，尤其在加入 WTO 後經濟快速崛起，對外貿易大幅擴張，成為美國對外貿易逆差擴大的主要源頭，是造成美國境內五萬家工廠關閉、600 萬人失業的主要原因（何春盛，2020）。川普將全球化對美國的政治和社會所造成的巨大衝擊，巧妙地與大陸經濟崛起、以不正當手段在國際市場上攻城掠地連結，結果，美國國內所有全球化受害者，或是對全球化和整體經濟不滿者，都成為川普的鐵粉。

　　川普獲得廣大的民意支持，關稅和非關稅手段併舉，對大陸展開一系列的經濟制裁，毫不手軟。貿易戰開啟了美中冷戰趨勢，重心在經濟冷戰和科技冷戰，川普的企圖不只想要影響跨國企業在大陸的布局，阻斷大陸取得先進技術的路徑，更大的野心是想根本改變國際生產和分工模式，也就是強力推動「去中國化」，遂行弱化大陸在全球產業供應鏈的地位。

　　2018 年初美中貿易摩擦剛爆發時，美國白宮經濟學家即強力鼓吹要擺脫跟大陸供應鏈的依存關係，鼓勵美資企業離開大陸向南亞和東南亞地區布局；在現實中，受制於額外關稅負擔，的確有不少以美國市場為導向的相關產業被迫選擇撤離大陸，使得大陸原本已在進行中的全球產業供應鏈重整加速進行。

　　不過，在實務上，由於產業遷移衍生的成本相當巨大，在成本因素中還需考慮產業鏈的問題，也就是說，擬移往的目的地之產業鏈是否完整？有鑑於大陸的產業鏈相對完整，離開大陸到新的地方另設廠房，除了必須再投下巨額資金，設若當地的產業鏈條件不如大陸，則企業重新布局的成本勢必提高許多。因此，面對美中貿易摩擦的衝擊，也有不少企業選擇觀望，尤其貿易戰涉及的關稅問題，供應鏈上的夥伴若有共識一起分攤附加的關稅，撤離大陸的迫切性可減少許多。

　　大陸在全球價值鏈的中心地位，是因為大陸企業，包括跨國公司和本土企業在內的所有企業，為全球價值鏈提供組裝服務、加工和製造零組件，以及最終消費品規模的深度和廣度決定的（邢于青，2020）。[2] 也就是說，大陸經過努力發展成為「世界工廠」，這樣的成就並非一朝一夕，當地政府執行相關的配套政策固然有功，背後那股市場力量的推波助瀾才是關鍵。包括臺商在內的許多跨國製造業長時間在大陸深耕發展，融入當地產業鏈，也獲取了可觀的利潤，如今要撤離，恐也不太可能說撤就撤，外資企業撤離大陸或將是一個漸進的過程，而且背後考量的主要還是商業利益。

陸、結論與政策意涵

　　美中貿易戰，促使跨國企業把部分產能自大陸撤出，對既有的全球供應鏈結構造成衝擊，尤其在新冠肺炎疫情衝擊下，跨國企業出於分散風險的考量，自大陸撤出的動作更顯積極，在大陸地區以外重新組織產業鏈或建構多元化的供應來源，可說是大勢所趨，因此，未來在某種程度上與大

2　全世界最大電子消費品製造商蘋果公司的所有產品都是在大陸組裝完成的；全球最大的零售商沃爾瑪在大陸約有五萬家供應商，每年採購金額約達 500 億美元，相當於美國從大陸進口的 10%。

陸脫鉤或產業聯結減弱的現象或將發生，趨勢如此演進，大陸作為「世界工廠」的角色或將受到挑戰。

然而，由於大陸改革開放政策搭上全球化潮流，大量引進跨國製造業投資，蓬勃發展了幾十年，已使得大陸在全球價值鏈中占據舉足輕重地位，川普政府的「去中國化」政策，要改變這種局勢恐非一蹴可幾；即便跨國企業要撤離大陸，情勢似也不太可能毫無止境的發展，因為大陸幅員遼闊，且擁有 14 億人口的市場腹地，對跨國企業仍有一定的吸引力。

跨國企業全球布局的區位選擇，決策的依歸莫過於營利至上，臺商海外布局的決策基礎也不例外。有鑑於美中貿易戰的不確定性，製造業臺商為降低風險，或配合品牌大廠分散產能、轉移產線，調整在大陸的投資布局並不意外。不過，根據工業總會和其他各方的調查研究發現，多數企業的多數產能仍繼續留在大陸，撤離的產能或產線，基本上是直接受到美中貿易戰衝擊的部分。顯然，企業的供應鏈布局超越國界，是市場供需法則的體現，沒有任何一個國家有辦法掌控網絡、市場、供應鏈，即便最大的兩個經濟體美國和大陸也無法主導供應鏈的移轉。

值得注意的是，近年來新冠疫情蔓延，讓大陸引以為傲的產業供應鏈在一夕之間幾乎癱瘓，過度依賴大陸市場的風險暴露無遺。該疫情促使各國和跨國企業更加嚴肅地思考長期供應鏈配置問題，全球供應鏈去中心化、在地化，甚至多樣化的安排或將成為常態，該趨勢或有可能衝擊大陸的「世界工廠」地位，但美國試圖透過「去中國化」作為徹底削弱大陸在全球供應鏈的角色，短期之內很難達標。

基於政治和市場競爭的考量，「哪邊賣就在哪邊製造」正在成為全球供應鏈的新規則，將驅動製造業更密集地靠近目的地市場；也就是說，如果你想要在印度販賣，你就必須在印度製造；你想要在大陸賣東西，那你就得在當地製造，因此，我們會發現供應鏈活動的分散和多樣化，出現所

謂的「短鏈現象」，而大陸擁有龐大人口和市場腹地，對跨國製造商繼續駐留在大陸當地仍具有一定的吸引力。

　　臺灣與大陸的經濟關係盤根錯節，無論是從供應鏈或是從貿易與投資的角度來看，都是如此，臺灣經濟與大陸脫鉤的可能性微乎其微。不過，全球供應鏈調整的大潮流給臺灣提供了絕佳的機會，如何迎接臺商回流，甚至吸引更多跨國企業來臺投資，臺灣除了應釋出利多政策，更重要的是經商環境的實質改善。經濟部已採取若干配套措施，特別是關於妥善解決「五缺」問題，以及滿足企業融資需求等方面，值得肯定，若能貫徹執行，可望帶來產業發展新動能。

參考文獻

王凡，2018，〈中美貿易戰：兩國之間高科技較量激戰正酣〉，https://www.bbc.com/zhongwen/trad/chinese-news-46681914，查閱時間：2019/1/27。

王昉，2019，〈中美『科技脫鉤』比貿易摩擦更可怕〉，http://www.ftchinese.com/story/001083056?adchannelID=&full=y，查閱時間：2019/6/6。

任澤平、羅志恆、華炎雪、賀晨，2018，〈中美貿易戰暫時緩和：本質、應對和未來沙盤推演〉，https://www.gelonghui.com/p/222667，查閱時間：2019/1/26。

何春盛，2020，〈『逆全球化』時代。甚麼才是中國製造業發展的關鍵引擎？〉，https://sea.hkuspace.hku.hk/cht/news/高管沙龙-何春盛，查閱時間：2020/5/20。

邢于青，2020，〈病毒疊加貿易戰，威脅中國全球價值鏈中心的地位〉，http://www.ftchinese.com/story/001087309?adchannelID=&full=y，查閱時間：2020/4/24。

高長，2019a，《美中貿易戰——其實才剛開打》，臺北：時報文化出版。

高長，2019b，〈中國大陸紅色供應鏈崛起的國際效應〉，《遠景基金會季刊》，20(3)：1-54。

張辛欣、張旭東，2020，「疫情下的中國製造：供應鏈中的危與機」，http://www.xinhuanet.com/2020-03/27/c_1125777252.htm，查閱時間：2020/4/24。

望長城內外，2019，〈從經濟全球化的視角看中美貿易戰〉，http://www.hswh.org.cn/wzzx/xxhq/bm/2019-06-05/56958.html，查閱時間：2020/5/26。

楊燕青、林純潔，2018，〈中國如何引領全球製造業競爭力變遷〉，http://big5.xinhuanet.com/gate/big5/www.cs.com.cn/sylm/zjyl_1/201804/t20180409_5768825.html，查閱時間：2018/5/17。

橘報，2019，〈『新科技冷戰』才是中美主力戰場，貿易戰只是美中衝突的一小部分〉，https://buzzorange.com/2019/05/23/the-real-us-and-china-are-fighting-for/，查閱時間：2019/6/6。

全球化、貿易戰與兩岸產業鏈重構

楊欣倫

（工業技術研究院產業科技國際策略發展所研究員）

摘要

　　全球化的推展帶來生產、技術、資金、人才的流動，促進各國經濟的成長。世界貿易組織致力會員國間的降低貿易障礙，讓全球化的發展來到高峰。在這波全球化發展中，中國大陸因其人口紅利、產業政策優惠優勢，逐漸發展成為世界工廠。然而，金融海嘯與新冠疫情的重大事件，引起對供應鏈布局的重新思考。地緣政治的轉變，全球化發展受到挑戰後，轉趨向區域整合與雙邊談判分流進行，由於政治與政策上的轉變，將引起供應鏈重塑的需求。

　　廠商在自由貿易下著重生產要素與市場吸引力，另一方面則須面對地緣政治產生變化。區域整合的發展高築對非會員國的貿易障礙與關稅差異，促使廠商必須重新思考其布局策略與採取因應措施。疫情擴散下的防控措施，限制人員、貨品流動。拜登政府在美中貿易與科技管制持續限縮，面對國際政治對抗的緊縮政策影響，全球經濟整合的經濟發展恐受限縮。

關鍵詞：全球化、保護主義、美中貿易戰、供應鏈

壹、全球化、保護主義、多邊主義與單／雙邊主義發展進程

一、全球化曾為經濟繁榮帶來基礎，近期卻顯疲態

全球化屬於一個廣泛的概念，其範疇包含經濟、政治、社會、文化等，打破以地理、國家等形式上的限制，形成相互交織的複雜網絡。Nilson 對全球化的定義是指不同的經濟體和社會變得更加緊密結合的過程（Nilson, 2010）。本篇主要聚焦在經濟的範疇，因此較切合 OPEC 對全球化的闡述：「世界由各國經濟體到全球經濟體的一種轉變。在全球經濟中，所有的生產將國際化，而金融資本也能立即、自由地在國家間流動。」

經濟全球化一般是指各國或地區透過生產要素的全球性配置與重組，使各國或地區經濟相互融合日益加深，相互制約日益突出，並在生產、貿易、投資、金融等領域逐步一體化的過程（胡均民，1999）。全球化的推進主要來自於跨國交通、通訊的改善，以及各國政府透過貿易協商、自由貿易協定或加入世界貿易組織等方式，逐步降低貿易障礙，實現貿易自由化，使得交易成本能夠大幅下降，淡化國家與地區的隔閡，最終實現經濟一體化。

1960 年代後，對外投資興起，多國籍公司大量出現，商品與資金在國家間的移動逐漸頻繁。1980 年代後各國陸續開放資本市場，推動對外貿易。中國大陸在這個時期推動改革開放，1990 年後前蘇聯解體、東西德統一的重大政治事件，後續促使採行計畫生產的國家進行市場化體制改革，逐步融入世界貿易體系。因此 1990 年後迎來全球化較快的發展，直到2008 年金融海嘯對歐美及其他地區產生嚴重的經濟衝擊，後續則有歐債危機、脫歐、地緣政治危機等事件，讓全球化的腳步緩和下來。

世界貿易組織（the World Trade Organization, WTO）於 1994 年成立，至今擁有 164 個成員，設立宗旨為制定全球貿易規則，包含關稅、非關稅措施、服務業、智慧財產權、爭端解決、紡織品、農業等，由於降低貿易保護與促進自由貿易的推展，也成功使全球化邁入高峰，WTO 爭端解決機構所作之裁決對各會員發生拘束力，因此使 WTO 所轄各項國際貿易規範得以有效地落實與執行。但自從 2015 年放棄其「杜哈回合」談判以來，也未產生任何重大國際協議。2019 年 12 月，美國阻撓上訴機構（Appellate Body）的法官任命後，WTO 爭端解決機構（Dispute Settlement Body, DSB）下的常設上訴機制已癱瘓，導致 WTO 化解紛爭的角色也遭到削弱。部分成員，尤其是美國、日本和歐洲聯盟，正在推動更根本的改革。歐美國家認為全球貿易規則需要反映新的現實，必須解決以國家主導的補貼和強制技術轉移等問題，特別是針對中國大陸。

二、貿易保護主義作為反映外部變動的方式之一

「貿易保護主義」是為了保護本國產業免受國外競爭壓力，而對進口產品「設定極高關稅」、「限定進口配額」或其他減少進口額的經濟政策。這種政策好處在於維護本國產業避免受國外競爭、減少國外進口以增加貿易順差、短期間會增加政府關稅收入並減少國內失業率；然而長期而言，這種政策會使得國內產業競爭力下降，造成國內產業需依賴政府扶持或補貼才能持續經營，最終造成國內產業只能侷限在國內市場發展，而國內產品因出口外銷受限而無法擴大產量，對於降低國內長期失業率並無益助。

綜觀各國經濟發展的歷程，保護主義其實一直都存在，端看用在保護哪個領域的產業與實施的力道。然而隨著全球化的發展，由於各國經貿連結日漸深化，因此一旦發生全球性經濟危機時，往往會誘發貿易保護主義

的情緒，是危機時一種自然的政治和社會反應。

三、多邊主義強化國際參與與維護國家利益

多邊主義根據 John G. Ruggie（1993）的解釋，可定義為「在普遍的行為原則上，協調三個或三個以上國家的制度形式」。最常被用來討論多邊主義的三個特性，包含不可分割性（indivisibility）、普遍的行為原則（generalized principles of conducts）與擴散的互惠性（diffuse reciprocity）。當一個國家採行多邊主義時，往往不會只單純在特定領域採用，除了外交政策外，可能還將涉及國際制度、國際合作、集體認同或全球治理等領域的議題。整體而言，一個主權國家的外交行為，為了增進該國的國家利益或爭取行為的正當性，可能會尋求三個或三個以上的國家合作，而政治上的合作，也可能間接影響到本國與其他合作國家間的經貿往來。採取多邊主義可以擴大對國際事務的參與，若參與這樣的國際協定與合作規範未能促進實質的利益時，至少在成員共同遵守與執行的協定框架下，可以避免被排除在外的窘境或是無法享受到會員國的權益。

四、單邊／雙邊主義作為大國談判的有利策略

單邊主義在政治學上，廣義定義為「一個國家所採取的外交政策，完全依賴自己的資源，以求獲得與增進國家利益」，形式上包含孤立主義，不加入任何國際關係或嚴格限制參加國際關係；中立政策；仰賴自身的政治、經濟與資源能力，在國際中擁有優勢談判能力；或者不結盟主義。而最簡化的單邊主義，則會類似美國推行國內法的方式處理對外的國際事務，或許可以簡單理解為「處理外交事務時，寧可自行處理也不願與他人協商」。客觀來說會具備「單獨行動」與「違背其他國家的期待或意願」

兩項要件。

　　雙邊主義則是以兩個國家談判並建立關係，如兩個國家簽訂自由貿易協定，作為促進雙方商業交流同時，也能延伸其影響力。一般而言，大國因其政治影響力、經濟與資源能力，可採用單邊主義以獲取國家的最大利益，而雙邊談判則作為戰術運用，透過談判的形式讓另一國願意就協議內容進行協商、承認、甚至做出妥協與讓步。因此雙邊主義最基礎的定義也可以視為兩個國家的合作，且其他國家不得一體適用。由於地緣政治上在政治、經濟、軍事、外交上的更加複雜多樣，因此若想快速取得進展，往往是採個別談判、逐一突破，對大國來說會更具有談判優勢，而大國就可以挾其多個雙邊談判的成果，在區域中形成以大國為中心領導的一個多邊體系，但其他國與國之間並無法受惠於雙邊協議的內容。

貳、全球化遭遇之困境：區域協定、保護主義、新冠肺炎疫情

一、全球化進程減緩，區域協定興起

　　全球化的進程得力於 WTO 的成立與對會員國的規範，有效促進全球貿易與投資的推展，2015 年通過之擴大資訊科技協定（ITA II）談判，因其為 WTO 成立 20 年以來的第一個降稅協定，本次 ITA II 共涵蓋 201 項產品，依據 ITA II 降稅規則，原則上各國應自 2016 年起分三年四次完成降稅，例外成員之品項方可分五年、七年調降。面臨 2008 年金融海嘯與 2015 杜哈回合談判在其他領域的協商進展受阻，全球化的進程開始以不同的形式分頭進行。

　　由於 WTO 談判進展不順利，取而代之的則有代表多邊主義的區域貿

易協定（regional trade agreement）的快速發展。原「跨太平洋夥伴協定」
（Trans-Pacific Partnership, TPP）以其「高品質、高標準、涵蓋範圍廣泛」
的內容作為 21 世紀 FTA 的典範為目標。談判成員國包括美國、日本、加
拿大、澳洲、紐西蘭、新加坡、馬來西亞、越南、汶萊、墨西哥、智利及
秘魯等 12 國。TPP 成員國於 2015 年 10 月 5 日宣布完成談判，並於 2016
年 2 月 4 日簽署協定。美國川普總統於 106 年 1 月 23 日宣布退出 TPP，
對 TPP 造成重大衝擊。

在日本的積極推動下，美國以外的其餘 11 國陸續經五次召開 TPP 首
席談判代表及部長會議，共同商討 TPP 後續前進方向；2017 年 11 月 11
日，TPP 11 成員國於越南峴港 APEC 領袖會議期間發表聯合聲明，宣布
就核心議題達成共識，並將 TPP 改名為「跨太平洋夥伴全面進步協定」
（Comprehensive and Progressive Agreement for Trans-Pacific Partnership,
CPTPP）。CPTPP 大致維持原 TPP 簽署之內容，但暫停適用 22 項原依美
國要求而納入之條文，內容涵蓋「投資人及地主國爭端解決機制」、「智
慧財產權保護」及「政府採購」等議題，並在 2018 年 12 月 30 日生效。

在亞洲地區，2011 年 11 月第 19 屆東協高峰會（ASEAN Summit）通
過《東協區域全面經濟夥伴關係架構》（ASEAN Framework for Regional
Comprehensive Economic Partnership; RCEP），旨在深化以東協為核心之
區域經濟整合，邀請中國大陸、日本、韓國、紐西蘭、澳洲及印度等六個
對話夥伴國共同參與。在 2019 年底完成協商，2020 年儘管遇到新冠肺炎
疫情，6 月 23 日舉行成員國部長視訊會議，會議閉幕時成員國發表聯合聲
明說，2020 年底就會簽署 RCEP。RCEP 協議內容，至少要在六個東協成
員國與三個非東協成員國完成批准後，才會正式生效。預期在 2021 年年
底或 2022 年初，RCEP 可以正式生效。正式實行後，包括貿易便捷化、服
務業與投資開放等方面合作，將產生的效果將是全面性的。且成員國間大

多數商品免關稅，若無法加入該組織，對廠商在 RCEP 會員國內布局將產生誘因，可望吸引許多外資投資。

二、美國主導的保護主義與雙邊談判越趨強硬

　　美國自金融海嘯後，反對全球化的聲浪主要來自都市地區的年輕族群與受過教育的人士，另一部分則來自非都市區的老年人與失業族群，因為失業、移民問題、恐怖主義對美國的威脅等因素，使得擴大保護主義與管制邊境等論調受到重視。中國大陸 2002 年加入 WTO 後，製造業、出口比重的比例不斷下降，在全球化追求成本最低利益最大的思維下，美國部分製造業趨於弱勢，在中國大陸競爭下，美國工人失去大量工作機會。2016 年美國總統大選中，單邊主義與保護主義成為競選主軸，「讓美國再次偉大（Make America Great Again）」的訴求也讓川普（Donald John Trump）贏得大選成為美國總統。

　　美國川普總統於 2017 年 1 月上任，其經貿政策以「美國優先」為基礎，一改美國過去力推「自由貿易」，改為強調美國優先之「公平貿易」，運用貿易工具強化美國產業競爭力，並藉以處理與中國貿易失衡問題。退出 TPP、重新談判北美自由貿易協定、美日 FTA、美韓 FTA、取消對部分自行宣布為發展中經濟體的特殊待遇包含中國大陸、印度等 20 國，目的是要降低這些國家是否藉由不公平的出口補貼危害美國產業的調查門檻。

　　2018 年更展開對中國大陸系列的貿易戰，實行加徵懲罰性關稅、調查匯率操縱國，乃至提升至科技領域的出口管制、實體清單等都加大了美中貿易戰影響擴及的範圍。

　　美國總統拜登 2021 年上任後，對陸資科技公司採取一連串禁令，粉碎美中關係和陸企在美營運前景，中國大陸認為拜登上臺可能改善雙方關

係的期待落空。拜登和川普政府都以國安風險、保護美國用戶數據、恢復美國經濟活力為由，限制與某些陸企交易，並打擊中國大陸的特定技術，長期來看將對特定產品銷售與供應鏈將造成長遠影響。

三、疫情下的供應鏈：供應鏈斷鏈風險與醫療物資爭奪

新型冠狀病毒肺炎（COVID-19）疫情，2019 年 12 月 31 日，中國大陸向世界衛生組織（WHO）通報湖北省會武漢市出現多起肺炎病例，隨後武漢在 1 月 23 日宣布封城，暫停所有公共交通。自此開始，中國大陸面臨疫情擴散的嚴峻挑戰，適逢農曆春節，春運的大量人潮流動也造成病毒全境擴散的風險。由於疫情發展快速，中國大陸政府採行較為積極的防控措施，先是湖北封城，後有延長春節休假，且數度延長，歷經較長時間的停班停課，內部交通運輸與國際航運都受到嚴格的管制，期間持續近兩個月，直至 3 月底解封，因而在停工與交通受阻的雙重壓力下，產業面臨供應鏈斷鏈的重大危機。

武漢肺炎疫情爆發的中心湖北省，為鋼鐵、汽車以及半導體、平板和其他電子元件等電子產業的主要製造中心之一，相鄰的河南省正是蘋果最大的 iPhone 代工和組裝主要生產基地。隨著疫情擴散，也影響到其他省分的生產狀況，在一些關鍵醫療物資方面如醫療級口罩、防護衣、呼吸器、醫療耗材、檢測試劑、消毒液等物資，也因為疫情外擴到其他國家，而造成供給緊張，甚至各國搶購並組建國家隊來因應大規模物資缺乏與取得困難的窘境（陳子昂、楊欣倫，2020）。

為此，在這波疫情底下，首先影響各國政府與廠商思考的便是防疫物資或涉及國家安全物資的自主能力。由於醫療物資稀缺，在多項關鍵零組件、材料方面除了價格飆漲外，更出現部分國家禁止出口的狀況，例如禁

止口罩出口、禁止治療新冠肺炎的潛在藥物出口等措施，更強化國安物資自主化的必要性。

中國大陸疫情逐步緩和後，反而在歐洲與美國陸續爆發，因此除了各國積極組建呼吸器、口罩、消毒液等國家隊生產外，後續如美國與日本政府提出補助措施協助廠商搬離中國大陸，鼓勵遷回母國建立生產能量。

在疫情影響下，醫療設備與物資確實可以觀察到分散至各國自主生產，且增加儲備量的趨勢存在。疫情爆發前，中國大陸口罩生產占全球過半數，內部需求激增而大規模設置新產線，包含法國、德國、美國、臺灣等地區都擴增產線來因應防疫需求，除了生產線外，也延伸到相關原物料的穩定供給與管制。隨著疫情在部分地區受到控制，相關物資出口管制也獲得鬆綁，對有建立自主供給需求的國家，設備、物料、製程管理的整廠輸出也成為商機。

然而不論是搶防疫物資商機而擴張的投資，或是國家隊在極短時間內擴充產能，未來可預見的情境，一個是供給過剩而產生價格競爭的局勢，未來恐怕很多廠商面臨價格競爭下將難以為繼，另一方面為了維持國家的自主供給能力，將採行保證收購量與收購金額，並且設定安全存量，或許人口大國還能夠維持部分廠商的長期營運，對於市場規模與生產能力受限的國家而言，恐怕就得與可信賴的生產國簽訂供給協議，以確保在急難時刻仍然可以取得必需的物資。

從疫情發展的角度來檢視，過去全球化追求生產最佳效益與國際分工的供應鏈體系，在疫情「全球大流行（pandemic）」的恐慌心理與物資爭奪下，必然促成特定領域的供應鏈必須在國家政策要求下建立獨立自主不受外力干擾的生產體系，保護主義在此時也受到各國內部壓力而越加激化。而除了防疫物資外，也擴展到了科技面的競爭，在疫苗研發與生產上，近期也出現動用國家公權力來確保未來疫苗開發成功後，能夠優先取得所

需的疫苗數量，用以保障國家的公共衛生安全與確保經濟能夠重啟。

參、全球化下的兩岸產業布局

中國大陸 2001 年底加入世貿組織後迎來經濟的快速成長，持續保持著雙位數的經濟成長率，儘管期間經歷過 2002 年嚴重急性呼吸道症候群（SARS）短暫的疫情衝擊，也快速從中恢復。來到 2008 年金融海嘯的幾年間，仍保持 9.5% 至 10% 之間的高速成長，絲毫不受到全球金融災情的影響。然而，終究仍須面對經濟發展到一定程度後，經濟成長率將逐步趨緩的難題，自 2012 年起，經濟成長率呈現逐年下修的趨勢，2016 年後適逢川普當選後對全球貿易採取新的措施影響，且在 2018 年展開貿易戰，雙方相互課徵數波懲罰性關稅之後，中國大陸的發展也面臨更多面向的挑戰（楊欣倫，2020a）。

一、生產要素面向

中國大陸隨著經濟成長，勞動成本不斷向上提升，為了保障勞工權益，推動「五險一金」，五險即養老保險、醫療保險、失業保險、工傷保險和生育保險；一金則是住房公積金，經營成本的升高，對於勞力密集的產業而言形成較大的壓力，因而有紡織、製鞋、成衣、日用品等需要大量勞動力的產業往勞動力成本更低廉的地區移動，如東協、南亞地區。

隨著環境意識的提高，2015 年 10 月召開的中共十八屆五中全會上，「美麗中國」被納入「十三五」規劃，首次被納入五年計劃。從 2017 年12 月起中國大陸中央將汙染防治列為三大攻堅戰之一後，中國大陸密集公布政策，以及領導人出席相關會議，顯示中國大陸對推動汙染防治的重視

程度。2018 年 6 月 24 日中國大陸國務院發出「關於全面加強生態環境保護堅決打好汙染防治攻堅戰的意見」。提出在能源、冶金、建材、有色、化工、電鍍、造紙、印染、農副食品加工等行業，全面推進清潔生產改造或清潔化改造。加快推進危險化學品生產企業搬遷改造工程。發展節能環保產業、清潔生產產業、清潔能源產業，提高節能、環保、資源循環利用等綠色產業技術裝備水準，大力發展節能和環境服務業，鼓勵新業態發展和模式創新。

自 2016 年起就在不同省份地區實施限汙令，但 2017 年初昆山地區採取更加積極的管理措施，大上海、昆山地區造成近半的臺商自主停產、停工，許多中、小型的臺商都在考慮將廠房遷移至蘇北的淮安、浙江偏遠地區，及四川重慶、成都等地或是另尋國外新的生產基地，同時也有廠商尋求轉型升級或建立符合環保法規的生產條件。

近年來中國大陸投資環境變化較為劇烈，臺商在中國大陸經營面臨嚴峻考驗，在稅務制度的改革、資本管理的強化、環保規範日趨嚴格、以往吸引臺商的投資優惠逐步取消等因素都對臺商經營產生挑戰，而兩岸關係變數與全球貿易壁壘也是臺商關心的重要議題。綜合外商近年來常面對的經營問題。中國大陸經濟成長放緩以及投資成本持續上漲等因素，導致外商在中國大陸的布局意願逐年下降，並且縮減在中國大陸的投資規模（楊欣倫，2017）。

二、市場競爭面向

以國際經驗來看，人均 GDP 超過 2,000 美元後，將會有一波 10 年至 15 年之間的經濟快速成長期。中國大陸在 2003 年人均 GDP 達到 1,293 美元，2019 年突破 10,098 美元，正式進入中等收入階段。隨著中國大陸居

民所得不斷增加，消費力也逐漸上升，中國大陸政府在政策上也支持消費升級，促新業態新模式發展，在消費力的展現上，2019 年中國大陸已經是全球重要市場，其中新汽車 50%，智慧手機占全球 25%，個人電腦 27%，電視 23%（中央銀行，2020）。中國大陸製造業吸收外商的生產製造經驗與品牌經營後，也逐步從過往的山寨、白牌，逐步建立起中國大陸自有品牌，更為重視品牌經營與研發投入，培養出不少具國際知名度與競爭力的中國大陸品牌。

以手機來說，有華為、小米、OPPO、vivo 等；家電則有從手機跨界的小米，知名的家電品牌格力、海信、長虹、海爾、TCL 等廠牌也穩紮穩打。而不少傳統歐美品牌面臨激烈競爭，逐漸退出中國大陸市場，近幾年日本東芝、夏普則因經營問題出售。三星智慧手機市占率由 2013 年 20% 降至 2018 年不到 1%，主要還是面對激烈競爭以及 2017 年 Galaxy Note 7 發生爆炸的品質事件重挫消費者信心，2019 年 10 月退出中國的智慧手機生產，關閉位於中國大陸最後一座智慧手機工廠「惠州工廠」，轉往越南與印度生產（楊欣倫，2020b）。

三、美中貿易戰

全球化供應鏈布局的思維仍聚焦在尋求最有生產效率、最低成本與比較利益的生產基地中做抉擇，近代歷史上已經歷過幾波的供應鏈遷徙潮，不外乎就是考量「生產要素」與「市場因素」，第一波 1970 年代從美國移轉至德國與日本，第二波 1980 年代移轉到亞洲地區的南韓、香港、臺灣、新加坡，造就了亞洲四小龍。隨著經濟發展與成本上揚，則再次移轉至中國大陸，大約就在 2000 年左右，崛起的則是成為「世界工廠」的中國大陸，2003 年中國大陸的 GDP 僅占全球經濟的 4.3%，至 2019 年已經

到達 16%，規模發展到對全球具有相當的影響力。成為全球第一大出口國、第二大進口國，除了早已是世界工廠外，更成為世界市場及全球觀光旅客的第一大來源國（中央銀行，2020）。

臺商在中國大陸成長過程中也扮演重要的參與者角色。2005 年中國大陸前二十大出口商，臺商占 7 家。中國大陸商務部主管的中國對外經濟貿易統計學會 2019 年發布的「2018 年中國對外貿易 500 強企業排行榜」，前十大企業就有二家臺資企業，前 50 名企業中也多達 15 家臺資企業。因此在兩岸經貿緊密連結的情況下，全球政經局勢的變化，都可能牽動兩岸供應鏈的布局（中國對外經濟貿易統計學會，2019）。

2018 年最受眾人矚目的焦點莫過於美中貿易衝突，經過數波調高懲罰性關稅、禁售令等措施，引起產業供應鏈的震盪，歷經兩年的協商，在美中談判前景未明的情境下，企業經營的影響仍餘波盪漾。過去因應美中貿易戰的關稅措施，大多廠商採取調整出貨產地或自行吸收成本，以電子產品為例，國際品牌與臺灣代工廠商多數選定東協國家作為輸出美國市場的替代產地，供應鏈廠商考量地緣與成本因素，對海外設廠較為保留，多採觀望態度，盼美中達成協議後，可解除相關貿易障礙。2018 年臺灣出口依存度為 56.6%，高於南韓之 37.4%、日本 14.9%，顯示臺灣經濟發展仰賴出口之程度較高，且易受全球景氣波動影響。臺灣為小型開放經濟體，對外貿易依存度較高，加上出口貨品或地區之集中度亦較日、韓高，易受國際景氣變動影響，儘管美中貿易戰貿易持續升溫，臺灣仍受惠於轉單及產能移轉效應。美國政策反覆與全球經濟成長缺乏動力情況下，若美國政府有意對臺採取新一輪貿易談判，針對貿易失衡狀況重新檢視，未來臺灣產業也面臨較高的經營風險（經濟部統計處，2019）。

2020 年臺灣對中國大陸（含香港）出口達 1,367.4 億美元，占臺灣總出口值的 43.8%，較 2019 年同期約 951 億美元增加了 14%。2021 年第一

季臺灣對五大市場出口規模，其中大陸與香港成長最強勁，年增 24.6%，創單季歷史新高，整體來說對大陸出口依賴持續提高已從去年的 43.8%，拉高達到 44.3%。臺灣對於中國大陸過高的貿易依存度，若美國拜登政府持續採抵制政策，長期將衝擊兩岸貿易往來。

中國大陸政府政策與產業正積極往高科技、高技術含量與技術自主的目標發展。而美中貿易戰確實對在中國大陸經營的外國投資產生部分影響，最主要還是以貿易戰的不確定性，成為影響中國大陸本土或是外國廠商在思考未來布局的關鍵因素，尤其是出口美國市場與涉及美國技術、設備等要素的領域。

肆、區域協定盛行與保護主義旗幟下的兩岸產業重構

一、中國大陸強調多邊主義與技術自主

全球兩大經濟體美國與中國大陸相互加重傷害，不僅使貿易戰緊張情勢再度升高，也損及全球供應鏈及重創全球金融市場。在貿易戰的過程中，中國大陸採取多邊主義，強調開放中國大陸市場，諸如自貿區進行制度的試驗，持續推動全面開放體制，特別是「一帶一路」倡議，已經橫跨歐亞非甚至觸及南太平洋，負面清單管理制度，大幅度放寬市場准入，國民待遇、擴大服務業對外開放等措施。在 2018 年貿易戰展開後，一帶一路與東協成為中國大陸貿易上成長最快與比重最高的貿易對象，東協在貿易上成為排名第一的貿易對象，占整體貿易額約 13% 左右，其次為歐盟約占 11% 左右，美國則持續衰退但仍是第三大貿易對象。除了中國大陸力推的一帶一路，也積極參與區域貿易協定，諸如中日韓 FTA、RCEP 等，積極塑造其開放與自由的對外貿易關係形象（楊欣倫，2020a）。

　　從貿易的關稅戰場，已經轉為科技戰場，美國針對中國大陸的科技管制力度也因為新冠肺炎疫情上的政治矛盾而更加強硬。因此，未來凡是在中國大陸領土範圍或陸資企業，都必定受到科技管制的衝擊，如抵制華為的 5G 通訊設備、禁止使用 Android 系統，美商禁售晶片給華為，甚至擴及到技術與造設備等更廣的層面。著實讓中國大陸驚覺缺乏關鍵生產能力將受制於美國或外國，為此近幾年包含設置半導體大基金、推動新基建等措施，致力於強化中國大陸本土的科技自主能力。儘管美國對於在中國大陸境內使用相關技術有嚴格管制，但無法排除是以戰逼和的策略，力促中國大陸上談判桌，畢竟美商在中國大陸市場的獲益也是極其可觀，在 2019 年的全球半導體消費量中，中國大陸市場的占比超過 60%，而據美國國際貿易委員會（U.S. International Trade Commission）數據，半導體按價值計算，是美國 2018 年第四大出口產品，僅次於飛機、成品油和原油。隨著中國大陸占世界半導體消費量超過一半，半導體業正依靠中國大陸快速增長的 5G 市場，以實現未來的成長。就半導體產業來看，中國大陸市場一旦受到美國嚴格管制，恐怕也會傷及美國自身利益。

二、臺商分散風險需求增，投資停看聽

　　臺灣因在全球價值鏈參與率高達 67.6%，加上中國大陸為臺灣對外投資主要地區與生產基地，而美國則為主要出口市場。因此，無論臺商是否於中國大陸設廠，只要臺商的產品涉及美國加徵關稅的項目，或以中國大陸內需為主的臺商，都在這場美中貿易戰中淪為重大的受災戶。根據多項調查結果顯示，中國大陸臺商面對美中貿易衝突，有逾六成表示受到影響，且主要是利潤及訂單減少；以代工為主的臺商，必須依客戶需求快速調整生產布局因應；但生產線的快速重整，卻使部分產業產生「斷鏈」危機，

特別是科技業。

　　臺灣屬於開放經濟體，對外貿易向為經濟生存與發展之命脈，面對主要貿易夥伴紛紛參與區域經濟整合，互相享有優惠關稅待遇，已使臺灣企業無法於國際市場公平競爭。若臺灣被排除於亞洲區域經濟整合之外，未來 RCEP 協定一旦生效，亞洲生產供應鏈網絡關係必然會進一步重整，此將嚴重影響我貿易與投資活動，使我企業處於不利之地位，對臺灣未來經貿發展及國際競爭力造成深遠之影響。RCEP、CPTPP 會員國享有貿易便捷化、服務業與投資開放、免關稅等優勢，相較於臺灣的不得其門而入，顯然產生成本與效率上的差異，未來恐怕影響外資來臺的投資意願，臺商也可能著眼中國大陸與東協市場商機與人口紅利，而加碼投資 RCEP 會員國，長期可能造成臺灣產業空洞化排擠效應與危機。

伍、結論

　　臺商向來以彈性與機動性爭取國際商機，儘管面對美中貿易戰的衝擊，初期大多採用自行吸收成本方式，隨著後續關稅不斷調高至 25%，廠商考量成本壓力與客戶要求，須至其他國家設新廠，而大廠在多國設有產線的狀況下則會調整出貨地，如調整出口至美國市場的產品在東南亞國家或臺灣生產與出貨。

　　但長期而言，在美國對中國大陸科技競爭與封鎖的政治氛圍、新冠肺炎疫情持續對經濟與生產活動造成衝擊、地緣政治與區域經濟整合成形等變化下，廠商需不斷調整其經營策略，尤其面對供應鏈斷鏈、運輸與相關成本飆升、貿易障礙等影響考量下，將迫使企業以新的思維考量其目標市場與供應鏈的配適。

一、供應鏈重布局與分散風險勢在必行

　　國際品牌商面臨供應鏈高度仰賴中國大陸，面對防疫管控、供貨不及、研發延遲等狀況而紛紛調降財務預測，若要解決此風險，勢必得在多個國家或區域設置可獨立運作或至少支撐三個月以上供貨的生產據點，方能做全球產能的調控與風險分散。

　　分散布局或許會減損規模經濟的生產優勢，但轉換思維，歐美主要市場成長減緩，新興市場將成開發的重要標的，要求代工廠轉往目標市場設廠生產的趨勢仍在，過去僅以初階組裝廠或服務檢修據點為主，未來加入以當地生產、風險分散概念的營運模式，將可望在具市場規模或生產優勢的國家形成新的產業聚落，重新建立起垂直供應鏈。

二、短期應急、長期布局

　　因應美中貿易戰，大廠採取短期快速調整出貨產地、擴廠等方式因應美國市場的需求。小廠考量其資金與營運能力，除了單純出口外，也有採用租用產線方式，找尋當地有閒置廠房或產線之代工廠合作，但容易受到產能調整的限制，較適合應付短期需求。

　　疫情影響加速廠商從中國大陸遷出、尋找新設廠址的需求，可望帶動供應鏈的同步遷徙與當地廠商的成長，嗅到機會的各國政府早在美中貿易戰期間，提出吸引外資的優惠政策。在疫情壓力下，如何確保物資的充足供應，不致斷鏈停擺，成為各國政府關切的議題。廠商長期仍需考量經營方式，以永續觀點進行投資布局。

三、因應美中科技對陣，未來將成一個世界兩套標準

美中科技戰在拜登政府執政下仍延續，受到科技管制法規、原產地規範、出口禁令、關稅調升等影響下，考量到使用的技術、設備可能受到限制，以及下世代技術不排除出現兩套以上標準，廠商須依所涉及之市場來決定技術發展方向。臺灣廠商單純遵循「國際標準」制訂的大方向靠攏，未來真有中、西方分歧的標準規格，推測臺灣發展仍是往歐美主導之全球標準靠攏，特別是政府主導的技術發展，如涉及國家安全、資訊安全、關鍵技術等領域將發展出兩套因應方式，依照廠商各自經營模式做選擇與調整。

四、避開大國競爭，開拓新興市場商機

相對於大國在政治與經貿上具有較高的談判優勢，並且掌握關鍵技術，因此要經營大國市場則必須針對未來的法規與規範作出調整，也可能因為條件過於嚴苛甚至幾近客製化標準，或要求必須在市場所在地生產或在指定的地區生產，對資源較不充裕的廠商而言將需投入較多的資源進行調整，以符合大國的相關規範要求。

但若針對較不涉及國家安全或戰略物資層次的產品而言，特別是針對消費品、耐久財等領域產品，或許仍將採用國際標準，因此除了原本的歐美與中國大陸市場外，仍可開拓新興市場，分散經營風險，避免因為市場過度集中而遭受貿易戰及特殊傳染病疫情而對企業產生經營上的嚴重衝擊。

判斷新興市場是否具商機與發展性，可從幾個面向進行評估。（一）在全球 GDP 成長率預估 3% 情境下，GDP 成長率持續保持 5% 的國家將則較具成長性；（二）對照人均 GDP，突破 2,000 美元後大致能迎來 10 年

至 15 年的快速成長期，達到 10,000 美元後則具有內需購買力；（三）要判斷是否足以形成具規模的內需市場，可從 GDP 服務業占比推測，通常較具消費發展潛力的服務業占比約在 60% 以上。同時觀察該國是否具有人口紅利優勢，可確保未來勞動力支持與消費成長動力。

　　經濟快速成長的國家，若具有相對龐大的內需規模，政府往往避免外匯流失與鼓勵產業發展，將逐步推動進口替代政策。對廠商而言，選定投資設廠地點時，不少廠商採用七三比，針對出口與內需市場作調配，出口可獲得穩定金流支持營運，內需市場則具有長期發展性。

參考文獻

一、中文文獻

中央銀行，2020，〈COVID-19 肺炎疫情對全球及臺灣供應鏈與經濟的影響〉，https://www.cbc.gov.tw/dl-142017-9122fa3a73dc41ecbd0f1e5d0fcfed25.html，2020 年 6 月 16 日下載。

中國對外經濟貿易統計學會，2019，〈中國商務部：2018 年中國對外貿易 500 強企業綜合排名〉，中國大陸商務部，http://tjxh.mofcom.gov.cn/article/n/201908/20190802890159.shtml，2020 年 6 月 10 日下載。

胡均民，1999，〈經濟全球化與中國〉，《廣西廣播電視大學學報》，10（3）。

陳子昂、楊欣倫等，2020 年 2 月 4 日，〈新型冠狀病毒（2019-nCoV）疫情對中國大陸及武漢重點產業之影響〉，《AISP 情報顧問服務資料庫》，https://mic.iii.org.tw/AISP/Reports.aspx?id=CDOC20200204002，2020 年 6 月 1 日下載。

楊欣倫，2017 年 10 月 25 日，〈中國經濟新常態下的臺商經營環境剖析與展望〉，《AISP 情報顧問服務資料庫》，https://mic.iii.org.tw/AISP/ReportS.

aspx?id=CDOC20171023001，2020 年 6 月 16 日下載。

楊欣倫，2020a，〈2020 年中國大陸第一季總體經濟指標暨發展前瞻〉（4 月 28

　　日），《AISP 情報顧問服務資料庫》，https://mic.iii.org.tw/AISP/ReportS.

　　aspx?id=CDOC20200427004，2020 年 6 月 16 日下載。

楊欣倫，2020b，〈中國大陸手機品牌在印度布局與供應鏈發展〉（6 月 9

　　日），《AISP 情報顧問服務資料庫》，https://mic.iii.org.tw/AISP/ReportS.

　　aspx?id=CDOC20200601017，2020 年 6 月 16 日下載。

經濟部統計處，2019，〈當前經濟情勢概況（專題：臺日韓出口情勢比較）〉，

　　https://www.moea.gov.tw/Mns/DOS/bulletin/wHandBulletin_File.ashx?file_

　　id=20565，2020 年 6 月 10 日下載。

二、英文文獻

John Gerard Ruggie ed. 1993. "Multilateralism Matters: The Theory and Praxis of an

　　Institutional Form," New York: Columbia University Press: 11.

Nilsson, T and Andrea Bergh. 2010. "Good for Living? On the Relationship between

　　Globalization and Life expectancy", *World Development*, 38(9): 1191-1203.

經濟與金融衝擊對全球化的影響

邱志昌

（鉅亨網證券投資顧問公司董事）

摘要

　　本文以近代經濟與金融全球化進展歷程為出發，敘述美國建立經濟金融管理，為了全球化的整體與融合，及之後建立制度的運作，並舉例經濟金融全球化整合成功個案。接著敘述 2008 年次級房貸違約，所引發全球金融海嘯，及 2018 年全球化分裂，美國主動著手修改貿易規則；與 2019 年 COVID-19 疫情，重創全球貿易經濟的幾次重大挑戰，對於全球經濟與金融市場影響。最後以臺商自 1990 年至今在生產布局，雁行變化：研究從臺商移動所見、預見到美國只是短中期調整貿易規則、除非發生國際間大規模武力衝突，否則未來經濟與金融全球化行程，在歷經 2018 年美中貿易、科技戰爭、2020 年 COVID-19 疫情，與美中 2021 年金融戰爭之後，美國將還是會發現，唯有全球化才是人類文明進步最穩健的戰略。

關鍵詞：全球化、貿易戰爭、布列敦森林會議、COVID-19 病毒

壹、前言

投資者面對當前非全球化有三大風險危機：一為 2008 年的全球金融危機、二為 2018 年的貿易戰爭、三為 2020 年的 COVID-19 冠狀肺炎病毒；這三大危機多對金融與經濟發展帶來重創與恐慌。金融危機與貿易戰爭屬於經貿問題，但是冠狀病毒卻是健康管理與疾病防範不周。股市表彰企業價值，而此一價值則是近十多年來，全球產業發展的變遷。通訊革命帶來信息傳遞便利，也使貿易、文化、交友與商業合作無國界；在即將邁入第五代通訊 5G 時代時，全球化情勢其實應該更加迫切。本文參照維基百科簡單定義「全球化」（Globalization）是：全球商業交易增加；尤其大型公司生產製造與其產品，在全球各國貿易活動頻繁。這一些活動使全球生活形態與文化加速融合、文明出現同步相似度高的發展。

例如智慧型手機盛行，現在無論到世界哪個城市，中國北京、烏魯木齊，俄羅斯莫斯科，荷蘭阿姆斯特丹，臺灣臺北，日本東京、大阪，美國華府、紐約、芝加哥等等，每個人至少人手一支智慧型手機；在地鐵車廂座位上、私家轎車旁等人時享受划手機樂趣；這種場景無一個城市例外。全球化將每一個人活動特徵，在有樣學樣氛圍下牽繫在一起。人類多次工業革命，如蒸汽機革命（1760-1840）到數位化革命等等，促成生活型態與集體特徵，由多元化趨向於一致；尤其借重「語言翻譯機器」、視訊會議、社群通訊盛行，各個國家人民之間的溝通，已經幾乎是零距離。全球化的主導者是美國，它率領生產與消費者一步步往自動化、數位化、網路化；將所有溝通語言轉為數位，使得生產力更提升、消費效用更為便利。每一次產業革命的引導者，最終都會將人類消費活動帶進更多元、生產活動更有效率；消費與生產者雙方福利（Welfare）最大化的「柏拉圖」（Pareto）理想中。

貳、近代全球經濟金融全球化進展歷程

　　二次世界大戰即將結束前，1944 年英國經濟學家凱因斯，銜英國政府令赴美參加會議；與主要國家討論戰後全球經濟、金融秩序重建。在美國主導的「布列敦森林會議」決議下：一、成立「國際貨幣基金」（IMF）：主導全球貨幣標準建立規範，及監督管理各國金融貨幣市場秩序。二、成立 GATT（貿易與關稅總協定），促進國際貿易並強化各國締結經濟貿易結盟。在二次大戰前各國競相以提高關稅，企圖謀取貿易交易利益；結果造成 1929 年美國金融市場股價大跌後、再衍生出實體經濟衰退與蕭條；1933 年美國總體失業率曾達 24.9%。此後南歐巴爾幹半島政治情勢惡化，成為二戰衝突火藥庫；最終出現「藤原效應」（Fujiwhara Effect）、惡性循環引起全面衝突。經濟學家認為，當時美國「高關稅政策」是逼使各國相互提高貿易關稅，導致經濟衰退與蕭條罪魁禍首。因此在二戰結束前後，需要再度遂行 1828 年英國經濟學家亞當・斯密「國富論」的「比較利益」精神，重啟國際貿易多邊福利，建立 GATT 組織。布列敦森林會議規範 GATT 三原則：一、各國非關稅貿易限制措施需轉化為關稅，要求各國進一步、持續不斷降低這些非關稅項目與關稅稅率。二、要進行互相非歧視化待遇，也就是彼此都要給對方貿易最惠國及國民待遇。三、各種非關稅避雷措施也必需要逐步降低。

　　GATT 協議第一個版本在 1948 年由美國、澳大利亞、挪威等 23 個國家發起。1994 年時 GATT 設立了「世界貿易組織」（World Trade Organization，以下簡稱 WTO）。在這超過半世紀以來，GATT 總共由 1948 年開始至 1994 年，共進行了 9 個回合國際經貿關稅協商會議。而在 1994 年烏拉圭回合後，GATT 以 WTO 替代它在國際貿易事務處理機能，1995 年 WTO 全面取代 GATT。而 WTO 則自 2001 年卡達多哈回合後，各

國開始進行部長級多邊貿易談判；此後二十多年以來，雙邊或多邊貿易談判成為主流協議，替代所謂回合式的大規模成員會議。WTO 延續 GATT 自由貿易精神，漸漸進行區域經濟整合與雙或多邊締約 FTA（Free Trade Agreements，自由貿易協定），談判領域從製造業進入全球服務業開放，與智慧財產權保護領域；符合當代開發國家主要產業經濟發展潮流。

　　一、例如東亞韓國從 2003 年起致力於多邊或雙邊自由貿易協定談判的協商與簽訂，目前成為貿易協議覆蓋率最高國家，在 2003 年到 2014 年之間韓國共簽訂 9 個 FTA，涵蓋 48 個國家；2014 年 FTA 所創造的貿易總額，已經接近 4,000 億美元。2014 年以後，韓國繼續與加拿大、墨西哥、澳洲、紐西蘭、越南、日本、中國談判簽訂 FTA。2014 年到 2017 年，韓國繼續談判簽訂 FTA，涵蓋的國家已經達 54 個、FTA 數目為 15 個。過去二十多年來，韓國經濟依賴貿易乘數效果，成長率不斷成長，成為亞洲四小龍頭。這種優勢一直到 2018 年，美中貿易戰爭開打後，才暫時被臺灣取代。二、臺灣產業為因應美國大廠代工要求，走 OEM 與 ODM 路線；由於政治性干擾、臺灣與國際各國貿易合作談判、FTA 覆蓋率遠不如韓國。臺灣多數產業發展，與韓國財團方式不同。財團方式發展偶有一些部門，經營績效不當、組織需要重整，但仍然尾大不掉。例如在 2020 年初三星集團才毅然決定，完全裁掉 TFT LCD 部門；數位顯示器產業在中國大陸全力介入後，早就成為價格戰「紅海市場」。多年前臺灣兩家大廠與韓國廠商業務負責人在美國交涉合作談判，因涉及價格協議聯盟，公司負責人被美國司法部拘留在美國課以刑責，並對公司課徵昂貴反托拉斯稅。2017 年總部在臺灣的鴻海大陸富士康集團，集團領導郭臺銘先生拜訪美總統川普，承諾在美威斯康辛州設立 TFT LCD 或電動車生產基地，在地生產避開國際同業競爭，遂行美國產業在地化。這是韓國三星電子之所以選擇關閉該項產品生產決策的催化劑。臺灣 GDP 成長率在 2019 年明顯超越

韓國，臺商因為中美貿易戰爭轉單效應，凸顯廠商專注生產單一產品、各自獨立但形成產業供應鏈優勢；各自生產拿手產品，遂行產業聚落「比較利益原則」，這也是全球化對產業發展最有效率處方。三、雖然已經是全球第二大經濟體，但是中國大陸產業發展模式仍依據計畫性思維；開放民營資金自由進入任何產業，但重點的扶持與補貼仍在於國家目標產業。如第五代通訊 5G、2025 年工業 4.0 及互聯網等等。在這些產業中，國家會選擇發展成熟業者，以國家資金挹注，做成為未來國營事業發展的樣板。而國家經濟發改委對傳統的造船、鋼鐵與煤炭等產業，採去供給化原則，進行減產及縮編。因為經濟與政治實力趨強，因此大陸過去 11 年來以「大國崛起」姿態，展開跨國經濟建設合作；例如：（一）建立貫穿亞洲與歐洲的「一帶一路」經濟發展藍圖。（二）再如 2010 年 12 月 23 日成立，跨入南美洲巴西的「金磚五國」：巴西、俄羅斯、中國、印度與南非，簡稱：BRICS。（三）配合「一帶一路」沿線各國需要基礎建設投資，設立的「亞洲基礎建設開發銀行」（Asial Infastructur Investment Bank，以下簡稱 AIIB）。（四）配合金磚國家建設的「新開發銀行（New Development Bank BRICS，以下簡稱 NDB）」。AIIB 資本額 1,000 億美元，NDB 資本額 500 億美元。四、中國也進行以其為經貿區域合作中心的的整合，與各鄰近國家所建立的「東南亞國協」（Association of Southeast Asian Nations，以下簡稱 ASEAN）結盟，經過數十年三階段努力，2020 年 11 月此一組織正式蛻變為 RCEP，約有 15 國，包含印度與日本、韓國在內的「區域全面經濟夥伴關係協定」（Regional Comprehensive Economic Partnership，以下簡稱 RCEP）。ASEAN 初創 1967 年 8 月 6 日，由新加坡、馬來西亞、泰國、菲律賓與印尼五國以「東協宣言」開始；截至目前為主發展為東協 10 加 1，中國成為該組織的合作戰略夥伴。該組織 2020 年已成為東南亞國家聯盟共同體，並且已從 2002 年起開始，進行區域關稅 0

到 5% 低關稅貿易。五、2019 年 11 月印度突然宣告退出 RCEP 整合，造成印度 GDP 成長率開始緩慢下滑，但因美國 2019 年也對印度開啟貿易戰爭，取消印度出口到美國最惠國待遇，使印度約 59 億美元商品貿易出口受影響。本文認為，印度將可能在 BRICS 金磚五國尋求發展機會，重新加入 RCEP 的機率增高。依據臺灣經濟部估計，RCEP 對臺灣三成產業受到負面影響，其他七成產業大多與 RCEP 組織國家，彼此貿易往來已趨近零關稅，整體負面影響有限。經濟部認為受到影響產業，需以轉型升級、提高附加價值。綜上所述，在上述三種經濟發展型態中，小資本發展方式，以臺灣模式較能孳生比較利益；而「大國崛起」應以中國為模式較有效率。但這種社會主義生產模式卻被美國強力反對，認為違反資本主義競爭公平原則，國家資本不該由政府對企業進行補貼；這兩大資本主義與國家資本主義，自 2018 年 1 月起發生非軍事的全面衝突，直到 2021 年 7 月仍尚未結束。

中國經濟發展要與西方思維同步，就要取消或改變它現行運作模式。例如成立國家主權投資基金，以投資股權、不介入技術取得、不參與經營；而且國際性併購絕不能以取得技術為要件。例如前幾年大陸紫光半導體集團積極計畫購入臺灣南茂、矽品等公司股權；但最終被臺灣投審會質疑，被臺灣政府與業者懷疑，要透過股權多數，去取得專業技術而遭否決。本文認為，在這兩三年間由於中美貿易戰爭，尚處方興未艾階段、2020 年 1 月至 2021 年 7 月，COVID-19 冠狀變種病毒橫行；因此中國本身很難在短期內，建構本身電子科技最渴望的半導體供應鏈，仍得深度依賴臺積電等臺商。臺灣廠商精於電子科技產品的 ODM 與 OEM，因此技術來源需要歐洲廠商與美國技術團隊。例如臺積電（TSMC）最高製程極紫外光微影（Extreme ultraviolet lithography，以下簡稱 EUV）晶片機臺機器設備，即是歐洲荷蘭飛利浦公司集團，所成立的子公司艾斯摩爾公司（AMSL

Hoding N.V）生產製造。這些技術多在貿易戰爭中，被美國下了限制轉移命令，不可將產品技術含量超過 10% 產品銷售或移轉給中國，且銷售過程多需先經美國相關部門同意。2018 年貿易戰爭與 2020 年開始，COVID-19 病毒疫情持續全球化，暫停了經濟全球化。本文認為，中國總體經濟將從 2020 年開始，從中等水準落入一般開發國家低度成長。但因習近平政權對國際合作採開放態度，因此不至於會造成本身經濟大蕭條與就業崩潰。未來在這一段可能也將延續數十年變化過程中，臺灣產業小而精準的發展模式，多會漸漸成為大陸半導體與 AI 產業發展的重要供應者；臺灣優勢將漸漸浮上於韓國與中國水面。

參、以美國為主的全球化歷史過程演變

由以上的組織演變，國際貿易關係由漸漸互相合作，走向低關稅自由貿易，並且加強區域整合與產業全球化。這些多得力於二次大戰後，由美國所主導設立的各種組織與運作程序。但美國卻因為率先參與自由化、對內要照顧國內公民社會福利，而率先向全球各國開放自己內需市場；美國進行區域經濟合作組織，也主導創立亞太經濟合作會議（Asia-Pacific Economic Cooperation，簡稱 APEC）、北美自由貿易協議（North American Free Trade Agreement，以下簡稱 NAFTA）、太平洋夥伴關係協定（The Trans-Pacific Partnership，以下簡稱 TPP）、韓美自由貿易協定（U.S.-Korea Free Trade Agreement，以下簡稱 KORUS FTA）、美日貿易協定等等。這些多方或雙邊、非全部 WTO 會員談判，解決彼此當下最迫切貿易限制，是最有效率突破方法；只需兩個或數個國家進行談判，不必經過多國冗長協商。FTA 成為 2018 年貿易戰爭之前，WTO 架構之下經濟貿易合作的最佳模式。人類總體經濟生活，其行為總是左右擺盪，個人與

群聚經濟與政治行為長期習性一樣，分分合合、聚聚散散。這些行為模式符合財務理論，「行為財務學」（Behavior Finance）中有各種適當理論分析與闡述。例如羊群心理作祟的「盲從效應」（Herding Effect），或是後知後覺的「反應不足」（Under Reaction），及對多空信息太過敏感的「過度反應」（Over Reaction），或以過去經驗心得去應付未來情勢發展的「框架理論」（Frame Work Theory）、短視的「適應性預期」（Adaptive Expectation）等等。不知不覺受到當下情勢所完全牽引，忽略未來經濟生產與消費行為的「循環效應」（Cycle Effects）；經濟供需行為總是潮起又會潮落，但潮落又會潮起，大如全球產業與消費行為發展，與小至臺灣消費者行為亦復如是。

臺灣廠商自 1989 年中國鄧小平「社會主義改革開放」風行後，多項製造業低成本利基與「三減三免」租稅鼓勵措施等，強力吸引臺灣領導廠商前去設廠投資，活絡了大陸的土地資源與勞工薪資收入。大廠的移動同時也帶動臺灣本土中、下游廠商，配合移動、在剛開放經濟體中建立標竿；臺灣中小企業也隨後積極拓展大陸生產線，或與當地業者結合為產業供應鏈。1995 年之後「雁行效應」顯著，臺灣內部開始浮現產業空洞化現象；北部中小企業廠商大多跟隨塑膠大廠臺塑等集團，在對岸設立生產基地，負起供應大廠所需產品零組件或代工分包責任。當時這樣移動加上產業數位化速度快速進展，使中國大陸經濟迅速成長。接著數位與通訊科技革命，1990 年蘇聯接受西方自由主義牽引，尤其是東西德柏林圍牆倒塌、東西德統一民主化引導，各聯邦開啟政治獨立化運動。頓時美蘇冷戰與代理人戰爭迅速冷卻，核武較勁危機消失，於是美國將原來軍用的網路技術商業化；技術釋出到商業運用上，啟動數位化通訊革命，數位化的概念就是以數字（Digital）表達與描述彼此信息。

1990 年之後數位化革命核心產業成形、大型電腦蛻變為小型個人電

腦，乃至於可攜帶式筆記本電腦、平板電腦；家庭用、有線電話轉變為個人手機無線電話，人類正式步入了 2G、3G、4G 與未來 5G，乃至未來可能的 6G 網路通訊時代。美國既有的網路技術運用、可提升產品供需雙方交易速度，它的運用範圍無遠弗屆；從通訊到電店商產業、到遠距教學、遠端醫病診斷、多方視訊會議、未來多項服務互聯網革命、無人駕駛轎車、無人戰鬥機等等應用都會應運而生。同樣的產品由機器代理操作運用的模式嶄新出現，而且這一些數位化的產品技術，多已經發展幾十年之久，因為不再有大規模衝突、世局緩和而釋放商轉。現代化數位產品，其生產模式分工細膩；例如智慧型裝置，多是由美國大廠如 APPLE 或 Google 公司等設計架構，再委託臺灣半導體業者晶片生產，再由鴻海或大陸富士康集團代工，最後半產品組裝生產為最終產品，而行銷於全球市場。臺灣廠代工或是設計代工 ODM 與 OEM 大廠紛紛到大陸設廠，運用廉價土地與工資進行為美國大廠委託的代工。這種模式最後形成美國下單、臺灣接單與研究設計產品、再由臺商在大陸運用已經外移的產業鏈代工；各開發中國家與開發國家，如此同步地進入「生產全球化」（Production Globalization）潮流。在這種生產與消費行銷的模式或邏輯，分別由不同國家完成，展現生產與行銷分工，生產與貿易比較利益更貼近柏拉圖理想。唯 2008 年 1 月 1 日中國推出勞動合同法後，土地與勞動力成本多不再低廉，臺商往東南亞越南或印度找尋降低生產成本動機與實際行動增強，而 2018 年因美中貿易戰爭，到 2021 年間臺灣廠商回臺顯著增多。

肆、經濟全球化整合成功個案：歐盟與歐元區

本文認為，是 GATT 或是 WTO 成立後，間接促成了歐洲經濟共同體的建立；最後因為區域內各國關稅降低及免除、新貨幣單位「歐元」（EUR）

交易支付計價單位一致性貫穿全境，造就歐元區投資熱絡、經濟景氣繁榮。1999 年成立的「歐元」（EUR）官方匯價受惠自由化，匯率從 1.02 歐元兌換 1 美元漸漸升值到 2007 年 1.62 歐元兌換 1 美元。此一由國際經濟學理論大師孟代爾所創立的「歐元」貨幣，是經過歐洲各國一一對「馬斯垂克條約」公民投票表決；與歐盟對各國貨幣交換比率試算整合，由各國當時既有貨幣轉換成為新貨幣而成；歐元在 1999 年誕生、誕生兌換為 0.9202 歐元兌 1 美元。歐元一統歐盟貨幣與金融市場後，不到十年期正面效益席捲歐盟諸國，2007 年成為全球最新強勢貨幣，且在特別提款權（Special Drawing Right，以下簡稱：SDR），成為全球貿易第二大通用結算貨幣。目前 SDR 組成貨幣為美元、歐元、人民幣、日圓、英鎊五種。歐盟 23 國、歐元區 22 國的共同貿易結算貨幣，區域經濟共同體整合的成功，有其歷史競合過程融合背景。這些國家彼此間也歷經敵對與宿仇，甚至大規模的武力衝突，但最後因為由專制武力步入社會主義、乃至於福利經濟，演變為無產階級或是工人階級參政，或是社會主義。但仍然可在共同利益最大化之下，成立一個經濟共同體，當然主要仰賴的是經濟與金融共通與融入機制。最重要的無形因素是人民對國家意識形態認知；在經過多次的衝突、由衝突中再融合，終究理解只有共存共榮，才能超越民族主義的狹隘；體認歷史戰爭相殘宿仇，只會走進經濟利益的賽局困境。經濟與金融、就業、產品製造行銷與生活需求彼此仰賴，才是適用於雙與多邊利益的「納許均衡」（Nash Equilibrium）；而戰爭與領土占領則是多方賽局的「囚犯困境」（Prisoners Dilemma），最後終於拋棄成見結為單一經濟體。

可惜的是自 2000 年以來，歐元貨幣的整合正面效果快速揮灑，但也是非常快速的暫時結束，使歐盟各國以歐元為估算的資產價格，因為高估交易趨於泡沫化。歐元對於歐洲經濟、資產與金融投資迅速無邊界的交易

投資擴張，使歐元區各國因此種既有資產價格，車同軌、計價單位一致而蓬勃發展。使得原本就已經處於優勢地位的開發國家，熱衷於南北歐與東歐資產投資，或是利率差異化套利炒作；利所驅動，前仆後繼，形成盲從羊群心態，但最終結果還是殊途同歸，無法免疫於資產價格遠高於實際價值、經濟泡沫化。當投機心態成形後，就很容易被敏感實體經濟利空所解構；這是不曾改變的經濟發展邏輯與宿命。因此預期衰退後，銀行與金融體系因擔保品價值遠低於市價，成為逾放與呆帳的禍首，殃及各國；形成 2008 年「次級房屋貸款風暴」（Sub-Crime Mortgaged Crisis）、全球金融風暴；也是 2014 年歐洲主權債務危機根源。

　　「資產證券化」最核心的主軸是，標榜的是固定收益證券；這張有價證券價格與房地產價格興衰綁一起。當房地產價格上揚之際，這張債券債務應收帳款不會違約，因為帳面利益增加，而會去繳交房屋貸款。但當房地產的價格下跌之後，債務人因為抵押品的帳面損失擴大，因此不樂意繳交房屋貸款的利息與本金。尤其是在持續性房價下跌之際更是不樂意；在這樣情形之下，宣稱每年可以拿到固定現金利息報酬的這張有價證券，就失卻應有利得，因此次在級交易市場成交價格滑落。所有誤認為這種所謂「連動債券」投資，就以為是以收取定期固定利息收入為主。但這種連動固定收益有價證券價格，卻在次級交易市場中因為資產價格下跌，而失去債券交易流動性。這樣反應使得持有連動債券機構投資者，出現大幅帳面虧損；更糟糕的是這些連動債券多不在「集中市場」交易，也就是它流動性變現程度較低，求售缺乏多數承接者。例如冰島銀行業當時就以較高利率吸引存款，一時使冰島景氣繁榮；但當資產價格泡沫化出現後，這些來自國外的存款一哄而散，銀行發生擠兌風潮。匯率升值套利操作，適合於匯率升值狀態，雙方各謀其利；但是當利率反轉由高利率降為低利率後，國外資金將會轉而投報到預期報酬率較高的貨幣或是其有價證券。

伍、2018 年至 2021 年全球化遭遇到重大挑戰

由於 2017 年貿易爭議、2018 年中美貿易戰爭，及 2017 年「全球共同申報準則」（Common Reporting Standard，以下簡稱 CRS）影響；全球產業與資金流動出現回鄉。本文早在 2017 年第三季聞到，中美貿易戰爭硝煙味；美國商務部已對中國太陽能產業、輪胎業及鋼鐵等諸多產業進行傾銷（Dumping）調查，最後課徵反傾銷稅。尤其川普當選美國總統後，開啟對中國產品進行傾銷與技術併購的商業行為進行反制。2018 年 1 月 29 日，川普總統在白宮辦公桌正式簽署「中國經濟侵略備忘錄」，宣告「中美貿易戰爭」。美國商務與財政部，動用美國貿易與關稅 301 條款，及對主要貿易國家的「匯率調查報告」兩項貿易公平調查，在 2018 年這一年的時間中，傾全力對中國產業資本形成、租稅政策與政府補貼進行查察；最後美國對中國進口產品關稅加徵 25% 關稅，及限制技術移轉。美國不僅針對中國 2025 工業 4.0 製造，要求中國政府退出這些補貼與補助；也槓上華為與中興通訊等兩家企業。美國認為其中隱約擁有國家技術與資本指導，也限制其技術取得與商業合作路徑；禁止兩家公司在美國進行商業併購活動。2018 年上半年雙方關稅與科技戰火達最高峰；為防範中國經濟發展受到該項系統性風險影響，中國人民銀行自 2017 年開始，用短、中、長期貨幣寬鬆政策間接使人民幣貶值，減緩美方提高關稅衝擊，及貿易糾紛傷害。美中代表團歷經多次互訪與會談溝通，2019 年初中國承諾購買美國農產品。美方也相對承諾停止再次調高關稅，雙方協議在 2020 年 1 月達成共識；2020 年 1 月 15 日，第一階段中美貿易爭議暫時畫下休止符。由於貿易戰爭影響，2018 年全球股市節節敗退；2018 年淪入空頭市場。臺股加權股價指數，從 10,688.81 點跌到 9,727.41 點，大約跌掉近千點。2020 年 3 月，全球股市也因為 COVID-19 疫情橫行，股市崩跌、美股數日

無法停止跌勢、需要交易所主動熔斷；後經美國聯準會（簡稱 Fed），將利率從 2.25% 降至 0 到 0.25% 之間，並宣告從 2020 年 4 月到 2022 年底，實施無限量寬鬆 QE 貨幣政策，每月購債金額 1,200 億美元，挽救全球股市於崩潰邊緣，免除「經濟大蕭條」（Great Depression）重演。

陸、2020 年 COVID-19 疫情再度逆全球化經濟運轉

　　雙方貿易協議進行過程，股市由 2018 年底逐漸落底，步入多頭市場。但屋漏偏逢連夜雨，2019 年 12 月初中國武漢地區開始出現，呼吸道病毒（COVID-19）肺炎流行病。2020 年 1 月開始 COVID-19 病毒襲擊全球，為防範本土與境外移入風險，各國切斷對外飛航旅行與旅客入境。國家內部且下令人口密集城市進行「封城」措施。美國道瓊工業股價指數在 3 月份暴跌，出現四次熔斷現象。在上述這幾項逆全球化風險中，冠狀病毒風險屬於非經濟變數，也是無法以金錢損失善後，更是危及健康生命最令人畏懼的風險。這個突如其來肅殺，令人與人之間相處感到驚悚與不安，也使得全球化步伐從貿易戰爭暫息後再往後退縮。財務理論認為，股價多空變化皆是受事件的「預期性效果」所主導，因此多空趨勢大多現身於過程中，結束於事件落幕之際。例如全球股市於 2019 年初，因中國允諾以 2,500 億美元以上金額，購買美國農產品和平協商後，股價指數皆從 2019 年初谷底上揚，一路緩緩上揚到 2019 年底；好不容易中美化干戈為玉帛，但 2019 年氣勢旺盛的股市多頭趨勢，持續到 2020 年第一季後被 COVID-19 疫情重創；2020 年 4 月 Fed 執行無限量 QE 後再起。

　　2019 年底中國陸續傳出肺炎流行病 COVID-19 病毒疫情；2020 年 2 月之後疫情擴大成全球流行病。透過國內外交通的商務與旅遊往來，2020 年 3 月全球各國很快出現顯著災情；2 月中旬之後歐洲、亞洲、美洲疫情

擴大流行。COVID-19 病毒疫情輕重第一項指標為 R0 數值，也就是一個被感染人口，因為密集頻率對外接觸，傳染給大眾。第二項指標是為「確診率」，就是在所有篩選人數中，有多少人受到感染。第三項指標為「死亡率」，在所有確診人數中最後有多少人死亡。由這三種流行病指標的交叉比對，可以檢視疫情輕重程度，與感染的持續擴張機率。2020 年 3 與 4 月在疫情最高峰，其中以醫療資源分配較不齊全的義大利、西班牙兩歐洲國家與伊朗等國家疫情感染與死亡率最為嚴重；這些國家的 R0 數值、與「確診率」急速攀高、死亡率高達近 10%。接著則為美國人口密度高的都會，例如紐約、芝加哥及華盛頓州、西雅圖、加州、麻州波士頓等，這些美國都會城市在 3 月底後急速惡化。疫情蔓延逼得法國與美國、義大利、西班牙、英國等國元首宣布，國家進入緊急狀態；各國開始宣告「封城」、「斷航」等隔離病情入境措施。全球化原本就是貨暢其流、金流與人員穿梭不斷；而運輸交通的中斷與自我禁錮的封城措施，皆讓各國境內外商務、旅遊消費與產業生產陷入斷鍊狀態。直到 2021 年 6 月，美國的失業率仍達 5.9%。

　　從 2019 年底原本就協商不順的油價，也因為 COVID-19 疫情，使油價出現低落。臺灣 95 與 92 無鉛汽油一度落到 20 元新臺幣／公升以下。北海布侖特原油在期貨市場成交價格，在 20 美元／桶附近低吟，全球消費者「有效需求」迅速降溫。2020 年 3 月底，經過美國頁岩油與俄羅斯及 OPEC 折衝，最後 OPEC 與俄羅斯等石油輸出國組織，宣告每天減產九百多萬桶；油價由 20 美元／桶漸漸恢復反彈。本文認為，2020 年上半年的油價，仍將被冠狀病毒恐懼情緒牽絆，失落趨勢仍將持續存在。本文研究發現，長期油價多空趨勢分水嶺，在 2014 年 6 月 14 日；歐洲央行（ECB）將歐元存款準備率降低到負利率。當時生產者感受有效需求將因歐債危機大幅滑落，通貨緊縮即將到來；價格從 107.62 美元／桶至 128.4 美元／桶

間，呈現瀑布型大跌。這次油價則由於為防範 COVID-19 病毒，Fed 在 2020 年 3 月 3 日與 2020 年 3 月 13 日，分別降低聯邦資金利率兩次到 0% 至 0.25% 之間，甚至還執行無限量 QE 政策。此舉又被解讀為通貨緊縮，有效需求長期降溫，油價再度大跌。

柒、若無大規模武力衝突，未來全球化腳步仍將持續進行

　　油價原本是多頭寡占市場，OPEC 與俄羅斯常存歧見。遠因為東歐國家原俄羅斯聯邦烏克蘭共和國，欲加入歐盟或歐元區，以擺脫本身的經濟困境；親歐美的烏克蘭政府醞釀加入歐盟，與親俄派系發生內戰。俄羅斯普丁更深怕該國所屬的黑海軍事要地，烏克蘭南端克里米亞半島、俄國海軍艦隊集結處，落入北大西洋公約手。俄羅斯鼓動該半島公民進行公民投票，最終以大多數決回歸到俄羅斯共和國聯邦。但此舉引發歐美國家，即聯合國安理會成員不滿與反制；經多次緊急聯合國常務理事會，歐盟跟進美國對俄羅斯政府進行兩次經濟制裁，禁止天然氣與石油輸往歐洲與美國。俄羅斯為挹注該國財政，不得不持續以低於 OPEC 所訂官價，大量銷售給東歐及中國大陸等國。此一效應促使 2015 年底油價仍持續下跌，而以沙烏地阿拉伯為首 OPEC 組織，因不堪損失而在 2015 年底進行減產商議；但三次減產會議皆無具體成效，以至 2016 年 1 月時國際油價大跌至 27.1 美元／桶。而這次 COVID-19 疫情系統性風險前減產協議失敗，更讓北海布侖特原油慘跌至 2020 年 4 月 17.32 美元／桶。石油是製造業最上游原料，化纖、塑膠與紡織業中間原料，多是從石油裂解成為輕油，再從輕油提煉出這些原料。在替代能源尚未完全開發成功時，石油還是所有交通工具、甚至是電力最重要能源來源。消費者對食衣住行的需求遞增，透

過最終消費品「引申性需求」，使石油供求相當、價格上揚。如果消費者因為廠商關廠失業，可支配所得減少，則對於非耐久財消費將會節約，延遲對耐久財購置；石油價格將因 COVID-19 疫情急速冷卻。回顧 2016 年 2 月油價由 27.1 美元反轉反彈，在景氣步入復甦循環的 2016 與 2017 年間，油價曾反彈到 2018 年 9 月 82.7 美元／桶。

　　2018 年起美國總統川普在白宮所簽署的「中國經濟侵略備忘錄」，的確是反全球化的催化劑。在這個備忘錄中，美國認定長期以來，在布列敦森林會議之下所制定的全球關稅同盟，希望以美國帶頭降低關稅障礙，促進世界自由貿易；以此遂行 18 世紀亞當‧斯密（1723-1790）「國富論」（The Wealth of Nations, 1776），理想與現實運作規則是需要修正的。2018 年下半年美國對全球各國貿易爭議進入白熱化，美國端出多個重新談判議題，例如川普要求墨西哥出資，延長修建美墨邊界圍牆；美並以更嚴格條件，審核與阻礙中東國家人民移入美國。美國認為，在過去自我內需市場開放歷史中，從最早 GATT 與 WTO 自由化措施，美國提供自由市場給全球各國，但最終回報並不等價。從 1980 年之後，美國自己陷入對外貿易逆差，與預算赤字雙赤字痛苦，削弱美國基層民眾薪資與社會福利。另外一面，雖二戰之後全球以布列敦森林會議為根本，無論實體經濟或是金融體系發展日新月異；但美國在共產主義擴張防堵、地緣政治上所費不貲。例如朝鮮半島參戰、在越南對抗共產主義，這些軍事活動致使美元發行數量激增，不得不與黃金直接兌換脫鉤且再進行 QE；黃金從結算貨幣蛻變為貴重金屬商品後，價格一躍千倍；2011 年 9 月曾達 1,926.2 美元／盎司。掌管全球貨幣金融發展與救援 IMF，不得不以多種貨幣與加權比重，推出「紙黃金」（簡稱：SDR）；在美元與黃金之間作為橋梁，以維持金本位於不墜。而之後長期中東緊張情勢、以色列與阿拉伯國家對立，乃至於目前仍在進行的烏克蘭、敘利亞內戰、阿富汗等美國也多投入龐大經費。

　　2020 年冠狀病毒橫行，至今 2021 年未歇，這將會是景氣衰退，乃至 1933 年後「大蕭條」重演？本文認為：一、當時的大蕭條是因金融面股票市場過度投資造成，投資人因為新的股價泡沫，以融資貸款全部買進；最後因為價格大跌，保證金不足而不得不被銀行斷頭。券商斷頭處理後，還繼續追繳投資者不足部分，形成金融災難。當時美國聯準會只以降低存款準備率因應該項流動性緊張，並未有所謂經濟產業紓困方案與無限量 QE。二、這也是這次面對 COVID-19 風暴發生後，美國期貨指數大跌當天，Fed 馬上降息、重推 QE 政策所根據的歷史經驗。這一次在疫情利空事件上，在貨幣政策方面多採取了極端寬鬆貨幣政策，同時也針對資本額較小產業，展開員工薪資紓困與企業債務緊急救援。三、已開發國家如歐洲與美國，也祭出史無前例救援措施，例如 Fed 無限量 QE 政策，將病毒事件視為經濟極端殺手；的確這是經濟與金融最快救援方案。這些方案促成 2020 年 4 月初，美國與臺灣股市同步反彈。本文從 2008 年到 2018 年到 2020 年，全球金融危機與中美貿易戰爭，及 COVID-19 冠狀病毒的逆全球化風險事件切入研究發現，這一些極端事件確實引起當下人類經濟金融與生命安全緊張；但未來全球化的主要發展，在於美國與中國的競合，如果侷限在經濟與科技領域共存共榮，未再擴大為兵戎相見，則不足動搖全球化根本基礎；全球化腳步仍將在疫情過後持續進行。

捌、結論：美國終將發現，唯回歸全球化，　　　才能使全球經貿利益最大化

　　2018 年初中美貿易戰爭，以及 2020 年 1 月開始的 COVID-19 疫情、與 2021 年的美中科技、金融冷戰，使得臺灣製造業在中國各地布局出現遷移變化。以臺商而言，為因應美國對於中國大陸產品課徵高關稅。根

據臺灣經濟部的統計資料，到 2019 年 11 月為止，約有 152 家臺商，回到臺灣設立生產線；經濟部統計 2020 年初，該項金額已突破 7,000 億新臺幣；而 2021 年 7 月底應可達到二千多億元，這已可為臺灣創造約二十萬個以上工作機會。2019 年 11 月是景氣領先指標高峰期，但是無論是在地或是已經回流的臺商，2020 年一開年多受到 COVID-19 疫情考驗。當 COVID-19 疫情過後，應該還有臺商回流，或是離開中國大陸的延續性潮流？這種倦鳥歸巢、鮭魚返鄉的現象，比照 1990 年至 2017 年間的情景，幾乎是天壤之別。當時臺灣企業受到中國大陸低價土地與勞力成本吸引，再加上中國大陸各地方政府，多將招商引資當作是施政績效。中國國務院根據「外資投資企業和外國企業所得稅法」，規定對外資投資中國的「兩免三減半」優惠措施，也就是外資企業，可在獲利的前兩年免徵企業所得稅，而接下來的三年則減半企業所得稅。這項免稅與減半課稅措施，激勵臺商前往中國大陸投資。期間各種傳統產業大廠移動投資，也帶動其整個供應鏈一起移動到大陸。這種熱衷於大陸投資，低廉生產成本像磁鐵吸引住企業。一直到中國國務院 2008 年 1 月 1 日生效、2012 年曾經修正的「勞動合同法」出籠之後，臺商的投資行為才漸漸有所動搖；但因應這種變遷的方法，也只是改變投資地點。臺商由大陸沿海，所謂「廣州、大連、上海、青島、天津」等城市，轉向內陸四川重慶、成都，及湖北武漢長江流域等。這種遍地開花投資狀況，加速大陸內陸都市化速度；2008 年全球金融風暴後，慢慢高漲的土地與勞工成本，才開始顯著影響到臺商生產利潤。2014 年之後勞動與土地紅利漸漸流失。

　　以上這一些變化，多非來自政治對立，或者是國家主權意識形態差異；真正的原因是因為中國製造成本，從 2010 年勞動合同法推展兩年，全球經濟景氣達到最高峰後。大陸土地、勞工成本多已提高，原本在大陸臺商，漸漸考慮到越南、泰國、緬甸、寮國等移動。過去之所以這種移動行為並

不顯著，是因為龍頭廠商宛如大象無法輕便移動，不會就只有土地與勞工提高，就馬上做出顯著反映。臺商之所以群聚於大陸，它的商業模式是臺灣接單、大陸加工生產與出口。出口到美國與歐洲等地，是享受國民待遇、低關稅的優惠；但是這種低關稅的情勢，在 2017 年年底釀出高關稅硝煙味、2018 年情勢丕變。是最終產品的生產者移動，才會引發中下游業者、整個「產業聚落」（Industry Cluster）的牽動。2016 年蔡英文總統就任之後，適時推出新南向運動，臺灣公民營銀行業者漸轉到東南亞，設立經營據點；使臺灣對外投資開始分散。2017 年起，美國顯著對中國經濟與科技產品擴張行為感受強烈威脅，對於中國 2025 製造、工業 4.0 及第五代通訊標準 5G 下的中國國家資本主義運作不滿，因為它補貼中國企業與鼓勵企業去想辦法取得智慧財產權。2018 年初川普祭出「中國經濟侵略備忘錄」，正式宣告要對中國製造加徵 25% 關稅，美中貿易戰爭正式登場。

　　由以上敘述過程可知，臺商在 2010 年之後就已感受中國製造的低成本時代已經過去；2018 年的美中貿易戰爭，更加強臺商往東南亞，或是加強回臺的心思。再加上歐盟與美國等開發國家，在 2014 年 7 月 OECD 推 CRS（Common Reporting Standard for Automatic Exchange of Financial Account Information in Tax Matters，共同申報準則）建立「國際之間金融資訊交換準則」，也就是參與 CRS 國家多需要將非居民的資料與金融帳戶資料，傳遞到帳戶所有人的報稅國家，對方國家也要做同樣資料交換。2016 年中國大陸發布 CRS 中國意見稿，2017 年開始執行；這個措施也使得在大陸臺商背脊發涼；之後中國大陸在 2018 年中完成調查，並於 2018 年 9 月進行第一次交換。可以理解當中國政府在 2016 年發布 CRS 意見稿後，大陸外資熱錢資金的移動、臺商資金回流的潮流早就該展開了；因此間接締造 2017 年臺股榮景。但 2018 年初起，因為貿易戰爭情況急轉直下。這些發展從人民幣長期過程就已經見到，2015 年中美元兌換人民幣匯價，

已經從 2014 年 2 月的高峰，貶值到 6 人民幣兌 1 美元；而到 2017 年發布 CRS 草稿之後，人民幣兌換美元幾乎已經接近 7 兌換 1 美元水準；2018 年初貿易爭風起雲湧，匯率正式探底 7 兌 1 美元。

　　就廠商而言，就近服務客戶、與生產聚落的群聚、技術與產品特質是主要設廠的考慮。就鴻海集團而言，它主要是代工 ODM 與 OEM，因此它需要尋找一個勞力密集的地方，有眾多的勞動力可以運用，例如中國深圳龍華廠與印度等，因為它是以高營業額但是低毛利率取勝；因此它是否要由中國移出，需要縝密考慮這個低毛利率的問題；這可能就是鴻海現在將部分產品移往印度的原因。因為在 2018 年美國啟動對中國的高關稅之後，同時也在 2018 年 4 月對印度撤銷的「關稅普遍優惠制度」（GSP），這削弱了中美貿易戰爭成效，同樣是以勞力密集為主的塑膠、紡織等產業，再度回流到中國大陸。這也是印度原已打算退出 RCEP 區域整合，如今重新思考是否再次進入。美國忽略了全球貿易關係，千絲萬縷複雜程度、顧此失彼。美國的 GSP 關稅用來扶持開發中國家的，雖印度官方認為 GSP 關稅的取消，對於印度只有 1.9 億美元的影響，但是將印度輸美的 GSP 關稅取消，會使印度想對美國輸往該國鋼鋁產品，課徵更高的關稅。美國為貿易措施重新規範，或許在現在多被稱為「貿易戰爭」，其實美國只是繼續全球化行程，當下這些爭議只是「回檔整理」，不是急轉直下更非全球化終點。現在的美國已經有被追上的危機感；因此在軍事、移民、技術、貿易等方面遊戲規則重新建立，並非只對中國大陸；只是因為中美貿易金額太大，因此談判規模很大、協議議題也多元化。但很確定的是，美國不是要停止全球化運動，也不會就此停止全球化。

　　本文以近代經濟與金融全球化進展歷程為出發，敘述美國建立經濟金融管理為整體融合的歷史淵源，及之後運作演變；並舉例經濟全球化整合成功顯著個案。接著敘述 2008 年次級房貸違約，所引發的金融海嘯，及

2018 年全球化遭遇到美國著手修改貿易規則；與 2019 年 COVID-19 肺炎重創全球經濟的三大重大挑戰，對於經濟與金融市場影響。最後以臺商自 1990 年至今在生產布局，雁行的變化為個案研究：從臺商移動所見，美國只是調整規則、非全球化的孤立多是暫時的，除非發生各國間大規模武力衝突，否則全球化行程不變。

參考文獻

一、中文文獻

邱志昌，2018，〈全球經貿陷入「修昔底德」陷阱！！〉《鉅亨網》，https://news.cnyes.com/news/id/4142385，查閱日期：2018/5/13。

邱志昌，2019，〈行情主軸：還是 5G 產業？〉，《鉅亨網》，https：//news.cnyes.com/news/id/4349817，查閱日期：2019/10/03。

邱志昌，2019，〈誰擋住創新理論的實踐？〉，《鉅亨網》，https：//news.cnyes.com/news/id/4350386，查閱日期：2019/07/04。

邱志昌，2020，〈人行寬鬆貨幣政策無用？〉，《鉅亨網》， https：//news.cnyes.com/news/id/4447208，查閱日期：2020/03/02。

邱志昌，2020，〈小心！貿易戰是「美國 vs. 全球各國」〉，https：//news.cnyes.com/news/id/4483817，查閱日期：2020/6/1。

邱志昌，2020，〈外資操作臺股邏輯思維探討？〉，《鉅亨網》，https：//news.cnyes.com/news/id/4417466，查閱日期：2019/12/02。

邱志昌，2020，〈見底不是底、就是底部區！〉，《鉅亨網》，https：//news.cnyes.com/news/id/4460490，查閱日期：2020/04/06。

邱志昌，2020，〈股市榮景甩大蕭條一個大耳光！！〉，《鉅亨網》，https：//news.cnyes.com/news/id/4469693，查閱日期：2020/04/30。

二、英文文獻

Daniel, Kent, D. Hirshleifer and A. Subrahmanyam (1998)."Investor psychology and security market under-and overreactions," *Journal of Finance* 53, 1839-1886.

De Bondt, W. F. M. and R. H. Thaler (1985)."Does the stock market overreact? " *Journal of Finance* 40, 793-808.

Dreaming With BRICs: The Path to 2050, Goldman Sachs 1ST October 2003 Dominic Wilson.

Fama, E. F. (1991)."Efficient capital markets II," *Journal of Finance* 46, 1575-1643.

Fama, E. F. (1998)."Market efficiency, long-term returns and behavioral finance," *Journal of Financial Economics* 49, 283-306.

Shiller, R. J. (1987)."Fashions, Fads and Bubbles in financial markets," In Jack Coffee (ed.), *Knights, Raiders and Targets: The Impact of the Hostile Takeover*. Oxford, England: Oxford University Press.

van Raaij, W.F. (1981), "Economic psychology," Journal of Economic Psychology 1,1-24.

經濟全球化與全球治理：衝擊、變遷與挑戰

陳德昇

（政治大學國際關係研究中心研究員）

摘要

2020 年是庚子年，已確定是人類歷史上遭遇重大災難與嚴峻挑戰的一年。其中除有美中貿易、科技戰持續衝擊外，新冠疫情蔓延全球，造成劇烈之政治、社會挑戰與重大經濟損失。此不僅導致經濟全球化局部與結構性變遷，亦對全球治理構成嚴峻挑戰，以及人類文明與發展造成實質影響與考驗。

美國基於國家利益採行提高關稅、科技管制，限制跨界流動與互惠措施，制約中國經濟發展與成長。此外，廠商基於利益與風險管理，供應鏈朝區域化、分散化、彈性化與短鏈化取向調整。儘管如此，美中貿易戰與新冠疫情短期對雙方貿易逆差改善效果有限，但高科技管制對中長期影響較為深遠。

近年美中在全球治理不僅未能全面協作，且拉高敵對態勢，應是全球治理負面的案例。未來全球治理能否有效運作，其關鍵因素仍在於：大國、強國的國家利益競合、領袖素質與決策能力，以及現實利害與籌碼運用。

關鍵詞：美中貿易戰、經濟全球化、全球治理、供應鏈

「川普啟動了美中經貿談判，要用美國的進口關稅作為槓桿，逼中共停止竊盜智慧財產權和技術機密。……美國在談判當中關注的核心問題是兩個，首要問題是中國有組織地大規模的侵犯美國的智慧財產權和盜竊技術機密，其次是中方營造的不公平貿易體制，造成長期的巨額貿易逆差。」

——程曉農（大紀元，2021）

「這是二戰以來世界面臨的最大危機，也是 20 世紀 30 年代大蕭條以來最大的經濟災難。這一時刻到來的時候，世界各大國間正處於分歧之中，政府最高層的無能到了極為可怕的地步。眼下這一切終會過去，但之後的世界會是什麼樣子？」

——馬丁·沃爾夫（何黎，2020）

「美國和中國各自面臨重大抉擇。美國必須決定，是將中國的崛起視為一種生存威脅，並試圖以一切可能的手段遏制中國，或是承認中國本身就是一個大國。如果美國選擇試圖遏制中國的崛起，就有可能引發反彈，使兩國走上長達數十年的對峙之路。

就中國而言，它必須決定是否要成為一個不受制約的大國，為所欲為，憑藉其絕對的影響力和經濟實力取勝，但也要冒著遭到美國和其他國家強烈抵制的風險。這種作法可能會加劇緊張和不滿情緒，從長遠來看，會影響中國的地位和影響力。」

——李顯龍（王嘉源，2020）

壹、前言

　　美國與中國是當前世界兩大強權，其決策與運作不僅牽動全球經濟脈動與趨向，更影響地緣政治、產業競合、供應鏈調整與變遷趨勢。尤其是2017年1月美國總統川普（Donald Trump）當選後，全球化策略調整與美中關係衝擊，以及2018年3月「全國人大」習近平總書記修憲取消國家主席任期制，落實更強硬政治管控與美中經貿互動，從而改變經濟全球化與產業供應鏈格局。其後2020年初爆發新冠疫情（COVID-19）蔓延全球（參見表1），造成劇烈之政治、社會挑戰與重大經濟損失；2021年美國總統拜登（Joe Biden）上臺更強化美中經貿與科技戰，此不僅深化經濟全球化局部與結構性變遷，亦對全球治理（global governance）構成嚴峻挑戰，值得吾人賦予更大關注與解析。

表 1：美中關係互動與大事年表（2017-2022）

年別	事件	主要重點
2017	・1 月 27 日川普就任總統。	新任總統與民意對中國態度出現轉變
2018	・3 月 11 日習近平總書記「全國人大」修憲取消國家主席任期制。	習近平將長期執政
	・3 月 22 日川普簽署備忘錄時宣稱：「中國竊取美國智慧財產權和商業秘密」。根據 301 條款，涉及進出口商品關稅 600 億美元。	啟動貿易戰
	・7 月 6 日美國對價值 340 億美元中國輸美商品徵收 25% 額外關稅。中國商務部同日做出反制措施，對價值 340 億美元美輸中商品徵 25% 關稅。	貿易戰持續
	・9 月 18 日川普宣布對 2000 億美元中國產品增加 10% 的關稅，並在 9 月 24 日實施。	貿易戰
	・12 月 1 日在阿根廷 G20 會議美中兩國領導人達成共識同意舉行為期 90 天的談判。	貿易戰初步緩和

年別	事件	主要重點
2019	・5 月 5 日川普宣布對另外價值 2000 億美元，合共 2500 億美元的中國輸美商品徵收 25% 關稅。	貿易戰
	・5、8 月美國制裁華為 114 家附屬公司。	國家安全考量，啟動科技戰
	・6 月 21 日美國制裁中科曙光、海光集團子公司、無錫江南計算技術研究所等 5 家。	開發軍事用途超級電腦（科技戰）
	・6 月 29 日在 G20 大阪峰會上，美國不再對中國產品加徵新關稅。	貿易戰緩和
	・8 月 1 日川普宣布自 9 月 1 日起對餘下 3000 億美元中國輸美商品徵收 10% 關稅。	貿易戰
	・8 月 14 日美國制裁中國廣核集團、中廣核研究院、蘇州熱工研究院有限公司等 4 家	將美國核能技術轉軍用（科技戰）
	・10 月 7 日美國制裁新疆維吾爾自治區公安局、海康威視、商湯科技、依圖科技、曠視科技、大華技術、科大訊飛、美亞柏科信息和溢鑫科創。	國家安全考量（高科技群眾監控系統）
2020	・1 月 15 日美中簽署第一階段貿易協定。	貿易戰緩和
	・1 月 23 日武漢地區新冠肺炎爆發影響擴大，並封城防疫。	疫情擴大
	・7 月 20 日美國制裁歐菲光科技、碳元科技、今創集團、美菱、華大基因等 11 家。	侵犯維吾爾族人權（貿易、科技戰）
	・8 月 17 日美國制裁華為 38 家附屬公司。	國家安全考量（科技戰）
	・8 月 26 日美國制裁中國交通建設公司、北京環佳通信技術公司、廣州鴻宇科技、中國船舶集團第 722 所、中國電子科技集團第 30 所等 24 家。	在南海人工島礁進行軍事建設
	・12 月 18 日美國制裁中芯國際，不得銷售 10 奈米及以下製程技術給中芯。大疆創新、寧波半導體、中國船舶重工集團等 80 家。	與軍工企業、軍民融合有關（科技戰）
2021	・1 月 20 日拜登就任美國總統。	續強化對中國經貿與科技制裁
	・3 月美國貿易代表戴琦表示：短期內不會取消中國貨品徵收關稅措施，但將與中國進行貿易談判。	貿易戰持續

年別	事件	主要重點
	・4 月 8 日美國制裁天津飛騰信息公司，上海集成電路技術中心、深圳信維電子公司，濟南、深圳、無錫及鄭州的超級計算中心等 7 家。	利用美國晶片技術發展 超高音速飛彈（科技戰）
	・6 月 8 日美國聯邦參議院通過「2021 美國創新與競爭法」。	主要反制中國科技戰，並納入友臺法案，肯定美臺關係戰略重要性（科技戰）
	・6 月 24 日美國制裁合盛矽業、新疆大全新能源、協鑫新能源材料科技等 5 家。	侵犯維吾爾族人權（貿易戰）
	・6 月 30 日網約車滴滴出行於美股掛牌，不及三日中共官方要求將 APP 下架。	中方有網路國家安全疑慮，要求全面整改
	・7 月 9 日美國制裁中國電子科學研究院、新疆聯海創智、立昂技術、湯立科技、北京東土科技、武漢銳科光纖、杭州華瀾微電子等 34 家。	侵害維吾爾族人權及協助中國軍事現代化（貿易與科技戰）
	・8 月 10 日參議院通過 1 兆美元跨黨派基礎建設法案。	強化美國基礎建設與國家競爭力
2022	・秋冬之際將舉行中共「二十大」確立習近平續任總書記與國家主席。 ・11 月 8 日美國舉行期中選舉，對拜登政府信任投票。	中共權力將不交接拜登可能視期中選舉結果，決定是否連任

資料來源：作者自行整理。

　　本文首先探討經濟全球化與全球治理主要觀點與論爭，其次分析美中貿易、科技戰和新冠疫情演變與挑戰，並解讀其對經濟全球化與供應鏈調整之影響。最後解讀兩大變數對經濟全球化與全球治理之變遷與衝擊做一探討，並總結其趨勢、機遇和挑戰。

貳、相關文獻探討與論爭

20世紀以來，學界對全球化概念有不同的論述，基本上呈現模糊與不確定狀態，主要是不同視角與看法有異。季登斯（Antony Giddens）認為：全球化是世界沿著現代性（modernity）發展，認為全球化是世界經濟、通訊革命、國家之間貿易、資訊與金融業變革的一種現象（曹俊漢，2009：4；Giddens，1990：175）。羅森瑙（James N. Rosenau）（1995：20）則提出全球化是一種歷史發展的過程，也是思想在不同時代階段的潮流。David Held 與 Antony McGrew（1999: 495）則指出：要了解全球化必須從人的移動開始，進而觀察其進行的活動，包括環境、經濟、文化及政治等才能了解全球化的內涵。他們認為：全球化都是政治的，唯有從政治著手觀察國家權力在領土疆界內層、四周，以及跨越其界限，才能看到全球化的進行。雅克·阿達在其《經濟的全球化》一書闡釋道：

> 論述全球化，就是回顧資本主義這種經濟體制對世界空間的主宰。這一主宰首先表現在地緣政治方面，……但是資本主義對世界的主宰遠遠超過地緣政治的範圍。它不只是一個國家集團對另一個國家集團的勝利，不只是一種生產模式對其競爭對手的勝利，它力圖超越一切國家間體制的理念，並依跨國網絡的理念取代之。資本主義在空間進行的拓展已經遍及世界的各個角落，而全球化既是這個空間拓展的表現，也是並且首先是一個改變、調整，以至最後消除各國之間各種天然和人為的疆界過程（Jacques Adda、何竟、周曉幸，2000：27-28）。

一般認知的經濟全球化概念與特質，認為是現代高科技發展，主要是資訊革命，使人類的活動超出時空限制。亦即高科技與資訊應用促成全球

化快速發展，並跨越傳統國界與疆界，尤其是生產要素包括：人力、資本、產品、服務、科技跨越國界，在全球範圍內流動，使得世界各國經濟相互開放、融合與依賴性增強。經濟學者費雪（Fisher）即指出：全球化是在商品和服務跨國界交易及國際資本流動數量和形式不斷增加，在技術擴散度和速度不斷提升基礎上，形成日益深化的跨國經濟依賴（Wagner, 2000: 19）。明顯的，生產要素跨界流動便捷性，使得全球市場受惠，但亦引發資源剝奪與惡性競爭之挑戰。儘管如此，隨著經濟全球化，政治、社會、文化、思想、安全、環保等議題跨界相互影響。不過，全球化發展非單一面向，具多元交融與互動之特質，且在貧富差距和年輕世代生存問題更趨尖銳，成為當代重大衝擊與挑戰。

儘管經濟全球化促成經濟發展，生產要素跨界流動促使生產效率提升，以及人民福祉的改善（Joseph E. Stiglitz、李明，2002：22-23），但是全球化流弊和缺失亦衍生「反全球化」（Anti-globalization）之浪潮，其中爭議之論點包括：全球化破壞民族國家監管財稅和社會福利的能力、破壞民主政權和民主過程導致全面性貧困，以及農民和勞工權益受損，環境惡化、金融危機，皆是不利因素。此外，全球化引導的政經利益分配不均之爭、區域衝突擴大涉及族群與文化衝突，亦是全球化面臨之挑戰（王榮霖，2013：75-78）。

全球化具爭議性亦為學界辯爭。其主要論點包括：（一）新左派（Neo-Left）代表人物為 S. Amin, Callinicos。他們認為：全球化等於帝國主義化、西化和中世紀主義，今日全球化代表反動的全球帝國主義和資本主義的復辟，而國家和政府已淪為國際壟斷資本的代理人；（二）新自由派（Neo-Liberals）代表人物為大前研一和 W. Grieder。他們認為全球化主要是指：全球經濟和市場的整合是非「零和遊戲」，並可提升世界資源的優化組合；（三）轉型學派（the transformationalist thesis）代表人物則是

季登斯。這派主張全球化是推動社會、政治和經濟轉型的主要動力，並正在重組現代社會和世界競爭；（四）懷疑全球化派（the skeptical thesis）代表人物是 P. Hirst 和 G. Thompson。這一派認為：全球化根本就是一個迷思（myth）。所謂全球化只是一種發達國家經濟之間的「國際化」（internationalization）而已。所謂的「國際秩序」（international order）和「國際協同」（international solidarity）都是強權國家的口號（曹俊漢，2009：8-10；李惠斌，2003：2）。

全球化發展、演變與挑戰，亦促使「全球治理」的運作產生必要性與功能性。全球治理觀點主張，並不是要建立一個世界政府，全球治理是在保留現有各國政府管理機制的基礎上，加強彼此的溝通和協調，以解決共同面臨的問題。聯合國成立「全球治理委員會」（Commission on Global Governance），該委員會曾發表「我們的全球夥伴關係」（Our Global Neighborhood）報告中指出全球治理的意涵：治理在世界層次上一直被視為政府間的關係，如今則必須看到它與非政府組織、各種公民活動、跨國公司和世界資本市場有關。它是使相互衝突的，或不同的利益得以調和，並且採取聯合行動的持續過程（GDRC, 1995）。它既包括有權迫使人們服從的正式制度和規則，也包括各種人們同意，或認為符合其利益的非正式制度安排。

全球化發展，尤其是經濟全球化的擴張和演變，不僅牽動國際強權國家實力的消長，亦涉及體制差異、意識形態矛盾，以及國家領袖的能力與認知，從而影響跨國間互動、協作、信任和應對。儘管全球有大國間聯盟，例如聯合國、G20 和 APEC 定期對話協調與互動，有助化解紛爭與衝突，或是和緩緊張與矛盾，但仍不免因國家利益（national interest）的堅持（例如美國世界霸權地位，並不容產生威脅）、國家領袖個人利益的保護（例如中共專政利益和最高權力的堅持、美國總統權位的爭取），以及普世價

值認知差距（例如美國堅持民主、人權和法治），中國大陸則表面認同，實質反對，而使得全球治理的信任基礎和協作績效難以彰顯。

有關經濟全球化與全球治理互動與影響，相關文獻探討有助於議題深入探討與理解。

曹俊漢（2009: 1-16）在「全球化與全球治理：理論發展的建構與詮釋」專書中指出全球化與全球治理互動與影響，其內涵包括：（一）全球化概念模糊與不確定性。全球化也是一種現象，可以看作一種歷史發展的過程，是思想在不同時代階段的潮流；（二）二十一世紀的全球治理是一個結合國際關係系統，與公共行政和公共政策的體系；它是一個國家與非國家為基礎的系統，也是一個跨國的治理系統，它含納了公部門、私部門與第三部門的結構治理機制；（三）雖然二十一世紀進入全球治理的紀元，但全球化卻面臨反全球化的挑戰，主要不平等的待遇加劇、生態環境惡化與金融形勢風險增大，導致全球化與本土化的矛盾；（四）國內政策無一能閉關自守達到政策績效，每一政策卻必須全球接軌，因為政策本身都是全球取向（global oriented）的設計，政策的國內治理必須要走向政策全球治理的途徑與平臺；（五）公共政策全球治理是必然的趨勢，引起實質挑戰，不是反全球化的團體對全球化所做的反動，而是挑戰傳統民族國家主權，以及國內治理的公共行政系統，和全球治理下的公共政策。

朱雲漢（2020: 27-32）在「全球化的裂解與再融合」專書要點指出全球化與全球治理之挑戰，其內容包括：全球化前景高度不確定。西方社會的反全球化運動與排外民粹主義風起雲湧，西方已開發國家對自由貿易與經濟開放的社會共識已全面鬆動，全球化引爆的政治兩極化衝突震盪，令人擔心世界經濟已步上「逆全球化」的道路，使高速全球化出現逆轉；中美關係前景高度不確定。美國正試圖在其社會掀起一場全面對抗中國威脅的麥卡錫主義風潮，甚至不惜發動一場新冷戰。如果中美對抗升級，雙

邊將陷入傳統國際政治霸權鬥爭的零和遊戲，不僅將嚴重衝擊區域和平穩定，也會將世界經濟推向全面裂解深淵。「修昔底德陷阱」（Thucydide's trap）之歷史悲劇可能重演；中國在建構西方秩序中的角色與擔當，亦存在高度不確定性。以中國為首的新興市場國家，正成為全球經濟成長的新引擎，也正以更大的力度要求改革全球治理機制，提出追求民主、公平、包容與可持續的國際新經濟秩序的目標。此外，中國倡議「一帶一路」和創建新的國際多邊合作機制和協調平臺。這其中一方面，有來自非西方世界對全球經濟秩序重構的樂觀期待；另一方面，則引來西方國家的疑慮、抗拒與抵制，西方政治菁英將中國展現的全球治理改革倡議，視為對西方利益的挑戰與威脅。

何亞非（2018: 2-8）在「秩序重組──後危機時代全球治理通解」文獻中提出：全球化新解與全球治理面對新的機遇和挑戰。其論點主要包括：（一）全球化已把各國結成「你中有我，我中有你」的利益共同體，生產要素的全球流動、世界市場的形成、全球治理體系的建立與逐步完善，符合全球生產和貿易投資等制度性安排和規範，不會因全球化出現波折而倒退；（二）不過，數十年來全球化進程是美國主導的「經濟新自由主義」及其「華盛頓共識」，全球經濟治理和經濟發展模式被「格式化」，開發中國家面臨經濟停滯、社會動盪，美國亦出現金融危機和貧富差距擴大。全球化的失序與碎片化，導致全球治理嚴重滯後於全球化的變化。全球化走向它的反面──「去全球化」或「逆全球化」（deglobalization）的現象；（三）中國作為開發中國家經濟崛起，全球治理由過去的「西方治理」向「東西方共同治理」轉變，其間會有矛盾和摩擦，甚至反覆和衝突，但西方「一統天下」的時代已一去不復返；（四）將目前全球化發生的變化簡單定義為「反全球化」過於狹隘與負面，而應是全球化進入新時期。全球化導致全球生產鏈轉移，促使歐美先進國家中低端產業轉移到開發中國

家，導致這些產業工人就業和收入帶來衝擊，中產經濟地位亦難維持，社會貧富差居擴大，導致社會矛盾爆發，社會階層撕裂，為近年民粹主義泛濫提供沃土。

張亞中（2001: 1-20）在〈全球治理：主權與權力的解析〉提出全球化與全球治理互動之觀點，其中包括：全球治理是隨著全球化出現孕育而生，沒有全球化的事實，也就沒有全球化的需要；在全球化的世界中不只是國家的疆界被打破，另一種以資訊為中心的技術革命，也在快速重組社會基礎。「全球化」與「全球治理」，整個國家、經濟與社會權威關係正在重組。全球領域體系中的政治權威與政治行為來源極度分散；國家在全球化或全球治理中的角色觀點分歧，其中認為國家的主權與權力已逐漸消退；在全球治理的時代，涵括國際組織、國際建制與國家三者的「民族國家家族」仍是全球治理的主軸。國家的主體未消失，只是部分權力交由其他國際機制與建制行使，國家在整體權力結構中地位已發生變化；全球治理仍是以「國際治理」為主要內涵，並期望經由其創造一個以西方文明價值為核心的全球公民社會。未來全球治理走向最重要的關鍵應該在於：全球治理與全球公民社會能否相互融合成長。

高長（2019: 34-41）在「美中貿易戰」專書中指陳：美中貿易戰的本質與全球治理挑戰，其重點包括：（一）習近平內政外交作為有別於西方治理模式，自認是一套具中國特色、成功的發展模式，並倡議「一帶一路」推廣至全世界。這些動作在川普眼裡，無異是挑戰美國的意識形態和地緣政治地位；（二）川普認為，長期以來美國試圖透過中國大陸經濟發展，以促其改革政治體制，走向民主、自由，所謂「和平演變」的計畫已經破功。中國大陸市場化改革與開放政策，引進國際資金、技術、人才，開拓國際市場，實現經濟快速成長，已躍升為經濟大國。不過，以西方標準來看，中國大陸並未徹底改革其經濟制度，成為市場經濟國家；（三）中美

兩國在民族主義和國家利益的競合，在現行世界秩序下難免發生衝突。尤其是兩國不相容的文化和政治制度，中國大陸日益增強的實力必然加劇美國的擔憂；（四）美中貿易爭端只是兩大強國博弈下的一隅。北京不太可能屈服於華盛頓的壓力，改變發展模式；美國為遏制中國大陸的技術崛起，維護全球的霸權地位，對中國大陸制裁施壓必將持續，美中對決進入「冷戰模式」，看不出有和解的跡象。

　　黃欽勇（2020）在「斷鏈之後──科技產業的分整合專書」文獻，解讀在中美貿易戰與新冠肺炎對全球供應鏈之影響與衝擊，以及中美兩國在全球市場與治理之整合，其重點包括：中美貿易戰、5G 商機，都足以讓2020 年成為全球供應鏈演化過程中非常重要的分水嶺，但新冠病毒更像是黑天鵝一樣襲擊了全球供應鏈，不僅下訂單的歐美業者開始部署多元的供應系統，以日韓臺為主力的許多製造廠，都在思考遷移至中國以外的時機、地點、項目與規模； 1990 年代臺商以大陸為主要生產基地之布局，近年已有分散海外市場之策略，仁寶、英業達等筆電、伺服器、5G、車用電子製造商即是案例。新冠肺炎只是加速這些策略落實的推力； 2020 年春季這場瘟疫，讓全世界都看到供應集中於中國生產基地帶來的脆弱性。未來的市場可能一分為二，但也不會是一切兩斷的模式。在網路無遠弗屆的今日，所有國家都會尋找對自己有利的戰略，東西方陣營不見得是劍拔弩張，在涇渭分明的背後，仍有很多暗通款曲的管道可以互補有無；全球供應鏈正處於地殼變動的新時代，不僅因越南、印度等新興國家浮出檯面，日本、德國這些老牌工業國家都想在新興市場持續保持領先優勢。不過，中美仍是驅動產業鏈變化的兩大引擎，但兩者的角色不同、策略有別，傳統線性思維所形成的策略，已經不足以因應未來多變的世界；中美雙方對於核心價值觀的巨大落差，這是場無法妥協的霸權之爭，兩國鬥爭將長期化。未來十到二十年將是個紛亂的世界，當霸權國家不再能夠主導世界秩

序時，失序的世界必然再一次經歷考驗。

　　根據以上的論述與文獻梳理顯示，經濟全球化雖主導近數十年來經濟跨界互動新格局，但其在經濟分配公平競爭與法制規範仍存在挑戰；全球治理雖能透過強國與大國對話和協作化解衝突，但仍存在國家利益、霸權徵逐與組織運作之挑戰，難以全面協作，近年美中兩國甚至走向對立。有關本文主題，當前相關文獻內涵則較多國際關係、經濟全球化與貿易戰之挑戰，尚未有由美中貿易、科技戰和新冠疫情之演變，檢視經濟全球化與供應鏈、產業鏈變遷趨勢，以及對全球治理格局的挑戰和衝擊，本文試由此脈絡進行分析與解讀。

參、美中貿易、科技戰與新冠疫情：發展與演變

　　影響現階段經濟全球化與全球治理重要變數是美中貿易與科技戰。尤其是美中長期且大幅貿易逆差、智財權侵犯與不公平經貿互動，是引起貿易與科技戰的戰主因之一。事實上，美中貿易戰的本質，與經濟全球化的發展和擴張衍生的流弊與挑戰，以及美中兩大強國國力消長，涉及核心的國家利益有關。因此，美國總統川普競選政見訴求，以及上任後啟動貿易戰，期能平衡貿易與經貿互動規範化（參見表1）。值得關注的後續發展，是當前美中貿易戰可能仍處於初期階段，其後尚有科技管制升級與貨幣匯率戰，皆會對大陸經濟發展與成長造成衝擊。此外，美國共和黨與民主黨雖有黨派之爭與利益分歧，但是對中國大陸採取批判、敵對的政策立場則是一致。顯見美中兩國不僅存在強權衝突、利益衝突、意識形態之爭，亦有普世價值認知之別（參見表2）。

表 2：美中簽署第一階段貿易協議要點

主題	重要內容
智慧財產權	1. 要求中國加強對商業秘密和商務資訊，解決藥品專利機制。 2. 電子商務平臺上的盜版與假冒、商標和版權保護等； 　 改善打擊網絡侵權、盜版和假冒商品的刑事和民事程序。
技術移轉	1. 不以市場准入為要挾，迫使外國公司轉讓技術； 2. 不得支持或指導某產業規劃所指向的領域和行業，開展以獲取外國技術為目的、導致扭曲的境外直接投資活動。
食品和農產品貿易	中國應開放美國乳品、禽肉、牛肉、豬肉、加工肉品、水產品、大米、飼料、寵物食品、農業生技等食品農產品進口，取消相關禁令。
金融服務	中國承諾消除貿易和投資壁壘，增加美國公司進入中國金融服務市場的機會。
總體經濟政策及匯率問題和透明度	1. 避免競爭性貶值、避免將匯率用於競爭性目的； 2. 雙方接受國際貨幣基金組織（IMF）約束，避免操縱匯率或國際貨幣體系以阻礙國際收支的有效調整或獲得不公平的競爭優勢； 3. 每月、每季公布相關數據與 IMF 相關報告／資料庫，增加透明度； 4. 中國人民銀行行長和美國財政部長建立評估與爭端解決機制，無法解決則訴諸 IMF。
擴大貿易	在 2017 年貿易額的基礎上，未來兩年內增購 2000 億美元的美國產品和服務，其中 500 億為農產品。落實方面，第一年完成購買不少於 767 億美元，第二年不少於 1233 億美元。
雙邊評估和爭端解決	1. 雙方建立「貿易框架小組」，應由中國國務院分管副總理和美國貿易代表領銜，以討論本協定的落實情況； 2. 處理日常工作時，設立中國的「雙邊評估和爭端解決辦公室」，由一位副部長作為召集人。美國設立的「雙邊評估和爭端解決辦公室」，由一位副貿易代表作為召集人； 3. 透過雙邊定期協商，監督該協議的實施，處理解決與協議有關的爭端。

資料來源：陳子昂、資訊工業策進會產業情報研究所（2020）。
　　　　　Office of the United States Trade Representative（2020）。

　　始於 2020 年初的新冠疫情，中國初期處理不當造成全球疫情危機持續擴大與蔓延（參見表 3），其衝擊不僅涉及國際政治、經濟與社會層面，並對經濟全球化與全球治理產生實質影響。基本而言，不同政治體制與管

制方法將影響病毒傳播方式與感染嚴重程度。換言之，中國大陸雖是疫情起源國，但是專政體制強制管理與人民服從，是疫情得以控制的主因，因而其確診數與死亡數相對偏低（參見表 3）。不過全球疫情的擴散，亦使得中國在全球國家形象與國際互動中受到明顯衝擊，難以恢復。

表 3：新冠疫情蔓延確診與死亡人數統計（截至 2021/11/9 統計）

項次	國家／地區	確診人數	死亡人數	說明
1	美國	47,536,536	778,316	全球死亡人數最多國家
2	印度	34,386,786	461,827	統計數據可能失真
3	巴西	21,897,025	609,816	全球死亡人數次多國家
4	英國	9,366,676	142.124	
5	俄羅斯	8,873,655	249,215	
6	土耳其	8,288,165	72,510	
7	法國	7,232,157	118,023	
8	伊朗	6,004,460	127,551	
9	阿根廷	5,299,418	116,165	
10	西班牙	5,032,056	87,558	
27	日本	1,724,319	18,313	
73	韓國	383,407	2,998	
113	中國	97,885	4,636	疫情起源國家
161	臺灣	16,451	848	
172	香港	12,370	213	
	全球總計	251,545,420	5,079,450	

資料來源：Worldmeters, "COVID-19 CORONAVIRUS PANDEMIC,"
　　　　　https://www.worldometers.info/coronavirus/.

美國防疫則是較為負面之案例。美國不僅是全球確診與死亡率最高的國家，也是全球民主領航與醫療體系最優質之國家，但卻由於領導不當與

民主、自由作為，而使得美國遭疫情重創。美國總統川普在疫情爆發與蔓延過程中，一方面和中國大陸採取敵對、不合作態度；另一方面民粹訴求與漠視專家與「疫情控制與預防中心」專業決策意見，皆是導致美國出現災難性後果的主因。根據美國相關部門所做評估報告指出：

> 「在整個 1 月，川普一再淡化這種病毒的嚴重性，把注意力放在其他問題上，而政府內部的大批人物──從白宮高級顧問到內閣部門和情報機構的內部專家──都確認了這一威脅，發出了警告，並明確表示必須採取積極措施。
>
> 但總統沒有及時領會風險的規模，也沒有採取相應行動，而是著重於控制信息傳播，保護經濟收益，並對高級官員的警告置之不理。他說，這是個突然冒出來的問題，是無法預見的。」（Eric Lipton、David E. Sanger、Maggie Haberman、Michael D. Shear、Mark Mazzetti、Julian E. Barnes，Cindy Hao、Harry Wong、鄧妍，2020）。

中央研究院院士何大一（2020）亦批評美國有兩件事不可原諒：

> 「美國號稱有世界最好的衛生保健系統，卻沒有適切應對疫情，因缺乏檢測而對疫情『盲目』，是不可原諒、難以辯解的事。
>
> 美國對策讓人失望沮喪，上層準備不足、領導失敗；中國在掙扎中抗疫，美國卻在旁觀望，完全沒有意識到自己會成下一個感染的國家。」

由此顯示美國處理新冠肺炎決策，是政治凌駕專業，以及個人現實利益優先性考量。其後美國拜登執政後雖強化管制作為，且落實疫苗施打率提升，初步緩解疫情危機，但由於變種病毒肆虐，仍使得美國疫情危機面臨苦戰（參見表 3）。

肆、經濟全球化：衝擊、變遷與挑戰

　　2017 年美國川普總統上任後除強調「美國優先」、「美國製造」外，採行「反全球化」策略與布局，並退出全球經濟整合與公共事務參與。2018 年習近平「修憲」決定續任國家主席，亦引發西方社會反感，亦即是引入中國加入 WTO 後並未促使中國市場與政治轉型，反而更加獨裁且不遵循市場法則，應是歐美強權強化經貿制裁與敵對升高的主因。美國即為平衡貿易加徵中國關稅，執行對中國貿易與科技制裁，導致全球供應鏈調整與地緣政治張力擴大。其後，2020 年新冠疫情武漢爆發，中國局部地區採取封城措施，依賴中國市場單一供應鏈，亦成為市場與國家安全風險議題，皆導致經濟全球化結構性變遷主導因素。明顯的，美中貿易戰與政治矛盾短中期仍難化解，新冠肺炎疫情估計亦會蔓延至 2022 年，待有效疫苗更全面接種為止。此一動態衝擊中，全球化所訴求：跨界流動阻力大增、資源整合與投入趨分散化、高科技領域人才交流與產業互惠面臨限制、主權國家對疆界與涉及安全議題的管制更趨嚴格與保守，以及各國對更多防疫戰略物資與食糧的整備，有更多元與嚴謹要求。換言之，美中兩大強權爭霸為主軸的貿易戰，與新冠疫情爆發和演變，已使經濟全球化格局出現實質與結構性變遷。

　　在美中貿易與科技戰和新冠疫情衝擊下，使各國保護主義抬頭，並深化危機意識，從而使得全球產業鏈重構，但短期市場互動仍不至於全面脫鉤。一方面，產業鏈的形成有千絲萬縷的系統建構與上中下游生態鏈，並非政治命令短期足以立即中斷，有其市場規律運作。例如，即使美中貿易戰，美國向中國課稅，並處在疫情期間，美國購物商場主要產品仍多自中國大陸進口，至今海運貨品仍絡繹於途。主因是課稅負擔仍多由美國進口商支付，或是進出口商共同承擔，並未因此實質阻斷大陸產品進口。尤其

是中國大陸產品具有性價比高與便利性優勢，仍無法在短期內為其他國家供應鏈所替代。因此透過課徵高關稅與貿易制裁手段大幅降低，但貿易逆差降低效果相對有限（參見表 4-5）；另一方面，儘管美國仍握有高科技優勢與主導權，但是中下游生產網絡、成本考量，以及大陸部分科技產業領先優勢（例如華為 5G 產業），皆使美中產業互動短期難以全面脫鉤。不過，可以預期的是，美中科技競爭與矛盾的長期化（黃欽勇，2020：215），以及疫情難以在短期內消退，全球產業鏈重構，部分產品與原料「去中國化」依賴，則是大勢所趨。反之，中國大陸亦加速「去美化」與自主化，以規避高科技產業依賴風險。同樣的，兩岸經貿出口依存度亦未因美中貿易與科技戰明顯減少，市場利益與依存仍是主導因素（參見表6）。

表 4：中國對美國進出口商品總值表（2015-2021/7）

單位：百萬美元

	出口	進口	貿易餘額（順差）	餘額變動率
2015	409,538.3	148,736.7	260,801.64	
2016	385,084.7	134,402.4	250,682.30	-3.9%
2017	429,754.5	153,942.9	275,811.62	10.0%
2018	478,423.2	155,096.2	323,327.00	17.2%
2019	418,509.4	122,714.4	295,795.00	-8.5%
2020	451,812.9	134,907.6	316,905.30	7.1%
2021/1-7	302,446.6	102,125.7	200,320.90	

資料來源：中華人民共和國海關總署（2021.09.03）。

網址連結：http://www.customs.gov.cn/customs/302249/zfxxgk/2799825/302274/302275/9f806879-2.html.

表 5：美國對中國進出口商品總值表（2015-2021/7）

單位：百萬美元

	出口	進口	貿易餘額（逆差）	餘額變動率
2015	115,873.4	483,201.7	-367,328.30	
2016	115,594.8	462,420.0	-346,825.20	-5.6%
2017	129,997.2	505,165.1	-375,167.90	8.2%
2018	120,281.2	538,514.2	-418,233.00	11.5%
2019	106,448.4	450,760.4	-344,312.00	-17.7%
2020	124,485.4	434,749.0	-310,263.60	-9.9%
2021/1-7	82,806.9	270,003.7	-187,196.80	

Source: U.S. Census Bureau | Foreign Trade | ftdwebmast er@census.gov | Last Revised: August 10, 2021.

網址連結：https://www.census.gov/foreign-trade/balance/c5700.html.

表 6：兩岸經貿統計表（2017-2021）（含香港）

單位：億美元

年度	出口			兩岸貿易順差	兩岸貿易總額
	對中、港出口	臺灣出口總額	比重		
2017	1299.1	3155.1	41.2%	783.6	1814.7
2018	1379.0	3340.3	41.3%	827.0	1931.0
2019	1321.2	3291.7	40.1%	736.6	1905.7
2020	1514.4	3452.2	43.9%	866.5	2162.3
2021（1-6月）	886.3	2069.2	42.8%	493.4	1279.1

資料來源：1. 大陸委員會，2021，〈兩岸經貿統計月報〉340 期，頁 2–1, 2-2。
　　　　　2. 財政部關務署，2021.08，〈我國進出口統計〉。

　　就產業鏈與供應鏈（supply chain）觀點而論，原本在全球化產業分工下形構的全球生產網絡（global production network），勢必因美中貿易戰與政治對立深化結構變遷。亦即美中臺長期所建構研發、製造、組裝網絡，面臨階段性與局部調整。換言之，美國持續加大高科技管制與制裁華為的

力度，勢必對科技供應鏈調整造成影響，並形成「一個世界，二個系統和市場」的格局。

美中貿易與科技戰，美方啟動的科技制裁對全球化供應鏈調整產生實質影響。以臺積電（TSMC）赴美投資為例，臺積電晶圓代工技術具全球領先地位，但由於美中地緣政治的衝突和張力，亦迫使臺積電必須做投資區位選擇與高科技管制安排。2019 年 11 月 2 日臺積電前董事長張忠謀（2019）即表示：「世界已不再安寧，臺積電將會是地緣政治家必爭之地。」雖然美國亞歷桑納州臺積電投資案在經貿利益、地理區位和競爭優勢並非最優選項，但在美中貿易衝突和科技管控運作則須考量美方的立場和偏好。2020 年 5 月 15 日，臺積電即宣布有意於美國興建且營運一座 5 奈米半導體廠，並於 2021 年動工，2024 年開始量產（臺積電，2020）。此外，臺積電亦於 2020 年 7 月 16 日公開宣布 9 月 15 日以後不再供貨給華為；美商務部亦於 2020 年 8 月 18 日宣稱，將進一步擴大對華為的限制，切斷華為取得商用晶片管道立即生效，同時將不會延長允許美企與華為往來臨時通行證。臺灣 IC 設計大廠聯發科即遭波及（簡永祥，2020；楊玲雯，2020）。

由於美中貿易戰與疫情衝擊，各國與企業基於分散市場與風險，加速區域分散策略布局，以及如何降低衝擊，度過難關便顯得重要。對跨國企業而言，生產基地單一化本身即是風險，因此會要求其代工企業分散海外投資市場。[1]臺灣寶成集團 2020 年在疫情衝擊下本業即出現上市以來最大虧損，集團市值蒸發一千億。全球鞋業市場、門店消費萎縮、東京奧運停辦，以及跨國為數眾多的員工安排與勞資糾紛，皆是市場衝擊必須面對轉型和經營重大挑戰（今周刊，2020：58-67）。臺灣紡織業界領袖亦表示：

1　Nike 與 Adidas 大企業由寶成代工，並要求其分散大陸與越南之投資。

疫情改變產業供應鏈，生產分散、採購集中化、少量多樣化，以及企業須具備快速反應能力（袁延壽，2020）。此外，作為全球電子代工服務領域（EMS）排名第一的鴻海科技董事長劉揚偉即曾表示：

> 「未來的世界可能是 G2 的世界。過去全球化集中在少數國家世界工廠現象不會存在，未來朝向區域製造體系發展，加速企業數位轉型。」（張建中，2020）

另一位臺商亦表示：

> 「中美貿易戰為規避關稅，促使產業鏈轉向東南亞布局。新冠疫情發生則加速了移轉速度和決心。此外，供應鏈亦趨向短鏈化，要求在當地就須落實供料和生產，才能因應變局。」[2]

美中貿易與科技戰著重的智慧財產權、高科技與人才保障，以及疫情衝擊下對產品安全和戰略物資之重估皆是重要課題。換言之，在更趨規範的美方智慧財產權訴求、高科技保護與防範，以及專業人才的流動，皆有更嚴格之限制，勢必制約中國大陸科技發展進程與合作績效。另一方面，疫情衝擊下，原由大陸生產之低階、低成本之部分產品，將可能因安全因素而由各國自行生產替代。例如，口罩之生產和使用，即有更高安全因素之考量。此外，在各國封城和交通運輸受困下，農產品的生產和運送亦受影響，基於人民生計和糧食供應，勢必須重估糧食安全作為戰略物資之考量。

美中貿易戰與新冠肺炎衝擊，加速全球產業鏈與供應鏈解構、重構與調適。換言之，在「一個世界，兩個系統與市場」運作下，生產體系出現

---

2 2020 年 9 月 2 日，於文化大學大夏館舉辦之「臺商海外投資的挑戰與對策論壇」心得分享。

「去美化」、「去中化」二條路徑，臺資企業在此新格局背景下，面臨新的挑戰和機制，其演變亦將重塑美中臺產業新格局。以近年崛起的大陸在地廠商立訊精密為例，在美中貿易戰下，中國勢必強化本土企業的扶持與補貼，由於中國政府和美商蘋果的協議，以及中國市場的利基，迫使美蘋果公司代工臺廠供應鏈必須向其傾斜。其中既是美國蘋果公司對大陸市場的討好，但另一方面又背離美國現行政策，顯示企業發展現實和務實導向。儘管如此，對臺商大陸製造體系而言，在當前微利經營條件下，區域化、分散化布局，以及降低過度依賴大陸市場風險，應是策略考量之安排。臺資緯創退出昆山廠，以及和碩兩家陸廠公司轉而投資立訊資本市場，或是兩岸廠商尋求雙贏的策略選擇。

在美中貿易戰背景下，未來國際品牌中低階組裝生產線，恐將為陸資紅色供應鏈替代，主因還是在地市場與國家利益保護因素。大陸立訊精密逐步替代台廠蘋果供應鏈，熟悉產業分析意見即表示：

> 「立訊不是要進來就進得來，是蘋果讓他進來。立訊的崛起是蘋果策略性地栽培陸廠。」
> 「立訊崛起的背後，是中美貿易戰下，美國品牌蘋果培育中國本土供應商，鞏固中國市場，以維持危險平衡；更是庫克主政下，扶起陸廠、制衡台廠的兩手策略顯現。」（黃亦筠，2020）

不過，大陸半導體高科技大廠對臺廠的追趕，則並非一般電子組裝業整併來得容易。深諳半導體產業的崇越集團董事長郭智輝表示：

> 「我看兩岸的半導體，第一，半導體產業並不適合中國發展，特別是尖端科技並不適合中國，因為半導體是越做越小，中國人個性喜歡做大。第二，半導體的產業最主要的是供應鏈，供應鏈的整合非常重要，

臺灣之所以成功，是臺灣整個供應鏈在這個三萬六千平方公里的島上非常完整，中國幅員太大了。……中國現在才要發展半導體，我覺得都太慢了。半導體這個產業只適合臺灣發展。半導體的核心是產品良率，這個是臺灣做得到。」（歐祥義、胡志愷、謝羽蓁，2020）。

另一位臺積電廠長級成員亦曾表示類似的觀點：

「我們臺積電當初資本支出連續十年，每年投入 100 億美元以上，才追趕成為世界第一。大陸要追上我們，他們領導人要有此決心，做連續十年以上的大額投資。另外，我們買的廠房設備和機器，也可以告訴他們什麼品牌和型號，但是有一個條件。就是當你放棄生產後，把所有機器、設備便宜賣給我們。」[3]

美中貿易戰與新冠疫情，亦加速臺灣傳統產業供應鏈調整與轉變。以生產捷安特（Giant）自行車的巨大機械為例，為因應高關稅與全球市場需求之變化，遂將高附加價值的產品線移回臺灣，縮減大陸投資規模，關閉成都廠。巨大負責人表示：沒有一家出口企業能付得起 25% 的關稅。歐美高關稅、「雙反稅」（反傾銷、反補貼），對巨大來說是雪上加霜（杜綉珍，2020）。此外，巨大亦加速推動歐洲布局，亦即在荷蘭、匈牙利設廠。一則以提供在地化、短鏈化與即時服務顧客，二則有助於降低關稅，增加獲利，成為傳統產業衝擊下業績持續維持高檔之產業模範（杜綉珍，2020）。巨大的案例固有市場變局和疫情特殊條件，但企業經理人及時做全球布局應變，降低風險，爭取最大利基亦為關鍵因素。

就產業鏈與供應鏈的變動和調整而論，美中貿易與科技戰多以政治面與國家利益考量為主，運用人為的力量改變經貿秩序與規範，終導致產業

3　作者訪談，臺積電廠長，2018 年 4 月。

鏈與供應鏈的調整；新冠疫情的蔓延和衝擊阻斷生產要素的流動，導致市場斷鏈。另也因斷鏈造成產業經營風險，加之供應鏈集中化與成本考量，勢須轉化為區域化、分散化與數位轉型之布局，此一安排則較多為市場與現實考量。明顯的，無論是美中貿易戰中長期對峙，或是新冠疫情之衝擊，皆關涉中國大陸作為全球供應鏈角色與結構之變遷和挑戰，而大陸經濟能否調適外資出走與轉型升級，以及作為 G2 的全球治理角色運用和籌碼運作，亦攸關其經濟前景和現代化目標的實現。

伍、全球治理：由合作到疏離

　　全球治理涉及大國國家利益考量、國家實力消長、體制差異形成之管控能力高低、較勁與抗衡，皆攸關全球治理內涵、績效與格局。雖然美中兩國因相互需要與籌碼交換，不乏全球治理議題合作與互惠，但自川普上任後，美中兩國不僅在貿易與科技戰運作過程中持續拉高敵對態勢和作為，並持續退出國際組織與運作（參見表 7），皆不利於經濟全球化開展與落實。此不僅在全球治理運作中喪失主導權，且對議題掌握、參與和協作亦日漸疏離。亦即美國近年在川普執政當局民粹治國與領袖失能背景下，漸失國際領導地位。儘管拜登上臺後修正川普內政與外交政策，重新與歐盟與亞洲諸國修好，有助於恢復美國的榮耀，但是在阿富汗撤軍決策失誤，亦重創美國信任與大國形象。此外，在對中國政策日趨強硬亦使美中緊張關係與地緣政治張力持續升高。儘管如此，美中兩國仍是處於「鬥而不破」的格局。2021 年 9 月 9 日拜登與習近平通話即表達：「國際社會面臨很多共同難題，兩國應回到穩定發展的正確軌道」，以及「討論兩國為確保競爭，不會演變成為衝突」（BBC, 2021）。

表 7：美國川普政府退出全球性組織體系一覽表

退出時間	組織	原功能／說明
2017.01.23	不參與〈跨太平洋夥伴關係協定〉（TPP）	早期於 2010 年的亞太經濟合作會議由美國提出，旨在整合太平洋地區之各經濟體，成為亞太地區的重要貿易集團，規模將占全球 40%，貿易總量約占全球三分之一。
2017.06.01	巴黎氣候協定組織	2015 年於聯合國氣候峰會通過的協議，目的在延續京都議定書的精神，期望繼續遏止全球暖化趨勢及緩和影響。
2017.10.12	聯合國教科文組織（UNESCO）	1.為聯合國轄下的專門機構，期透過教育、科學、文化來促進國際間合作，以及知識的自由流動。 2.美國曾經於 1984 年退出，後又於 2003 年再次加入。
2017.12.02	反對聯合國〈紐約宣言〉（New York Declaration）、〈全球移民協議〉（UN Global Compaction for Migration）	〈紐約宣言〉確立於 2016 年 9 月 19 日，承諾在歐洲反移民與敘利亞危機下，強化對移民議題的關注及努力。全球移民協議則是延續〈紐約宣言〉的精神，於 2018 年針對移民問題成立全球契約。
2018.05.08	聯合國伊朗核子協議	聯合國五大安理會常任理事國與德國、伊朗在 2015 年就核武危機，確保防止核武擴散所制定的協議。
2018.06.20	聯合國人權理事會	為聯合國下轄之組織，負責強化促進與保護人權的工作，解決侵犯人權的問題。
2018.10.17	萬國郵政聯盟	為聯合國下轄專門機構，目的在於協調各國郵務政策，針對郵資、郵路等進行規範。
2019.08.02	中程核飛彈條約	冷戰期間，美蘇簽訂之條約，旨在規範雙方中程飛彈開發與布局。美方宣布退出後，目前已經全面失效。

退出時間	組織	原功能／說明
2020.07.06	世界衛生組織（WHO）	為聯合國專門機構之一，負責全球公共衛生及健康事務。2020 年，美國已宣布退出及致函聯合國，將於一年後，2021 年 7 月 6 日生效。

資料來源：BBC 中文（2018）、美國之音（2017）、羅昀玫（2020）、蒙克（2019）、陳韋廷（2018）、Kenzo（2016）、徐華廷（2017）。

　　造成美中兩大強國矛盾與對立升高的因素，固有因美國川普總統的政治風格，亦有美國國家利益和全球霸權地位不容侵犯有關，亦即「一山不容二虎」。此外，中共在習近平主政下採取之國家戰略與執行層面亦有關聯性。就經濟面而論，2015 年倡議的「中國製造 2025」的高調技術升級與現代化，以及推動「一帶一路」全球戰略，顯然與美國國家和經貿利益和地緣政治產生衝突，引發美方的抗拒和圍堵。此外，無論是中共推動市場化改革未能遵循法治原則，在智慧財產權與專業技術竊取，以及政治轉型皆難符西方社會之期待。就政治面而論，2018 年 3 月「全國人大」會議「修憲」後確立習近平國家主席續任不改選制度，歐美人士認為中共極權體制更趨鞏固，「和平演變」無望，更加劇歐美制裁中共政權的決心（林祖偉，2018、黃靖軒，2018）。此外，習近平上任後施政左傾、專政取向更鮮明、國際積極擴張與掠奪式經營，皆引致國家形象負評和挑戰，此皆不利於全球治理參與和信任建構。

　　極權與民主政治體制，在疫情管理與決策運作與績效表現具有共同點和差異性。中共當局在疫情爆發之初隱匿實情，決策滯後，終釀重大災難，此顯然與專政體制的封閉性、阻絕專業參與，並以政治維穩和政治正確要求有關。美國雖號稱民主體制，但運作方法似有部分雷同之處。其後，中共採取封城措施則發揮實質效果；美國川普總統則錯估形勢，以及欠缺執行力，加之民主社會對人民行動和作為管制困難，導致疫情至今居高不下，

成為全球確診和死亡數最高的國家（參見表 5），此顯然與美國作為全球
第一大國、強國，且醫療系統先進、防治疫情專業的國度，顯難以匹配。
這其中在體制面並非沒有專業反饋，決策面亦有多方警示與建言，但是川
普總統的民粹性格、漠視專業、顧慮總統連任選情，都可能是致命性弱點。
必須指出的是，美中兩國不僅是人口大國，且是有最豐沛的國家能力和醫
療資源，若能在此非常時期共同努力促成防疫合作，或能加快全球危機的
化解。不過，在政治現實上，雙方貿易與科技戰持續，且在疫情傳播與溯
源問題仍有猜疑與信任落差，這便使得當前全球治理重大議題難以化解矛
盾，估計短期內對全球治理取得績效恐難有樂觀的預期。

　　中美兩國疫情處理和效應不同。雖然中國採取強硬手段控制疫情發揮
成效，也使中國大陸較早且受較少干擾下生產恢復正常運作，使得中國大
陸經濟成長漸趨正常化。此外，疫情控制也有利於鞏固黨與領導人之權威，
從而強化其內政與外交施政作為。反觀美國疫情在川普執政時期管理失
控、經濟衰退不僅導致政黨輪替，並挫損美國國家能力和信譽。因此，處
於美中兩強在全球治理能力弱化和信任滑落之際，期許全球治理績效彰顯
恐將不切實際。而各國恐須經由內政治理與協作能力提升，以及對可能出
現的不可預測危機和挑戰做超前部署，行有餘力才能提升互惠合作能量。
因此，在短中期內對全球治理有所期待，恐並不現實。美中兩國之體制與
人為因素已使疫情調控和治理對話困難。雙方又因貿易戰宿怨而不採取積
極合作態度應對，更遑論全球跨界治理的努力。

　　全球治理未能展現具體績效，除有來自國家核心利益的徵逐外，政經
體制、意識形態與普世價值的認知落差亦有關。換言之，歐美諸國雖因經
濟利益必須與中國交往互惠，但對於大陸法治水準、智財權侵蝕，以及人
權與民主的闕如，都是深層次的矛盾。因此，在經濟全球化形構的經貿互
動和依存，以及衍生的社會矛盾和挑戰，便易衍生結構面的矛盾。事實上，

全球普世價值與公民社會，與中國社會主義價值觀難以融合，應是全球治理根本性的挑戰。美國川普第一任以民粹訴求「反中」勝選，顯是經濟全球化負面內涵回應；而中國大陸政治日益左傾專政、普遍喪失全球對其法治的信任，亦是全球治理難以突破的鴻溝。

外交是內政的延長，全球治理亦是內政治理的延長。基本而言，中共近年對全球治理的論述和參與亦表達積極的意願，其在全球治理和參與廣度與深度亦與日俱增（辛本健，2017：ix）。雖然中國之國際地位、經濟實力與市場誘因皆漸具實質影響力，且其在國際組織運作能力亦快速提升，但是國家施政政策左傾、黨政系統控制嚴密、非政府組織（NGO）遭取締和打擊、扼殺維權人士，以及市場競爭不規範，市場生存空間窄化，皆影響其國際形象與全球治理參與之正當性。換言之，中國全球治理和參與提升，應與內政修明和市場規範結合，才有助全球治理與和諧目標的實現。

陸、評估與展望

經濟全球化格局變遷與調整，並非始於美中貿易、科技戰與新冠疫情，但這三大變數卻深化經濟全球化結構變遷和挑戰。一方面，美國透過人為、行政與制度規範，改變產銷秩序、供應鏈與遊戲規則，並訴求「美國優先」，動員美國企業和生產網絡回歸美國本土製造（何文婷，2019）；日本亦資助其大陸投資企業遷移（張庭瑋，2020），顯示基於風險管理、國家利益與產業自主，透過政府行動調整全球化布局。換言之，未來經濟全球化將難有生產要素全面與跨界交流和互惠，其在傳統產業影響較小，但在高科技與敏感產業領域互動與人才培養，則有較嚴苛的管制；另一方面，廠商行為實際上是根據其市場機會與利益做安排，不必然

會依循政府指令與行為調整。儘管如此，中國大陸作為全球化布局最集中的地理區位，在投資環境惡化、風險加劇，加之政經與社會發展不確定因素增加，以及全球治理能力弱化背景下，全球價值鏈與供應鏈重構已是大勢所趨。廠商基於利益與風險管理，未來供應鏈將朝區域化、分散化、彈性化與短鏈化取向調整。

　　當前反全球化之浪潮主要可區分為政治與經貿兩大因素。就政治因素而論，美中兩大強權相爭，川普多次訴求中國利用全球化不公平競爭，導致美國在全球化競爭中處於劣勢，因此美方不惜啟動貿易戰，課徵高額關稅，並採行保護主義與科技管制，迫使中共當局讓步。此種國家利益與全球霸權之爭，勢必牽動地緣政治不安。兩大霸權之爭啟動反全球化之作為，尤其是在高科技領域影響深遠；就經貿層面而論，美中貿易戰與全球疫情肆虐，使得原本集中在中國生產的原料、低價產品，皆面臨重新調整的新格局。其中既有價值鏈與供應鏈的調整，亦有基於防疫、安全考量與風險管理之安排，中國大陸作為世界工廠的角色，勢必面臨局部和結構性調整之衝擊和考驗。在此背景下，中國經濟成長之動能、整體國力和全球競爭力將趨弱化，亦會影響其「全球治理」的角色和格局。

　　經濟全球化發展與變遷面對較嚴重的貧富差距和年輕世代議題挑戰，在中美貿易戰和新冠疫情衝擊下將更顯惡化，恐將是未來全球治理更嚴峻的挑戰。根據統計資料顯示，新冠疫情蔓延過程中，各國富有階層財富仍持續增長，中下階層則更顯窮困（李福源，2020）。跨國企業和富有階層在美中對立和新冠疫情中多能採取避險作為，並運用優勢金融資產擴大收益，反觀中下階層則會因產業經營困難、收入減少、失業與疫情感染，導致經濟更為困頓，相對剝奪感亦將升高。世界銀行行長馬爾帕斯（David, Malpass）即指出：新冠疫情將導致全球一億人陷入極端貧窮（自由財經，2020）。另在美國疫情受害者醫療照護，亦有膚色和種族之差別，尤其是

非裔族群貧病交迫，死亡率相對偏高，皆是全球化面對更尖銳的社會挑戰（蔡語嫣，2020）。此外，新冠疫情造成經濟持續且大幅衰退，勢必促使企業經營保守，且失業率持續上升，皆將使得青年就業機會減少。尤其是全球疫情未減緩，海外求學亦受干擾與停滯，無法接受正常教育，皆使其發展前景更顯困頓，社會階級矛盾對立與青年困境難以在短期內緩和，勢將成為全球治理更大的難題。

可以預期的是，由於美中經貿與科技戰短期不會中止，並將成為中長期趨勢，新冠疫情估計至少須至 2022 年才能得到較有效控制（賴明韶，2021）。此一地緣政治形成之美中臺互動張力升高，臺灣具優勢之半導體產業先進製程，勢必須依循美方科技管制和布局安排。一方面，是現實的國際政治訴求；另一方面則因美方仍握有高科技設備與科技的支配管控權。因此，在美方高科技的節制與中國大陸體制與專業局限下，其半導體先進製程發展之落差勢必增大。此外，由於地緣政治和意識形態、普世價值認知差距，皆可能導致區域對抗與張力持續，不過一般台商則是利益取向而非政治選邊；另一方面臺灣在全球半導體先進製程全球領航角色，亦具「矽盾」功能，或能降低非理性爭端和衝突的風險。

無可否認的是，經濟全球化大幅提升人類社會跨界流動、生產與經營的規模和深度，不僅創造人民財富和福祉，但亦因過度破壞環境，以及人類疏於調和生態平衡，終導致新冠疫情對人類反撲，並釀造歷史性重大的悲劇。因此，經濟全球化固然給強權與大國創造經濟成長與貢獻，但是欠缺有效管理、法制規範與自制能力的跨界互動與資源掠奪，勢必造成政治、經濟與社會矛盾，從而不利政經發展、互信建構和互惠機制的延續。此外，欠缺生態、環境保護意識與危機管理的國家治理，終導致全球環境和疫情擴散不可收拾，皆是經濟全球化開展和全球治理必須深度反思的課題。當前期待美中兩國以合作為前提的全球治理勢難實現，甚而因矛盾升級造成

更多衝突和悲劇。如何建構更有效的全球治理機制、規避非必要損害、落實共同合作規範，以及前沿性議題的策進，仍待積極努力。

參考文獻

一、中文文獻

大紀元，2021 年 8 月 25 日，〈程曉農：中共經濟整頓背後玄機〉，《大紀元》，https://www.epochtimes.com/b5/21/8/25/n13185466.htm，查閱日期：2021 年 9 月 15 日。

工商社論，2020 年 6 月 13 日，〈解析兩岸經貿斷鏈臺灣難以承受之重〉，《中國時報》，https://www.chinatimes.com/newspapers/20200613000095-260202?chdtv，查閱日期：2020 年 6 月 29 日。

今周刊，2020 年 6 月，〈鐵血公主的危與機〉，《今周刊》1226 期，頁 58-67。

王嘉源，2020 年 6 月 4 日，〈李顯龍：美陸面臨重大決策 對抗會危害「亞洲世紀」〉，《中國時報》，https://www.chinatimes.com/realtimenews/20200604004376-260408?chdtv，查閱日期：2020 年 7 月 1 日。

王榮霖，2013 年 12 月，《全球治理與臺灣的活絡模式》，臺北：致知學術出版社，頁 75-78。

古莉，2020 年 3 月 19 日，〈中國國家監委公布調查李文亮的通報〉，《法廣》，http://www.rfi.fr/tw/ 中國 /20200319- 中國國家監委公布調查李文亮的通報，查閱日期：2020 年 6 月 15 日

臺積電，2020，〈臺積公司宣布有意於美國設立先進晶圓廠〉，https://www.tsmc.com/tsmcdotcom/PRListingNewsArchivesAction.do?action=detail&newsid=THGOANPGTH&language=C，查閱日期：2020 年 6 月 29 日

朱雲漢，2020，《全球化的裂解與再融合》，臺北：遠見天下文化出版公司，頁

27-32。

自由財經，2020年8月23日，〈世銀行長示警：疫情恐令全球1億人口陷入極端貧窮〉，《自由財經》，https://ec.ltn.com.tw/article/breakingnews/3268771，查閱日期：2020年8月24日。

何大一，2020，〈名家破解新冠肺炎 何大一：用科學克服COVID-19〉，《聯合報》，3月25日。

何文婷，2019年8月20日，〈如何讓美企離開中國 盤點川普手上有那些牌〉，《中央社》，https://www.cna.com.tw/news/firstnews/201908240088.aspx，查閱日期：2020年7月4日。

何亞非，2018，《秩序重組——後危機時代全球治理通解》，臺北：中華書局有限公司，頁2-8。

何黎，2020年4月16日，〈如何度過眼前這場危機〉，《FT中文網》，https://big5.ftchinese.com/story/001087252?archive，查閱日期：2020年7月2日。

即時疫情中心，〈「武漢肺炎」全球最新確診與死亡人數統計〉，《臺灣英文新聞》，https://www.taiwannews.com.tw/ch/news/3869160，查閱日期：2020年8月31日。

李惠斌主編，2003，《全球化與現代性批判》，桂林：廣西師範大學出版社，頁2。

李福源，2020年6月29日，〈新冠肺炎令英國貧富更懸殊 有錢人避疫到荒島〉，《香港01》，https://www.hk01.com/%E7%86%B1%E7%88%86%E8%A9%B1%E9%A1%8C/489377/%E6%96%B0%E5%86%A0%E8%82%BA%E7%82%8E%E4%BB%A4%E8%8B%B1%E5%9C%8B%E8%B2%A7%E5%AF%8C%E6%9B%B4%E6%87%B8%E6%AE%8A%E6%9C%89%E9%8C%A2%E4%BA%BA%E9%81%BF%E7%96%AB%E5%88%B0%E8%8D%92%E5%B3%B6，查閱日期：2020年7月2日。

辛本健，2017，《全球治理的中國角色》，臺北：風格司藝術創作坊，頁：ix。

林祖偉，2018 年 3 月 11 日，〈「中國夢」與「完全極權」：歐美專家談習近平修憲〉，《BBC 中文》，https://www.bbc.com/zhongwen/trad/world-43340584，查閱日期：2020 年 9 月 9 日。

美國之音，2017 年 12 月 03 日，〈「不符合川普的移民政策」美國宣布退出全球難民協議〉，《風傳媒》，https://www.storm.mg/article/367359，查閱日期：2020 年 8 月 19 日。

茝茝，2020，〈武漢封城 76 天：難以畫上的休止符〉，https://www.bbc.com/zhongwen/trad/chinese-news-52195104，檢閱日期 2020/04/02。

徐華廷，2017 年 12 月 4 日，〈從全球難民危機中抽身 美國宣布退出聯合國移民協議〉，《上報》，https://www.upmedia.mg/news_info.php?SerialNo=30335，查閱日期：2020 年 8 月 20 日。

袁延壽，2020 年 6 月 26 日，〈紡織大老：疫情改變產業供應鏈〉，《工商時報》，https://www.chinatimes.com/newspapers/20200626000200-260202?chdtv，查閱日期：2020 年 7 月 2 日。

張亞中，2001，〈全球治理：主體與權力的解析〉，《問題與研究》第 40 卷 4 期，頁 1-20。

張忠謀，2019，〈世界不安臺積電成地緣政治家必爭之地〉，《經濟日報》，https://money.udn.com/money/story/5612/4140187，查閱日期：2020 年 6 月 29 日。

張建中，2020 年 6 月 1 日，〈鴻海劉揚偉：疫情後供應鏈朝向區域製造〉，《中央社》，https://www.cna.com.tw/news/afe/202006010076.aspx，查閱日期：2020 年 6 月 29 日。

張庭瑋，2020 年 4 月 20 日，〈各國盤算讓企業「出走」中國，走得了嗎？紐時和華爾街日報怎麼說〉，《商業週刊》，https://www.businessweekly.com.tw/international/blog/3002253，查閱日期：2020 年 7 月 4 日。

曹俊漢，2009，《全球化與全球治理：理論發展的建構與詮釋》，臺北：韋伯國際出版公司，頁 4。

習近平，2020 年 4 月，〈在中央政治局常委會議研究應對新型冠狀病毒肺炎疫情工作時的講話〉，《求是》，http://cpc.people.com.cn/BIG5/n1/2020/0215/c64094-31588556.html，查閱日期：2020 年 9 月 11 日。

陳子昂、資訊工業策進會產業情報研究所整理，2020，〈美中簽署第一階段貿易協議（2020 年 1 月 16 日）〉。

陳韋廷，2018 年 10 月 22 日，〈就是不肯被占便宜！美退出多項國際協定〉，《聯合報》，https://theme.udn.com/theme/story/6775/34349690，查閱日期：2020 年 8 月 19 日。

報導者，2020，〈武漢肺炎大事記：從全球到臺灣，疫情如何發展？〉，《報導者》，https://www.twreporter.org/a/2019-ncov-epidemic，檢閱日期 2020/4/26。

黃亦筠，2020 年 7 月 24 日，〈立訊市值超越鴻海！王來春變「女版郭董」背後是蘋果耍心機〉，《聯合報》，https://udn.com/news/story/6841/4725337，查閱時間：2021/11/25。

黃欽勇，2020，《斷鏈之後──科技產業鏈的分整合》，臺北：大椽股份有限公司。

黃靖軒，2018 年 3 月 12 日，〈中國重回清朝！修憲案 99% 贊成習近平「登基」，外媒警告修憲可能毀了中國〉，《BuzzOrange 報橘》，https://buzzorange.com/2018/03/12/xi-really-become-emperor/，查閱日期：2020 年 9 月 10 日。

楊玲雯，2020 年 8 月 18 日，〈美國擴大封殺華為 聯發科跌停開出、市值失守兆元〉，《經濟日報》，https://money.udn.com/money/story/5607/4789874，查閱日期：2020 年 8 月 22 日。

蒙克，2019 年 08 月 02 日，〈美國退中導條約拉中國一起裁軍 華盛頓甩鍋？〉，《BBC 中文》，https://www.bbc.com/zhongwen/trad/chinese-news-49206490，

查閱日期：2020 年 8 月 19 日。

歐祥義、胡志愷、謝羽蓁，2020 年 7 月 22 日，〈郭智輝：中國發展半導體「偷呷步」這招沒用了〉，《自由財經》，https://ec.ltn.com.tw/article/breakingnews/3223094，查閱日期：2020 年 8 月 29 日。

蔡　嫣，2020 年 4 月 9 日，〈新冠肺炎・種族主義　少數族群深陷社會不平等 美國黑人感染風險高、死亡率也高〉，《風傳媒》，https://www.storm.mg/article/2501150，查閱日期：2020 年 7 月 2 日。

賴明詔，2021 年 9 月 13 日，〈冠狀病毒之父：臺灣應檢討下一步怎麼走〉，《聯合報》。

勵心如，2020 年 7 月 22 日，〈談電動自行車商機、赴美設廠、準小金雞上市……巨大董座杜綉珍雪恥告白〉，《今周刊》，https://reurl.cc/L7dvR3，查閱日期：2021 年 9 月 15 日。

謝承評，2020，〈COVID-19（武漢肺炎）對兩岸與全球供應鏈影響分析〉，《展望與探索》第 18 卷第 4 期，頁 35。

簡永祥，2020 年 7 月 17 日，〈臺積電 9 月 14 日後不會供貨華為〉，《聯合報》，https://udn.com/news/story/7240/4708302，查閱日期：2020 年 8 月 22 日。

羅昀玫，2020 年 07 月 08 日，〈川普致函聯合國 美國正式退出世界衛生組織〉，《鉅亨網》，https://news.cnyes.com/news/id/4502904，查閱日期：2020 年 8 月 20 日。

龔菁琦，2020 年 3 月，〈《人物》選文：武漢醫師，發哨子的人──艾芬芬〉，《風傳媒》，https://www.storm.mg/article/2398343，查閱日期：2020 年 6 月 20 日。

二、英文文獻

Antony Giddens. 1990. *The Consequence of Modernity.* Cambridge, UK：Polity Press

BBC，2021 年 9 月 10 日，〈習近平拜登時隔七月再次通電話持續 90 分鐘 討論內容包括如何避免衝突〉，《BBC 中文》，https://www.bbc.com/zhongwen/trad/world-58511272，查閱日期：2021 年 9 月 15 日。

BBC，2018 年 10 月 22 日，〈意欲何為 特朗普上臺近兩年退出國際條約一覽〉，《BBC 中文》，https://www.bbc.com/zhongwen/trad/world-45941844，查閱日期：2020 年 8 月 19 日。

David Held and Antony McGrew. 1999. "Globalization." *Global Governance* 5(4), p.495.

Eric Lipton、David E. Sanger、Maggie Haberman、Michael D. Shear、Mark Mazzetti、Julian E. Barnes 著，Cindy Hao、Harry Wong、 鄧 妍 譯，2020 年 4 月 13 日，〈復盤美國新冠疫情：川普為何忽視警告、一錯再錯〉，《紐約時報中文網》，https://cn.nytimes.com/usa/20200413/coronavirus-trump-response/zh-hant/，查閱日期：2020 年 7 月 2 日。

GDRC, 1995, "Our Global Neighborhood," https://www.gdrc.org/u-gov/global-neighbourhood/，查閱日期：2020 年 6 月 29。

Helmut Wagner. 2000. *Globalization and unemployment*. Berlin: Springer-Verlag Berlin Heidelberg, p. 19.

Jacques Adda 著，何竟、周曉幸譯，2000，臺北：知書房。

James N. Rosenau. 1995. "Governance in the Twenty-first Century." *Global Governance* 1(1), p. 20.

Joseph E. Stiglitz 著，李明譯，2002 年 9 月，《全球化的許諾與失落》，臺北：大總文化出版公司，頁 22-23。

Kenzo，2016 年 09 月 20 日，〈首屆難民峰會通過「紐約宣言」 聯合國盼促進人道救援〉，《關鍵評論》，https://www.thenewslens.com/article/49649，查閱日期：2020 年 8 月 20 日。

Office of the United States Trade Representative, 2020, "Economic and Trade Agreement Between The Government Of The United States Of America And The Government Of The People's Republic Of China Text." https://ustr.gov/sited/default/files/files/agreements/phase%20one%20agreement/Economic_And_Trade_Agreement_Between_The_United_States_And_China_Text.pdf (Accessed on August 31, 2020).

Qun Li, M. Med., Xuhua Guan, Ph.D., Peng Wu, Ph.D., Xiaoye Wang, M.P.H., et al., 2020. "Early Tansmission Dynamics in Wuhan, China, of Novel Coronavirus-Infected Pneumonia." *The New England Journal of Medicine*, 382(3): 1199.

疫情衝擊與臺商全球生產網絡重構

臺商全球布局：大陸臺商投資動向與趨勢

劉孟俊

（中華經濟研究院第一研究所所長）

吳佳勳

（中華經濟研究院第一研究所副所長）

摘要

近年國際情勢變化快速，面臨美中貿易戰和新冠疫情爆發的嚴峻挑戰，對於臺商在陸經營帶來前所未有的衝擊。本文重點在於觀察臺商在陸的投資動向變化，由臺灣母公司與大陸子公司所形成的產業鏈關係而言，臺商投資大陸後，對當地經營環境日漸熟悉，原先由臺灣進口的生產原料逐漸轉向在地採購，形成上游原物料供給的替代效果。而臺商過去多倚賴外銷市場的策略，也漸轉以開發中國大陸內需能量為主，促使在陸子公司的功能，將不再僅限於製造層面，而有研發與市場行銷等多元服務化的趨勢。

臺商於中國大陸的投資營運模式，在內部已隨著中國大陸經濟結構與高端消費內需市場的興起，產生顯著轉變。而對外面臨美中貿易戰驅動供應鏈分流，以及全球新冠疫情爆發，讓臺商在陸的經營決策更加困難。全球化逐漸走向區域性製造中心，也將改寫未來臺商海外布局的樣貌。

關鍵詞：中國大陸、臺商、投資、營運環境

壹、前言

全球國際情勢變化快速，也連帶影響臺商在中國大陸投資的動向布局。尤其 2020 年不但是中國大陸執行「十三五」規劃最後一年，也肩負銜接下一個「十四五」規劃目標的關鍵年，同時全球更面臨了美中貿易戰和新冠肺炎疫情爆發的嚴峻挑戰，內憂外患交相夾擊，均對於臺商在陸經營帶來了前所未有的重大衝擊。

本文將主要側重於中國大陸在全球經濟情勢變化下的內部營商環境變化，特別是對於兩岸政策的調整方向，首先以當前全球經濟情勢看來，中國大陸面臨全球經濟趨緩與保護主義抬頭，特別是美中貿易戰走向長期化，導致全球貿易動能放緩，並加速全球產業供應鏈分流化。同時內部環境亦面臨挑戰，預判中國大陸消費、投資與外貿動能趨減，債務風險提升，以及經濟結構調整問題依舊，可能加大其經濟走低風險。

首先以 2020 年「中共工作會議」內涵來看兩岸問題，該會議於 1 月 19 日在北京召開，認為 2020 年兩岸關係「更加複雜嚴峻」，這已是連續三年用類似文字表述當年兩岸情勢，同時在對臺具體措施方面，包括深化兩岸融合發展，持續兩岸交流合作，全面落實對臺政策等。

其次，本文重點在於觀察臺商在陸的投資動向變化，臺灣受到自然條件影響，內需市場規模在地理與資源條件下受限，對外投資與貿易成為經濟發展的主要支柱，臺灣廠商經營海外市場，無疑成為其發展關鍵。臺灣自 1980 年代以來，對外直接投資大幅增加。其中，又以兩岸地理區位與文化背景相近，中國大陸成為臺商海外投資的最重要據點，促使兩岸產業發展更加密不可分。而臺商赴中國大陸投資後，也使得兩岸產業鏈結日益緊密，從而衍生出許多值得關注的重要議題。

再以企業轉型發展的角度而言，臺商將原先在臺的外銷生產線移轉至

中國大陸，不單浮現產業外移的現象，也出現「臺灣接單、大陸生產、出口美歐」的型態。另，由臺灣母公司與大陸子公司所形成的產業鏈關係而言，臺商投資中國大陸後，對當地經營環境日漸熟悉，原先由臺灣進口的生產原料逐漸轉向在當地採購，形成上游原物料供給的替代效果。進一步而言，臺商下游組裝廠外移中國大陸後，帶動中上游供應鏈廠商跟隨前往，在當地形成產業聚落，稀釋兩岸供應鏈與產業分工關係。

進一步而言，本文預期臺商於中國大陸的投資營運模式，在內部已隨著中國大陸經濟結構與高端消費內需市場的興起，產生顯著轉變，而對外面臨金融風暴後，全球經濟成長動能下滑，以及美中貿易戰驅動供應鏈分流，對於赴中國大陸投資的臺商而言，由過去倚賴外銷市場的策略，漸轉為以開發中國大陸內需能量為主。由於臺商在大陸子公司需進一步掌握當地供應鏈與經營當地內需市場，預期這些在陸子公司的價值鏈將不再僅限於製造層面，而有研發與市場行銷等多元服務化的趨勢。

貳、中國大陸營商環境變化觀察

過去，臺商赴中國大陸投資動機主要受成本因素驅動，以加工出口製造業作為主要投資焦點。然而隨著中國大陸經濟成長及產業加速發展，不僅當地居民購買力逐步提升，整體環境也由世界工廠轉變為世界市場。然與此同時，中國大陸勞動與土地成本也同步上升，成為廠商必須面對的經營難題。對於臺商在中國大陸投資營商，除了當地市場客觀條件變化外，近期中國大陸官方專為臺商提供之政策，也是影響臺商在中國大陸經營決策的因素之一。列舉近期中國大陸重要的政策與趨勢變化，說明如後：

一、陸方持續採用單邊對臺措施

　　2018 年中國大陸提出「31 項對臺措施」，主要分為兩大重點：一是與臺商經營有關，在投資及經濟領域給予臺資企業與中國大陸企業同等待遇；二是與臺灣民眾有關，在學習、創業、就業、生活等層面提供臺灣民眾與中國大陸民眾同等待遇。隨後又於 2019 年 11 月再發布對臺 26 條措施，內容更加強調居住方面的便利性。

　　今年（2020）最新提出對臺 11 條，內容主要分為協助企業復工復產、鼓勵在陸投資以及穩外貿與發展內需三部分，涵蓋支持臺商參與新基建、鼓勵發展外貿與跨境電商、減稅降費、引導轉內銷，以及科創板上市融資等多元領域。

二、實施《外商投資法》擴大開放

　　中國於 2020 年 1 月 1 日實施《外商投資法》，取代原本的外資三法[1]。依法臺資企業可比照外商適用。另中國商務部於 2019 年 12 月 31 日發布《外商投資法實施條例》；商務部和市場監督總局公布《外商投資資訊報告辦法》，上揭條例與辦法皆自 2020 年 1 月 1 日起施行，以配合《外商投資法》的執行。同時《臺灣同胞投資保護法》修正案（草案）也於 2019 年 12 月提請審議。

　　根據《外商投資法實施條例》第 48 條第 2 項規定：「臺灣地區投資者在大陸投資，適用《中華人民共和國臺灣同胞投資保護法》及其實施細則的規定；《臺灣同胞投資保護法》及其實施細則未規定的事項，參照外商投資法和本條例執行。」準此，臺商於中國投資所依循的投資規範，應

1　即《中外合資經營企業法》、《外資企業法》及《中外合作經營企業法》。

先適用《臺灣同胞投資保護法》和其實施細則，如該法與細則未規定者，參照《外商投資法》與其實施條例執行。

但另須注意，臺商一旦適用《外商投資法》，隱含臺商必須通過企業登記系統及企業信用系統報送投資資訊，且依循中國對外商企業進行的國家安全審查制度。目前，中國對於國家安全的涵蓋範圍尚無明確定義，使得相關條文在實際執行上存在模糊空間。而在外商投資法實行後，預期將吸引新一波外國企業在陸投資，臺商在陸所享有的特殊優惠逐漸稀釋，對於未來在陸營商的競爭壓力也將進一步擴大。

三、中國大陸本土企業逐漸對臺商構成競爭壓力

中國長期以來以國家力量主推多項產業政策，對自身產業發展大力扶持，試圖由製造大國走向製造強國，已對臺商或其他外商形成龐大的競爭壓力。

過去，中國大陸當地企業對於臺商造成的競爭，多半是因成本或是物流通路優勢，而使技術層級較低的臺商面臨較大競爭壓力。然而，隨著中國大陸產業政策對於半導體或其他先進製造業加強扶持，並且在產業技術方面取得進展，高科技製造業臺商也逐漸感受到來自中國大陸當地廠商的競爭壓力。

尤其 2018 年美中貿易戰爆發，美國對中國六千多項產品加徵關稅，致使中國外需受創，不得不進一步加快產業自主及扶持本土紅色供應鏈。較著名的案例如半導體的國產化，以國家大基金提供長期穩定資金，加上設立科創板為高科技企業提供更多樣的融資手段，同時鼓勵內需培植物聯網、人工智慧、雲端運算、智慧汽車、智慧家居、可穿戴裝置等新興科技領域，藉以催生大量晶片產品需求，為中國半導體國產化提供龐大的實踐

場域。中國在政策上為確保國產化自主供應能力，將排擠外資企業在陸參與的機會。

四、中國大陸內部環保要求提升，增加廠商經營成本

中國大陸近期環保議題的發酵，始於昆山市在 2017 年底因環保因素提出緊急停產令，對臺商造成衝擊。此一停產令雖然在宣布後隨即決定暫緩實施，然而卻已使得中國大陸多個地方政府起而效之。此後中國各地方政府為提升環保要求，陸續提出限汙停產令，就廠商角度而言，未來在中國投資經營，環境保護帶來的成本負擔，包括環境保護稅、環境處理費用，或是因違反環境法規而受到的裁罰等，均將使臺商在陸的經營成本明顯提高，部分廠商甚至面臨被迫搬遷之境地。

然而近期美中貿易戰又為中國經濟蒙上陰影，逼使許多外資紛紛遷移產線。故在貿易戰後，中國內部對於環境的要求似有降低趨勢，以降低對地方製造業者經營的衝擊。

五、美中貿易戰增加臺商經營的不確定性

美中貿易戰對於臺商在陸投資布局之負面影響，主要呈現在兩方面，一是在陸臺商因美方對中國商品加徵關稅，使在陸臺商出口成本增加，特別是美方對中國大陸的制裁清單集中於中間產品與資本設備，對於在中國投資生產且以美國為出口對象的科技業臺商，將有不利影響。

二是美中貿易戰時程已久，且美國對中國大陸加徵關稅的時程反覆不定，導致臺商對未來充滿高度不確定性，不利於臺商進行投資決策。目前，美中貿易談判雖然在今年 10 月 11 日宣布達成第一階段共識，且中國大陸於 10 月 26 日公告，此一協議的部分技術性協商已經完成，然而此一共識

並未涉及技術轉移及補貼等敏感議題，因此美中貿易戰影響預期仍將延續。

六、新冠疫情改變供應鏈格局，美歐日等國均力圖降低對陸依賴

今（2020）年初始新冠疫情席捲全球，而疫情的爆發點正是源自中國武漢，疫情衝擊下，中國率先大規模封城停工，國際航運等物流隨之中斷，也連帶衝擊全球供應鏈，使得美、歐、日等先進國家更加急迫欲將供應鏈移出中國，以降低對中國的依賴。此次疫情讓很多國家發現供應鏈單一依賴中國大陸的危險性，從而引發更大幅度的供應鏈調整。

2020 年 5 月中旬，美國商務部、國務院及華府機關正在尋找方法，以促使美國企業將採購和製造工作移出中國，考慮的措施包括稅務獎勵和可能的企業回流補貼，同時各機關也著手調查哪些製造業活動屬於「基本必需」，以及思考如何在中國以外地區生產製造這些產品。同樣的，日本經產省也在疫情後提出「供應鏈改革」方案，編列 2,435 億日圓（約 22 億美元），以幫助製造商撤出中國，藉以分散風險，調整生產線與布局策略。

參、臺商在中國大陸的投資動向變化

臺商對中國投資金額的變化，在 2010 年之前呈現長期上升趨勢，自 2010 年起則逐步衰退（圖 1）。2013 年至 2015 年間，臺商對中國大陸投資雖曾出現短暫回升，然而自 2015 年至今，投資下滑的情況相當明顯，不僅於 2018 年投資金額跌落至 90 億美元以下，並且在 2019 年腰斬一口氣掉到 41.73 億美元，較 2018 年減少 50.9%。

圖 1：我國對中國大陸之核准投資金額（1991-2020）

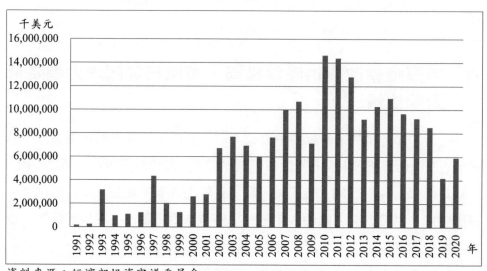

資料來源：經濟部投資審議委員會。

　　在投資的產業方面，2016 至 2018 年之間，主要是電子零組件製造業、電腦電子及光學製品製造業，以及批發零售業等三項產業。其中，電子零組件製造業與電腦電子及光學製品製造業之合計比重，在 2016 至 2018 年間每年皆超過三成。

　　然而，2019 年臺商赴陸投資之產業趨勢開始有所變化。不論是電子零組件製造業、電腦電子及光學製品製造業的投資均大幅衰退。取而代之的是批發及零售業。顯示出口導向型產業臺商，為避免受美中關稅變化衝擊而減少赴陸投資，反之內需型產業臺商的投資比重因此有所增加。

　　回顧臺商在中國的投資發展歷程，大致可概括分為三個時期：1980 年代末的第一期、1990 年代的第二期和 2000 年以來的第三期。在第一期初始階段，臺商大規模赴中國大陸投資原因，主要受到當地原料、土地、勞動力等「三廉」生產優勢的吸引，而前往投資設廠。此一階段，臺商主要接取當地的豐富勞動力，以勞動密集的下游製造業者為投資主力。但當時

地主國產業聚落尚未成形，臺商當地子公司傾向從臺灣進口原料、設備、零組件至中國大陸加工，以服務海外市場。

第二階段，兩岸的產業鏈結開始發生轉變，臺商於中國大陸投資事業浮現顯著的經營當地化發展。此階段臺商於中國大陸投資事業開始擴張，並逐漸由當地產業聚落生產所提供，取代原先由臺灣進口的原物料及零組件，臺商當地子公司採購當地化，形成上下產業供應鏈關係。更值得關注的是，原先未前往中國大陸投資的中上游臺廠，因其客戶擴大開發中國大陸市場也隨之前往，以滿足其客戶對原物料及零組件的需求。亦即當臺灣本土大廠將生產線移轉至海外據點時，中小型零組件供應商也伴隨大廠遷出，以便就近供應零組件。自此兩岸產業供應鏈逐漸移往大陸，加深臺商當地子公司的經營當地化，不單開發當地內需市場，也維繫臺灣廠商的國際競爭力。

2000 年後，可視為臺商在中國大陸投資的第三階段，此時主要以長江三角洲為投資目的地。臺商 ICT 業者為要配合其旗艦品牌客戶的全球布局策略，開始參與海外投資，主要是參與由企業主導的全球生產網絡（Ernst, 2002）。兩岸筆記型電腦產業為當時的重點案例，儘管當時臺灣政府禁止臺灣筆記型電腦業者投資中國大陸，直到 2001 年 11 月開放，但更早之前，臺灣 OEM/ODM 製造商已開始在中國大陸進行組裝。到了 2005 年，幾乎所有臺灣的筆記型電腦業者均聚集在中國大陸東部沿海地區，尤其聚集長江三角洲。而留在臺灣生產僅剩部分元件（主動元件的液晶顯示器、機構元件的印刷電路板與連接器，其他元件的鍵盤、機殼集散熱裝置等）。

此階段，臺商於中國大陸投資的特點為大規模、資本密集、高科技及甚至當地市場導向。典型的情況是，2003 年中國大陸開始允許外資參與在半導體晶圓加工業務。中國大陸當地市場需求規模擴大，產業群落形成，持續吸引臺商前往投資。而技術密集型的高階電子業正是臺商在中國大陸

投資的重要層面，大規模的生產投資為其特徵，也成為 ICT 臺商的全球策略成功因素，即充分利用中國大陸的生產優勢和在特定供應鏈中專業化生產，強化在全球市場的競爭力（Johnson Jr et al., 2013）。

而在 2006-2010 年時期，各國資金技術也開始大量挹注中國大陸，提高當地國民所得，也帶動工資、物價與生產原料價格不斷攀升。及至 2008 年後期，因全球金融風暴影響，歐美市場需求下降，以出口為主的在陸臺商子公司面臨營運困難，在外需滑落的前提下，漸漸轉為更注重中國大陸內需市場，同時也由傳統輕工業、製造業向服務業發展。

此階段，在陸臺商子公司角色除有效利用當地低廉的成本優勢外，更擴及到打造當地採購與物流、深化製程改良與新製程開發、新產品與新技術研發，開發當地供應鏈與供應全球市場等，並藉由高科技製程的優勢晉升成為全球產品中心。這些趨勢使得在陸臺商子公司在兩岸產業鏈間的地位不斷提升，在價值鏈中扮演的角色漸趨重要。同時子公司也逐漸成熟、規模逐漸完備，由原先依附母公司的狀態變為更為積極成熟，且能隨著經濟全球化與企業國際化發展。

肆、在陸臺商的投資動機與功能變化

觀察臺商在兩岸的布局發展，早期主要將生產移轉中國，側重的是成本動機，著眼於當地廉價的土地與勞動力等生產優勢，並將產品銷回臺灣或其他海外市場。本文藉由對比經濟部投審會 2009 與 2019 年《對海外投資事業營運狀況調查分析報告》，可比較十年之間在陸臺商投資動機與營運模式的變化。

首先就廠商投資動機而言，對比十年前後資料，可發現廠商對於看

好「當地市場發展潛力大」的考量仍為首要（參圖 2），由 2008 年[2] 的 28.92% 略提升至 2018 年的 29.00%。另在原料供應方便 / 便宜等因素也由 2008 年的 4.76% 略提升至 2018 年的 5.94%

圖 2：臺商赴中國大陸投資動機

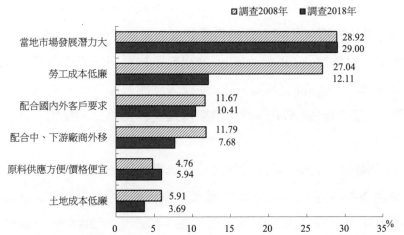

資料來源：作者整理自經濟部投審會 2009 年、2019 年《對海外投資事業營運狀況調查分析報告》。

　　但成本面因素如：「勞工成本低廉」動機，由 2008 年的 27.04% 大幅降為 2018 年的 12.11%。「土地成本低廉」動機也明顯降低。此外，兩個調查年度，在「配合中下游廠商外移」與「配合國內外客戶要求」方面的投資動機亦均有減少。

　　由投資動機觀察，可知吸引在陸臺商投資的動機，主要側重在接近市場和接近供應鏈二大因素，至於比較早期為降低生產成本及配合客戶需求的因素，已不再是重要原因。

2　2009 年與 2019 年調查報告的調查年度為前一年資料，故所呈現資料往前各回推一年為：2008 年與 2018 年，後續說明同。

而隨著中國大陸成為全球主要 FDI 地區，當地臺商子公司自主地位與功能，也隨營運時間增加有多元化的趨勢。臺商在赴中國大陸投資過程中，在產品與服務的銷售，以及市場行銷模式上，需有依照當地需求與市場條件，發展其經營當地化的模式。即臺商對應開發當地內需市場發展，與前述依市場導向為主的投資動機相符。另在行銷管道方面，臺商也呈現當地化趨勢，兩岸由此發生鏈結效果，母公司所負責銷售份額逐漸下降；大陸子公司行銷能力增加，可自行銷售產品進而擴展子公司的業務經營範疇。

廠商在對外投資初期，海外子公司對原物料與零組件的採用，偏好從母國自行購買，運往海外進行加工生產。然隨著海外子公司當地投資經驗的累積，其原物料與零組件的採購來源逐漸轉變為當地採購，進而改善海外子公司的投資效益問題。

同樣根據經濟部投審會《對海外投資事業營運狀況調查分析報告》，對比臺商 2008 年與 2018 年赴中國大陸投資事業所採購機器設備以及原料、零組件與半成品來源所占比重如圖 3 所示。於 2008 年臺商於中國大陸的子公司，其機器設備及原料零組件與半成品的當地採購已超過半數（54.96% 與 57.65%）；2018 年在機器設備與原料、零組件與半成品的當地採購比重更顯著增加，分別為 80.03% 與 71.24%。由此可知，臺商於中國大陸投資發展過程中，其在地的生產網絡發展更加成熟，有助於降低運輸成本與提升臺商供應鏈效能，突出臺商的採購當地化，並取代向臺灣的採購比重。

在此同時，臺商也會對當地供應商進行培育訓練，以取得優質的供應鏈來源。在臺商投資中國大陸的初期，當地產業尚未發展健全下，生產技術普遍低落，交貨時所提供的原物料品質常與臺商期待有所落差，且生產期程往往不穩定。因此，赴中國大陸投資一段時間後，除提供與移轉當地供應商所需的技術外，也協助當地供應鏈在質與量的改善，此也有助於臺

商的採購當地化進程。

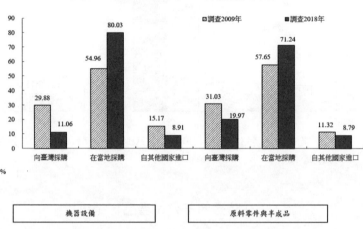

圖 3：在陸臺商子公司採購來源比

資料來源：作者整理自經濟部投審會 2009 年、2019 年《對海外投資事業營運狀況
　　　　調查分析報告》。

　　圖 4 顯示，2008 年與 2018 年臺商赴大陸子公司在產品銷售與服務
的市場配置變化關係。2008 年大陸子公司在當地銷售比重超過六成五
（65.12%），2018 年更達到 76.34%，遠高於銷往其他國家 2008 年的
16.94% 與 2018 年的 12.15%。以上現象隱含臺商的市場導向從「中國大陸
出口」持續轉向為「內銷中國大陸」。而相對的 2008 年銷回臺灣比重占
17.94%，已降為 2018 年的 11.51%，或顯示臺灣內需市場有限，回銷比重
甚至低於輸往其他國家的比例。

　　由於在陸臺商子公司的銷售導向已逐漸向當地市場發展，在行銷模
式上也有當地化趨勢。此趨勢中國大陸以「世界工廠」轉型發展為「世
界市場」之際，臺商的經營模式也由「Made in China」轉變為「Made for
China」。圖 5 顯示，在陸臺商子公司仰賴臺灣母公司行銷比重由 2008 年

圖 4：在陸臺商子公司產品與服務銷售配置

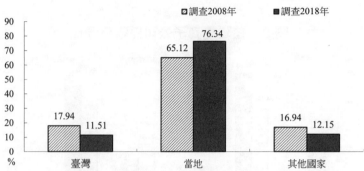

資料來源：作者整理自經濟部投審會 2009 年、2019 年《對海外投資事業營運狀況
　　　　　調查分析報告》。

圖 5：在陸臺商子公司產品行銷模式

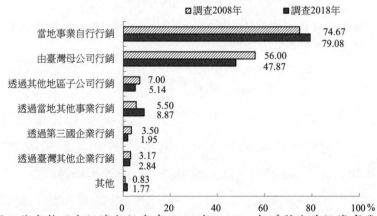

資料來源：作者整理自經濟部投審會 2009 年、2019 年《對海外投資事業營運狀況
　　　　　調查分析報告》。

的 56%，降為 2018 年的 47.87%。相對的，在陸臺商子公司的行銷模式取
向，其於當地自行從事行銷活動比例最高，2008 年占 74.67% 上升為 2018
年的 79.08%。

　　此種行銷模式的轉變，主要由於中國大陸當地市場行銷過去大多以低價策略為手段，加上當地缺乏行銷相關人才，因而仰賴臺灣母公司提供必要的行銷資源與行銷策略。但當前中國大陸消費市場轉型之際，市場行銷策略更加多元，加上當地行銷資源與人才更加豐富，在陸臺商子公司可掌握更多的當地市場行銷主導權。

伍、疫情後臺商在陸投資的趨勢分析

　　自 2020 年 1 月下旬，中國大陸爆發大規模新型冠狀病毒肺炎（COVID-19）疫情，致使中央及地方政府被迫封城管制，企業全面停工停產，直至 3 月後才逐步解封。

一、疫情期間加速外資與人才外流

　　疫情發生後，中國政府為抑制疫情擴散，採取高度嚴格管制作為，一時之間廠商被迫停工停產，各省之間物流與人員流動也為之中斷，衝擊各行業營運，包括製造端與服務端，影響廠商營收甚劇，部分產業甚至面臨供應鏈斷鏈的困境。對此，預期未來高科技跨國公司（NMCs）將更分散投資於全球生產聚落，藉以控管供應鏈的風險，且很可能降低在中國的投資比重與研發比例。

　　除此之外，肺炎疫情促使各國自中國包機撤僑，導致現有高薪招募來的海外人才與科技產業菁英大量流失。同時疫情也凸顯中國「公共衛生治理」及「醫療可靠度」問題，大型外商業者與高端人才對於赴陸工作的風險意識提高，預判外資企業與全球高科技產業人才赴陸意願將降低，且武漢、杭州、南京等重要城市均為「中國製造 2025」重要製造與研發基地，

疫情發展下可能加速人才外流。回顧過去兩年以來，美國高科技封鎖與制裁措施已經對在陸國際人才產生動搖，再加上疫情造成的研發人才與產業人才中斷，將使中國大陸產業政策方向轉向守勢，而更深層之衝擊是延宕產業轉型與升級進程。

同樣的趨勢，也反應於臺商營運。2018-2019 年受美中貿易戰影響，許多臺資企業紛紛尋求替代中國的其他生產基地或將產能暫時移往其他國家之產線。但由於兩岸供應鏈關係相當緊密，重新對外布局亦須思考資金、上下游關係、文化差異等多面向問題，若是中小型企業更難以籌措足夠資源進行產線移轉。因此短期內我國業者仍難以與中國脫鉤，許多業者在中國仍有相當比重的布局。

但現今在疫情催化下，業者再次意識到供應鏈與生產活動高度集中於中國大陸的風險性。預期部分業者開始加快轉移腳步，逐步建立中長期的新生產基地，重新打造供應鏈關係，以降低未來在中國營運必須面臨的不確定性因素。自 2019 年起，科技產業臺商回流趨勢在政策扶植下不斷增加，隨著疫情狀況變化，臺商將加速回臺投資或另覓生產基地。

二、後疫情時代，臺商在陸投資的變化觀察

新冠肺炎疫情的全球爆發，對於臺商投資乃至於全球供應鏈都帶來了結構性變化。麥肯錫（2020）報告即針對疫情後，科技產業在設計打造面向未來的供應鏈體系時，必須牢記風險管理的重要性。

本文在疫情爆發後，透過幾波電訪方式理解在陸臺商營運情況。在 5 月份中國疫情稍解，企業陸續復工之後所進行的電訪結果，顯示已有 77% 受訪臺商已經復工（其中約有 16% 表示從未停工），且大多數是在 2-3 月初之間按期復工完成。只有兩成左右尚未完全復工。

受疫情衝擊方面，約三成廠商認為業務所受衝擊很大；另覺得部分受到衝擊，以及沒有衝擊者，各約三成左右。其中覺得受衝擊因素，最主要是獲利減損，其次為無法正常交貨或提供服務，再來則是原物料存貨不足等原因。

同時在調查中，不到 10% 的臺商業者表示有獲得或申請中國政府的紓困補助，此比例偏低的原因，主要是大多數業者並不清楚大陸中央或當地政府有哪些紓困措施。也有約 7% 業者反映的是雖已經提出申請，但受訪當時尚未接到核准通知，或相關措施存在利息過高或難以申請等問題。而在不到 10% 有獲得紓困協助的企業中，受到幫助的項目主要集中在稅費補貼，另也包括水電補貼、社保費用調降、薪資款項補助等政策。

除上述調查外，此次疫情如同 1930 年代的全球經濟大蕭條、2018 年的全球金融海嘯般，預期將進一步催生權力更大的國家機器。原因在於為因應疫情，各國政府莫不極力祭出各式紓困方案，推動更強勁的刺激經濟措施，以及更寬鬆的貨幣政策等。故未來全球各個國家所扮演的角色將會加重，並更深度的影響商業運作，而更多行業的企業領導人，將不得不適應政府加大干預的新常態。

就中國而言，疫情後較值得關注的重要政策，以「新基建」最受矚目。新基建一詞，首見於 2018 年 12 月中央經濟工作會議時提出「加強人工智慧、工業互聯網、物聯網等新型基礎設施建設（簡稱新基建）」，此後新基建一詞即陸續出現在中國多項重要會議與文件之中，但一直到今（2020）年新冠肺炎疫情爆發後，重創中國經濟表現，為快速尋找新的經濟成長動能，新基建政策再度受到重視。

2020 年 4 月 20 日，由中國國家發展和改革委員會首次明確定義新基建的具體範圍，主要包括三個方面：（一）資訊基礎設施。主要是指基於新一代資訊技術演化生成的基礎設施，包括以 5G、物聯網、工業互聯

網、衛星互聯網為代表的通信網路基礎設施；以人工智慧、雲計算、區塊鏈等為代表的新技術基礎設施；以資料中心、智慧計算中心為代表的算力基礎設施等。（二）融合基礎設施。主要是指加強應用互聯網、大數據、人工智慧等技術，支持傳統基礎設施轉型升級，進而形成的融合基礎設施，例如智慧交通基礎設施、智慧能源基礎設施等。（三）創新基礎設施。主要是指提供科學研究、技術開發、產品研製的具有公益屬性的基礎設施，例如重大科技基礎設施、科教基礎設施、產業技術創新基礎設施等。國家發改委並強調隨著技術革命和產業變革，新型基礎設施的內涵將持續變動，未來將持續發布推動新型基礎設施發展的相關政策，加快推動 5G 網路部署。

在此情況下，有別於傳統基建投資主要是由地方政府主導，特別是由央企和國企參與建設。新基建則需實際運用在產業營運上，使得新基建的投資更多是市場與政府合力推動，投資和經營模式較為靈活，外資企業、中小企業的參與投資機會可望增加 。截至 2020 年 4 月中旬，已有 13 個省區市發布 2020 年新基建相關重點項目投資計畫，其中有八個省份公布計畫總投資額共計 33.83 兆元人民幣。

當前中國大陸新基建政策已成為緩解疫情影響，刺激經濟成長的重要工具之一，其範圍包括 5G、數據中心、人工智能等，與「中國製造2025」、「中國標準 2035」發展相輔相成，這些政策不僅關乎中國當下疫情後續的經濟修復及內部產業科技的深化改革與整合管理，也是中國破除全球科技圍堵的科技強國戰略延續。

當然如同中國大陸曾於 2008 年因應金融海嘯所推出「四萬億投資計畫」的大規模刺激措施，而後導致大量產能過剩和房價高漲等問題。本次新基建是否存在相同後遺症值得關注，同時新基建相關產業領域的核心限制，並不在於資本，而在於技術、軟體基礎建設以及研發投入能量，故成

效如何，是否成為臺商參與的新商機，仍有待觀察。

陸、結語

　　美中貿易戰與新冠肺炎疫情，正逐步翻轉全球製造業生態，由過去的「世界工廠」模式轉為「區域製造」。就供應鏈而言，根據鴻海董事長劉揚偉受訪時表示，將是呈現「愈上游愈集中、愈下游愈分散」的形式，即愈上游愈長鏈、愈下游愈短鏈，發展成區域的製造中心，至於中下游系統組裝生意會隨客戶需求而移動，變成區域化的趨勢。

　　承本文參考投審會資料整理顯示：近年臺商於中國大陸營運的子公司已不侷限於製造生產，而有服務化發展的趨勢。首先，在近年兩岸產業鏈結過程中，臺商於大陸子公司由最初製造生產功能轉向行銷中心、研發與設計中心等多功能發展。在大陸子公司角色的多元化發展，並獲臺灣母公司賦予策略及作業上的決策執行權力增加，使子公司在中國市場的自主地位提升，母子公司間主從關係產生變化。於大陸臺商子公司對應中國內需市場發展，各項營運活動出現多元化趨勢：臺商子公司當地採購比例提升，其經營由成本與生產導向轉為開發當地內需市場，並由生產製造功能擴及提供多元服務，衍生研發與行銷活動多元化的發展趨勢。此趨勢亦可對應於臺商赴中國投資動機的變化，由成本與市場導向轉變為內需市場導向。

　　其次，隨著在陸臺商子公司營運更趨於當地市場化後，其決策自主性將獲得進一步提升，被賦予的營運功能將趨於多元化，尤其更趨於服務化發展。在中國現階段發展過程中，在陸臺商子公司為深化開發內需市場能量，投資型態由製造生產中心轉型，可能擴張涵蓋市場行銷與研發設計等多元化營運功能發展。同時臺商大陸子公司也發現明顯往「去製造化」方向發展。

　　臺商在陸投資的角色定位，已朝多元化發展，市場行銷活動由臺灣母公司擴及或移轉當地子公司，但子公司仍保有製造生產為其主要營運重心。近年中國大陸儘管提出多項惠臺、融臺措施，企圖穩定在陸臺商投資信心，然在其國際環境壓力及兩岸冷對抗氛圍下，成效不如預期。而在貿易戰與科技戰的衝擊下，縱然部分輸美臺商遷移產線以規避美方制裁，然而多數在陸臺商仍以追求轉型（包括技術、市場等各層面）以因應變局。研究顯示近年臺商赴中國投資考量已不限為生產成本因素，對當地市場開發、隨中下游廠商移轉與配合國內外客戶發展策略要求，都是不可忽視的因素。臺商當地子公司的營運活動在採購、銷售、行銷等各層面，與中國大陸鏈結程度加深，而出現多元的當地化發展。在這種多元當地化發展下，臺商當地子公司也被賦予更高自主權，預期將為兩岸產業分工帶來深刻轉變。

參考文獻

Ernst, D. 2002. "Global production networks and the changing geography of innovation systems." *Implications for developing countries. Economics of Innovation and New Technology*, 11(6): 497-523.

Johnson, J. H., Arya, B., & Mirchandani, D. A. 2013. "Global integration strategies of small and medium multinationals: Evidence from Taiwan." *Journal of World Business*, 48(1): 47-57.

Mckinsey. 2020. "Coronavirus and technology supply chains: How to restart and rebuild." https://www.mckinsey.com/business-functions/operations/our-insights/coronavirus-and-technology-supply-chains-how-to-restart-and-rebuild (Accessed on May 1, 2020).

美中貿易戰對臺商投資大陸影響

黃健群

（中華民國全國工業總會大陸事務組組長）

摘要

多年來，不斷指控美中長期存在「不公平的貿易」的川普，不但認為過去美國對中共「交往促變」的政策失敗，還讓中共予取予求，造成美國經濟衰退。特別是中國大陸加入 WTO 之後，美國對中國大陸的貿易赤字逐年上升，占美國對外貿易逆差額將近五成。因此，川普當選總統後，於 2018 年正式啟動對中國大陸的關稅戰。即使 2021 年美國再次政黨輪替，但由於新冠疫情責任問題，美中之間仍有許多歧見，矛盾短期內很難化解。

過去三十年，臺灣企業以中國大陸作為主要生產基地，將零組件進行加工製造後出口全球市場。然而，隨著美中貿易戰升溫、突如其來的新冠疫情，臺商除要面對投資經營成本的上升，還必須思考生產基地重新布局的可能。面對漫天的黑天鵝與遍地的灰犀牛，無論是「開發大陸內需市場」、「轉移產能」或「轉移市場」，不同類型的大陸臺商，將基於產業屬性、企業規模等因素，呈現不同的策略選擇。

關鍵詞：美中貿易戰、大陸臺商、產業轉型升級、臺商回臺

壹、前言

多年以來，隨著臺商海外布局深化，重點產業多到海外設生產據點，海外生產比逐年攀升；而中國大陸仍是臺商最主要的投資地點。然而，2018 年迄今的美中貿易戰，以及 2020 年初突然爆發蔓延全球的新冠肺炎（Covid-19）疫情，都讓臺商面臨前所未有的變局。

為了解大陸臺商受美中貿易影響，工業總會於 2019 年 4-8 月，透過問卷調查、訪談等方法，針對在中國大陸有投資的臺商進行抽樣調查。本文基於該調查報告撰寫。本文先就臺商投資中國大陸歷程，以及美國向中國大陸課徵關稅過程進行梳理；其次，依據問卷結果及訪談資料，闡述美中貿易戰對大陸臺商的影響；再者，討論大陸臺商如何因應美中貿易戰。結論部分，除了簡析新冠肺炎對大陸臺商影響，並分析未來大陸臺商的發展趨勢。

貳、臺商投資大陸與美中貿易戰

一、歷程與轉變

自 20 世紀 80 年代開始，經濟全球化浪潮迅猛發展，產品、資本、技術，以及人力快速流動，自由化和國際化已經成為全球貿易的常態。在這樣的浪潮下，企業為了尋求發展，跨國、跨地域的全球布局，已經成為經濟全球化時代的常態。擁有廣大腹地、廉價勞動力、豐富資源，以及潛在市場的中國大陸，自 1979 年改革開放以來，即成為全球企業、資金競相湧入的地區；1987 年臺灣解除外匯管制以來，臺商開始對外大量投資；由於中國大陸先天就擁有優厚投資環境，再加上政策上給予外來企業各種的

優惠待遇，因此，自上個世紀 80 年代末期開始，中國大陸逐漸成為臺灣企業投資的重心。

　　臺商投資大陸可分為兩個階段，第一個階段是 1987 年臺灣開放大陸探親到 2008 年，第二個階段為 2008 年 5 月迄今。臺商在第一個階段的主要特徵，是跨越 1993 年前的「適應期」、1993 年到 2000 年的「成長期」，以及 2000 年到 2008 年的「拓展期」，並呈現由中小企業、大企業到資本技術密集產業的投資趨勢（劉震濤，2010）。然而，若從投資的區域分布，臺商投資中國大陸，可分為試探階段（1981-1987）、擴張性階段（1987-1993）、調整階段（1994-2001）及 2001 年之後等幾個階段，這四個階段的變化，同時反映了臺商由珠三角轉移到長三角的投資趨勢演變；與此同時，海西經濟區、西三角及泛北部灣三個新的經濟區域逐漸成為臺商大陸投資的新區位。然而，即便臺商投資已跨足大陸許多省市，但從投資總額來看，華東和華南地區仍是臺商投資的重心（經濟部投審會，2021）。若從產業型態來看，臺商在大陸的投資，主要分兩個階段發展：勞動力密集型加工工業向資本技術密集型轉變、中小企業主導向大企業主導轉變。這樣的轉變，一方面可說是經濟全球化下產業發展的必然趨勢，另一方面，中共產業政策的轉向，則對臺商在大陸的經營方式產生了很大的改變。

　　珠江三角洲是臺商第一波登陸的主要區域，長江三角洲則是臺商第二波登陸的主要據點。隨著中國大陸開放，內需市場逐漸擴大，以上海為龍頭的長三角地區，因擁有龐大的消費力和市場能量，受到更多關注。短短數年內，長江三角洲迅速成為繼珠江三角洲後又一個臺商投資高度密集之地。

　　然而，雖然中國大陸多年來保持高速的經濟成長，但也面臨包括消費與投資失衡、全球貿易保護主義、人民幣升值壓力、勞動力不足、房地產價格泡沫化、產能過剩重複建設等問題。因應這些困境，中共在 2003 年

「十六屆三中全會」提出「科學發展觀」取代「唯經濟成長」的傳統發展觀後，強調經濟發展必須「以人為本」、「全面協調可持續」，必須重視勞工權益及環境保護。因此，自 2008 年起，中共陸續頒布勞工、稅務、環保等相關經貿新措施，以期能夠讓中國大陸經濟從「量」的成長，轉變為「質」的進步，藉此調整中國大陸在全球產業發展過程中的定位（黃健群，2012）。而諸多政策的改變，使得大陸臺商生產要素成本不斷上升，也面臨更多的挑戰。

二、美國對大陸發起貿易戰的歷程

2016 年 6 月，美國總統競選期間，川普（Donald Trump）多次表示美國長期與中國大陸處於不公平貿易關係。川普不但批評中國大陸加入 WTO 是「史上最大規模的就業機會盜竊行徑」，還強調他當選總統後，要根據《美國貿易法》對中國大陸出口美國的商品課徵關稅（Tessa Berenson, 2016）。

歸納來看，到 2020 年 1 月美中兩國簽署第一階段《美中經濟與貿易協議》前，美國對中國大陸共歷經四次課徵關稅（請見表 1）：

（一）2017-2018 年：美中貿易戰的序曲

2017 年 1 月，川普當選美國第 45 任總統。同年 8 月，川普即隨即指示貿易代表萊特海澤（Robert Lighthizer）依《1974 年貿易法》的 301 條款啟動調查。2018 年 3 月 23 日，川普宣布基於「301 調查」結果簽署備忘錄，並指示美國貿易代表署（United States Trade Representative, USTR）對中國大陸不公平貿易行為採取包括訴諸 WTO 爭端解決、對價值約 500 億美元進口商品課徵關稅，並指示財政部限制來自中國的投資。面對美國提出的

表 1：美國對中國大陸加徵關稅清單

關稅清單	實施日期	商品價值／稅額	商品項目
第一波	2018 年 7 月 6 日	340 億美元／ 25%	航空、資訊和通訊技術、機器人、工業機械、材料及汽車等共 1,102 種產品。
第二波	2018 年 8 月 23 日	160 億美元／ 25%	
第三波	2018 年 9 月 24 日 2019 年 5 月 10 日	2,000 億美元／ 10% → 25%	電信通訊、電路板、處理器、金屬家具、電腦零組件、木製家具、整流器、塑膠地板、木腳椅、汽車零組件等 5,700 多種商品。
第四波	2019 年 9 月 1 日（第一波生效日）12 月 15 日（第二波生效日）	3,000 億美元 10% → 15%	智慧型手表、藍芽耳機、平板、電視和鞋類、手機和筆電等產品。
美中第一階段協議	2020 年 1 月 15 日	前三波 2500 億美金關稅不變，維持在 25%。第四波關稅只針對 9 月 1 日 4A 清單（List 4A）約 1100 億美元商品課徵關稅，並由原來的 15% 降至 7.5%。	鞋類、紡織品、食品、洗碗機、平板電視、智慧手錶、健身追蹤器、桌上型電腦、數位相機、Apple Watch、AirPods 等 3,243 項產品。

資料來源：整理自 USTR 301 專區。https://ustr.gov/issue-areas/enforcement/section-301-investigations/tariff-actions。

「301 調查報告」，中方不但予以駁斥，且隨之展開了報復。美中貿易戰自此開啟了序幕（經濟部國貿局，2020）。

　　2018 年 4 月 3 日，美國正式發布 500 億美元課徵關稅清單。同年 6 月 15 日，美國政府公布 500 億元關稅清單中約 340 億美元部分品項，並宣布 7 月 6 日起開始徵收 25% 關稅；8 月 8 日，美國貿易代表署公布第二波價

值約 160 億美元關稅清單，並於 8 月 23 日生效。相關的產品包括航空、資訊和通訊技術、機器人、工業機械、材料及汽車等共 1102 種（USTR, 2020）。

（二）2018-2019 年：持續加徵的關稅

2018 年 9 月 17 日，美國正式展開第三波關稅戰，宣布自 9 月 24 日開始，對價值 2,000 億美元中國大陸進口貨品加徵 10% 關稅，且稅率將於 2019 年 1 月 1 日起提升至 25%，課徵商品項目包括電信通訊、電路板、處理器、金屬家具、電腦零組件、木製家具、整流器、塑膠地板、木腳椅、汽車零組件等 5,700 多種商品。歷經多次磋商，美中雙方仍未達成協議。因此，2019 年 5 月 5 日，川普在推特（Twitter）宣布，將價值 2,000 億美元中國產品關稅，確定由 10% 調升至 25%，並於 5 月 10 日起生效。

2019 年 6 月日本大阪舉行 G20 峰會，雖然美中雙方同意恢復高層貿易談判，並暫緩繼續加徵額外關稅，不過後續在談判未有進展的情況下，歷經數次波折，美國再宣布，前三波共計價值 2,500 億美元中國商品的關稅將由 25% 提高至 30%。與此同時，在 9 月 1 日、12 月 15 日，分兩階段對其他價值 3,000 億美元的中國大陸進口商品課徵 15% 關稅（Katie Lobosco, 2019）。

至此，中國大陸每年出口美國約 5,500 億美元商品，已全部被課徵額外關稅。爾後美中兩國持續談判，在 2020 年 1 月終於簽訂「第一階段協議」。美國仍維持前三波關稅不變，即中國大陸出口美國 2,500 億美金商品仍課徵 25% 關稅；但 9 月 1 日要課徵的關稅降至 7.5%、12 月 15 日要課徵的關稅無限期擱置。

三、貿易戰對臺商赴大陸投資已有顯著影響

　　承上所述，美國已針對超過一萬項、價值約 3700 億美元的中國大陸出口美國商品課徵關稅。因此，無論產品是否出口美國，在大陸的所有企業都有可能受到衝擊。當然也可能影響臺商投資中國大陸的意願：根據經濟部統計，2018 年美中貿易戰初始之年，臺商投資大陸金額為 84.9 億美金；2019 年臺商投資大陸金額為 41.7 億美金，衰退 49.1%（經濟部投審會，2020）。與此同時，自 2019 年到 2021 年 11 月中，共有 236 家臺商通過回臺審核，投資金額為 9,107 億臺幣（投資臺灣事務所，2021）。雖然和過去每年數百家臺商、近百億美金對大陸的投資相較，仍有相當差距，但顯見貿易戰對臺商投資大陸的趨勢，已有顯著的影響。

參、美中貿易戰影響大陸臺商分析

一、研究背景與方法

　　本研究問卷調查對象，主要是以有在大陸投資的製造業臺商負責人，或有決策權的主管為主。產業別方面，主要以美國加徵關稅項目的產業為主，其他產業為輔。經統計有效問卷共 273 份，問卷統計以選取調查題目之選項的受訪者家數，除以該題全部有效樣本家數後，乘以百分之百得之的百分比分析法。[1]

　　受限客觀條件，本研究限制包括：1. 訪談執行不易。因研究議題對受訪者而言，涉及政治敏感性，為避免遭陸方關切，受訪者對於遷移產線等

1　本研究透過工業總會 158 個團體會員及其所屬會員，以及大陸各地臺商協會、廠商同業等組織網絡發放。共發放 1,500 份問卷，回收 304 份，有效問卷共 273 份。此外，共訪談大陸臺商 41 位。本研究雖然僅用簡單的百分比作為分析，但由於部分臺商填答問卷的困難，故輔以深度訪談，因此具有一定參考性。

核心問題往往不願正面回答，影響相關議題的研究；2. 企業不願透露實際
經營情況。問卷或訪談內容，多涉及企業經營策略，受訪者擔憂洩漏營業
秘密，故有拒答或不予詳實答覆的情況；3. 貿易戰情勢變化迅速。大部分
受訪者主要於 2019 年 4-8 月接受問卷或訪談，故調查結果主要反映業者面
對美國的前三波關稅清單及對當時國際情勢。

　　儘管如此，但本研究仍具有幾個特色：1. 問卷具有效性。大陸臺商通
常不太願意配合填答問卷，但本研究多是與臺商負責人直接面對訪談，因
此問卷回收率雖然不到兩成，且部分業別的填答次數並不多，但仍相當程
度能夠反映大陸臺商狀況。2. 訪談具代表性。本研究深度訪談受訪者多為
公司負責人，抑或參與公司決策的高級主管，例如董事長、總經理、副總，
或大陸地區廠長，有助提升本研究的代表性。3. 調查具權威性。填答問卷
及訪談的大陸臺商，大約有三成是擁有許多家企業的集團負責人，或是該
產業的龍頭企業。因此，透過問卷及訪談的調查報告，具一定的權威性。[2]

二、超過五成大陸臺商受到影響

　　根據問卷調查結果，16 % 的大陸臺商認為美中貿易影響影響很大、
40.1% 認為受部分影響、22.7% 表示影響很小，僅有 15.6% 的受訪者認為
不受影響。換言之，有超過五成六的大陸臺商反映受到貿易戰影響（參
見表 2）。進一步由訪談資料顯示，當臺商為內需型產業，或是其產品
具有不可替代性時，面對美中貿易戰影響就很小（22.7%）或不受影響
（15.6%）。

　　與此同時，有五成左右臺商反映，美中貿易戰對其產品出口至美國有

---

2 根據回收樣本，273 份填答問卷 79 家為臺灣上市櫃公司，占比為 28.9%；190 家為非上市櫃公司，占比
　為 69.6%；4 家為大陸上市公司，占比為 1.5%。投資地以華南、華東為主；且生產包括半成品、設備及
　零組件等中間財者超過五成（56.8%），生產終端消費產品的業者則約四成（43.2%）。相關資料詳見〈美
　中貿易衝突對中國大陸臺商之影響及動向調查〉研究報告（2019）。

表2：大陸臺商受貿易戰影響程度

	影響很大	部分影響	影響很小	不受影響	不清楚
貿易戰對公司在大陸經營的影響程度	16%	40.1%	22.7%	15.6%	5.6%
大陸出口至美國之產品，受貿易戰加徵關稅影響程度	18.9%	31.9%	17.8%	21.9%	9.6%

資料來源：本研究整理。

影響（50.8%）：其中影響很大的占18.9%，部分影響的占31.9%。由於有些臺商產品具有不可替代性，進口商會代為吸收關稅，因此美中貿易衝突對這些廠商的影響很小（17.8%）或不受影響（21.9%）。

　　進一步分析，填答有影響的臺商，幾乎涵蓋所有業別。但影響程度較大的業別包括車輛及零組件（76.9%）、光學器材（72.7%）、紡織業（66.7%）及電子資通訊業（66.1%），這些產業的產品受關稅加徵影響者都超過六成（參見表3）。

表3：貿易戰影響大陸臺商產業別

受貿易戰影響較大產業別	回答「影響很大」及「部分影響」占比（%）	出口至美國產品，受加徵關稅影響程度	回答「影響很大」及「部分影響」占比（%）
車輛及零組件	84.6	車輛及零組件	76.9
光學器材	72.2	光學器材	72.2
機械	66.7	紡織	66.7
電子資通訊	59.6	電子資通訊	61.1
紡織	53.3	塑橡膠製品	57.9
塑橡膠製品	52.6	機械	51.5
其他	47.1	其他	32.0
食品生技	40.0	食品生技	25.0
化學品	25.0	化學品	6.3

資料來源：本研究整理。

三、加徵關稅造成大陸臺商訂單／利潤均減少

進一步詢問美中貿易戰對大陸臺商的具體影響，有 48.8% 的臺商表示「訂單減少」、35.7% 表示「利潤略為減少」、10.7% 表示「利潤大幅減少」，僅有 5.3% 表示「關鍵技術難以取得」（參見表 4）。而本題選填「其他」選項者（20.9%），經綜整其意見大致為：「受經濟衰退影響」、「內需型產業影響較小」、「終端客戶減少訂單計畫」、「內銷競爭加劇」及「原物料成本上升」等。

分析結果顯示，近半大陸臺商認為貿易戰導致「訂單減少」。事實上，在訪談時，許多臺商皆表示在美中貿易衝突爆發後，美國客戶會主動選擇大陸以外的供應商，造成接單減少。此外，利潤減少的原因，包括美國進口商要求分攤加徵關稅的成本、供應鏈遷移導致運輸成本增加等因素。

表 4：貿易戰對大陸臺商經營的影響（複選）

貿易戰對大陸經營影響	有效百分比（%）
訂單減少	48.8
利潤略為（<10%）減少	35.7
利潤大幅（≧ 10%）減少	10.7
關鍵技術難以取得	5.3
其他	20.9

資料來源：本研究整理。

進一步分析，受美中貿易戰影響，訂單減少的產業別，依次分別是紡織、機械，以及車輛及零組件；許多紡織業客戶將訂單轉到臺灣或越南，以致大陸臺商紡織業者普遍感受到訂單減少。機械業主要是因為美中貿易情勢不明，客戶觀望氣氛仍濃，資本財投資仍相對低迷，以致市場需求疲弱；車輛及零組件除了轉單效應之外，中國大陸車市衰退也是造成該產業

訂單減少的原因之一。至於利潤減少超過 10% 的業別，主要是食品生技、車輛及零組件。

四、美中貿易戰難以預測，短期內不會結束

在臺商對美中貿易戰未來發展看法方面：近四成臺商認為貿易戰的未來「難以預測」（35.9%）；超過三成認為「短期（2-3 年）不易結束」（32.8%）。不到兩成臺商認為貿易戰「將會長期持續發生（5 年以上）」（16%），僅有不到一成五的臺商認為貿易戰會在「近期（1 年）內就會結束」（14.5%）（參見表 5）。調查結果顯示，絕大多數臺商評估貿易戰難以預測，且無法在短期內結束。

表 5：對美中貿易戰發展的預測

貿易戰未來發展評估	有效百分比（%）
難以預測	35.9
短期（2-3 年）不易結束	32.8
將會長期持續發生（5 年以上）	16.0
近期（1 年）內就會結束	14.5
其他	0.8

資料來源：本研究整理。

五、大陸臺商未來兩年採取觀望，但仍持續在大陸經營

承上所述，多數大陸臺商認為：美中貿易衝突難以預測、短期內不會結束。因此，前景未明的情況下，也影響到大陸臺商未來在大陸的投資意願。

經統計，臺商未來在大陸營運規劃，不論是在投資規模、產能，或是雇用員工方面，表示未來兩年不會增加的業者（即填答「不變」或「減少」

者），占比均超過八成五，顯示在大環境不明朗的情況下，廠商於大陸的投資與營運規劃較為保守（請見表6）。如前所述，在美中貿易戰情勢未明的情況下，臺商不僅赴陸意願降低，對中國大陸的投資規劃也趨於觀望。不過，在問到未來是否「結束大陸投資事業」時，僅有3.8%的臺商考慮在未來兩年結束營業，顯見絕大部分業者仍會繼續在中國大陸經營。

表6：臺商未來兩年投資規劃　　　　單位：%

	增加	不變	減少
投資規模	13.5	60.5	25.9
產能	13.8	59.8	26.7
雇用員工	10.9	57.5	31.6

資料來源：本研究整理。

六、貿易戰對資通訊臺商影響

目前臺商投資大陸主要以資通訊產業為主，投資金額占臺商投資大陸比重三成左右，而這也是美中貿易戰聚焦的產業。因此，進一步檢視貿易戰對資通訊臺商影響得知：對於資通訊臺商業者而言，認為貿易戰對其在大陸經營影響較大（選填「影響很大」及「部分影響」者）將近六成（59.6%）；而貿易戰對資通訊業者在大陸經營影響，主要為「訂單減少」（46.4%）及「利潤略為減少」（42.9%）。

進一步訪談得知，規模較小（海外無生產基地），且產品型態以零組件為主的廠商，表示受貿易戰影響較大。有臺商甚至指出，如關稅提高到25%，恐出現倒閉潮。而組裝廠多半因規模較大，且於海外有其他生產基地，故在應變上相對較具彈性，可將貿易戰所造成的損失降至最低。誠如某資通訊零組件臺商表示：

「……（美中貿易戰）影響很大，出口關稅課25%幾乎讓外銷美國產品無法生產（已經不符合成本）；而且短時間要重置生產線很難，難以因應。……（目前）投資規模縮小，產線減少或關閉，美國本就占出口比重很大（尤其消費電子），一下很難有其他市場替代；……大陸內銷市場競爭激烈，且規範很多不易拓展，所有出口美國消費電子受到很大衝擊。」[3]

此外，第三波清單有關資通訊產品部分，一些ODM代工設計大廠表示，從事伺服器組裝的同業已在2018年第4季加徵10%關稅時就進行產能調整，將受影響的產品產線遷至臺灣、東協及南美等地區；而生產網路通訊產品的業者，亦已將輸美產品產線轉移至臺灣及東南亞地區。因此，受到2019年5月關稅由10%提升至25%的衝擊明顯較低。如同訪談時某資通訊大廠臺商負責人反映：

「如果關稅是10%的時候，我們付一部分，我們的客人會吸收一部分，我們的供運營商吸收一部分，大陸地方政府吸收一部分，所以其實還是可以負擔的。但是25%的關稅是所有人都沒有辦法去接受承受的價格，如果用25%，以Apple產品為例，大概會增加18%的市場售價。如果產品售價增加，消費者的需求勢必就會降低。……就關稅的直接衝擊而言，2,500億裡面對臺灣電子業有兩個大項，一個就是電腦的伺服器，另外一個是通訊無線通訊產品的部分。這兩個應該是在2500億課徵前大家已經開始做調整了。……一旦遭遇25%的關稅，根本無法從中國大陸出貨。」[4]

3　本研究訪談。訪談人稱謂：副總；訪談地點：南京該企業辦公室，2019年5月16日。
4　本研究訪談。訪談人稱謂：董事長；訪談地點：臺北工業總會辦公室，2019年6月12日。

然而，如果美國按原來預定，於 2019 年 12 月課徵以消費性電子產品為主的「4B 清單」關稅，將對資通訊業臺商帶來莫大衝擊。但由於中美雙方達成協議，關稅暫緩實施，因此從事蘋果手機、筆電等臺商，仍暫時可維持在中國大陸的生產。

總的來說，為規避關稅，大陸的組裝代工廠，逐漸分散部分產能轉移到中國大陸以外地區。供應鏈拉長後，衍生出如物流、庫存等成本，以及額外的通關耗時等，均造成生產成本的增加。對這些組裝代工廠而言，因整條供應鏈的遷移需要花上一段時間，故在海外第三地之供應鏈尚未完備前，部分零組件仍須從中國大陸進口，亦導致生產成本上升。而對提供零組件的資通訊大陸臺商來說，由於下游組裝代工廠轉移到海外地區，因此若要繼續成為供應鏈的一部分，但又沒有能力在中國大陸以外地區設廠，只能透過物流提供產品，同樣的也造成生產成本的上升。

肆、大陸臺商因應美中貿易戰策略

由前述資料可知，無論其產品是否銷往美國，美中貿易戰對大陸臺商造成的影響是全面的。面對這樣的衝擊，大陸臺商採取怎樣的策略因應？

一、臺商因應貿易戰策略：轉移市場、轉移產能、採取觀望

調查結果顯示，面對美中貿易戰對大陸臺商營運所造成的衝擊，臺商未來採取的策略主要為「開發大陸內需市場」（44.5%）及「暫採觀望」（43.3%）。其次為「開發其他出口市場」（33.8%）及「增加其他地區產能比重」（31.9%），至於「考慮從大陸撤出」則不到兩成（16.7%）（參見表 7）。

表 7：臺商因應貿易戰策略（複選）

未來投資布局策略	有效百分比（％）
轉開發大陸內需市場	44.5
暫採觀望	43.3
轉開發其他出口市場	33.8
增加其他地區產能比重	31.9
考慮從大陸撤出	16.7

資料來源：本研究整理。

進一步分析如下：

（一）轉開發大陸內需市場

不少臺商指出，赴其他不熟悉的地區投資設廠，風險難以評估，而開拓新的海外銷售市場亦不容易。此外，貿易戰打打停停，臺商擔心花費鉅資遷出產能後，關稅制裁卻取消，甚至落戶的國家未來成為美國新的制裁對象。諸多因素，驅使部分業者決定以提高大陸營收占比來降低貿易戰的風險。不過，有不少業者指出，因許多原以出口為主的中國大陸本地業者，在遭遇貿易戰後亦紛紛改經營大陸內需市場，以致市場供給增加、市場競爭更為激烈。但調查顯示，對不同產業別的臺商來說，「轉開發大陸內需市場」仍是因應貿易戰的重要策略。

（二）轉開發其他出口市場

至於選擇「轉開發其他出口市場」的臺商，主要希望開發的市場以東協地區為主（57.3%），其次為歐洲（29.2%）及其他地區（25.8%）。

分析其中原因，主要是因為貿易戰導致全球產業供應鏈變動，其中東南亞為全球產業鏈的主要轉移地，故對於生產中間財的大陸臺商而言，在代工（組裝）廠等終端產品客戶移向東南亞後，必須將其產品出口至東協

國家。除此之外，由於東協市場具有人口、土地等紅利，再加上是崛起的新興市場，因此許多業者看好東協地區的發展前景，故以東南亞國家為未來的重點拓銷市場。

（三）增加其他地區產能比重

「增加其他地區產能比重」即是所謂的「產能轉移」。經統計，選擇「增加其他地區產能比重」策略的廠商中，選擇增加產能比重的地區以臺灣最多（53.6%），其次為東協（34.9%）。而從產業別來觀察，從事電子資通訊的業者傾向擴充臺灣的產能；而紡織業、塑橡膠加工等屬勞動密集型產業的業者，則較青睞將產能移至東協地區。

（四）考慮完全撤出大陸

經統計，考慮完全撤出大陸僅占 16.7%。其中，考慮撤到東協地區的超過八成（84.1%）；其次撤回臺灣的占四成（43.2%）；有一成多考慮撤至美國（11.4%）。總體來看，大陸臺商考慮完全撤出的比例不到兩成。根據訪談，主要有以下幾個因素：

表 8：臺商離開大陸策略選擇（複選）

單位：%

	增加其他地區產能比重	轉開發其他出口市場	考慮完全撤出大陸轉往地區
1	臺灣（54.8）	東協（57.3）	東協（84.1）
2	東協（35.7）	歐洲（29.2）	臺灣（43.2）
3	其他[7]（15.5）	其他（25.8）	美國（11.4）

資料來源：本研究整理。[5]

---

5 包括中東及非洲等區域。

　　1. 單廠遷移不易：規模較小的臺商受制於資源限制，沒有能力逕自赴海外建立新據點。更重要的是，過去三十年，製造業臺商在中國大陸建構相當完整的產業鏈。因此，臺商若要轉出，必須考慮產業群聚，隨整個供應鏈一起撤出；單一廠商如離開大陸將立即面臨原物料及零組件斷鏈的風險。

　　2. 大陸地方政府勸留：雖然大陸目前全力扶植國內產業，但在「穩就業」、「穩投資」政策下，不會輕易讓臺商撤資離開。目前大陸以「減稅降費」[6]方式降低企業負擔，且還針對臺商提出「對臺 31 項」等措施，增加臺商續留誘因。有臺商反映，甚至有大陸地方官員會透過訪廠等方式，關切臺商的經營情況，以避免臺商遷廠撤資。

　　3. 臺商選擇就地轉型：部分大陸臺商將產線結束後，會將廠房或土地出租，或是配合地方政府的規劃進行地目變更後，進行土地開發。意即雖然工廠關閉，但臺商業者不會全部撤出大陸，而是以轉業（轉地產業、轉服務業或轉電商）方式繼續營運。

　　4. 大陸市場仍具潛力：許多臺商表示，中國大陸仍是全球主要市場，且臺商產品仍具一定競爭力。考量到大陸市場仍深具經營潛力，為繼續保持與大陸市場連結及與當地政府的關係，除非實在無力繼續經營，否則不會考慮從中國大陸撤出。

　　5. 中小企業資源不足：因應大陸投資環境變化，企業大小有不同的因應方式。資源足夠的大廠可以轉單方式因應；資源有限的中小企業臺商如要關廠，需進行員工工資結清及社保等繁複清算程序，資金匯回亦須經過嚴格審查，甚至恐須補繳過去的稅賦優惠後才能放行。不但曠日廢時，還

---

6 2019 年初，大陸政府工作報告提出，要將增值稅由 16% 降至 13%、社保費率調降等減稅降費措施，臺商反映具有實質助益。

需要大量資金，因此多「以拖待變」採取觀望。[7]

　　進一步分析，考慮將產線遷出中國大陸臺商的產業類別：希望遷至東協地區的臺商中，有高達四成屬於紡織業。事實上，因大陸勞動成本在過去數年來快速上升，臺商紡織業早在貿易戰前便移往勞動成本較低的東南亞地區（主要為越南、印尼、孟加拉、柬埔寨等國）布局，相較於其他產業而言，在東協地區的上、中、下游產業鏈較為完整。因此，在貿易戰的催化之下，造成更多廠商選擇將大陸的生產基地關閉，並將產能遷至海外。至於回答考慮遷回臺灣的臺商，比例最高的是電子資通訊產業；進一步了解，規模較大的電子資通訊臺商，可以透過轉移產能因應貿易戰，中小企業大陸資通訊臺商，也希望隨著組裝廠的產能轉移，將產線轉回產業鏈較為完整的臺灣。然而，由於這些臺商規模並不大，且受限上述諸多無法遷出原因，因此仍多保持觀望。

二、勞動成本提高是大陸臺商考慮遷出主因

　　除了美中貿易戰，那些是臺商考慮完全撤出大陸的因素？結果顯示，超過六成臺商認為「勞動成本提高」（66.4%），其次為「土地與租稅成本增加」（32.8%）、「當地業者惡性競爭」（32%），以及「環保要求提升」（30.3%）。分析如下（參見表9）：

表 9：臺商考慮遷出大陸原因（複選）

因素	有效百分比（%）
勞動成本提高	66.4
土地與租稅成本增加	32.8
當地業者惡性競爭	32.0

---

7 訪談了解大陸臺商中小企業關廠需 4,000-5,000 萬人民幣。

因素	有效百分比（％）
環保要求提升	30.3
大陸市場需求降溫	17.8
經貿政策不透明（變動太快）	17.4
融資困難	17.0
其他	10.8
有利取得歐美技術轉移	7.9

資料來源：本研究整理。

（一）勞動成本提高：訪談得知，許多臺商反映，近年來中國大陸勞動成本快速提升，尤其加上「五險一金」等業者所需負擔的各類社保費用後，用人成本已逼近臺灣聘用新人水準，大幅壓縮企業的利潤空間。

（二）土地與租稅成本增加：受訪臺商多表示，因大陸土地價格持續墊高，如經營利潤低於土地開發收益，臺商只能考慮遷廠，並將土地用於商業開發，獲取更高的報酬。又如臺商業者對當地稅收、就業等指標貢獻不高，地方政府亦可能要求臺商遷廠，將土地回收後另作他用。

（三）當地業者惡性競爭：近年來由於「紅色供應鏈」的崛起，許多陸企逐漸取代臺商，成為歐美大廠供應鏈的一部分。不過，對於臺商業者而言，當地陸企的「惡性」及「不對等」競爭才是最大的威脅來源。事實上，在大陸當地政府的補貼政策下，許多行業都面臨陸廠的價格競爭。此外，臺商亦指出，不論是勞動法令或環保規章，有時存在陸企不需守法、臺商卻要完全合法的「選擇性執法現象」，致使臺商經營成本遠較當地陸企為高，此種不對等的競爭造成臺商難以與當地陸企競爭。

（四）環保要求提高：大陸高層多次宣示「綠水青山就是金山銀山」。因此，地方政府無不加強環保治理力度。對產品在製程中較易產生汙染的臺商而言，經常面臨地方政府的查核及限汙措施，甚至被迫停工整改。為符合大陸法規要求，臺商須購入昂貴的處理設備，甚至被迫遷廠，對資源

較不豐厚的中小企業臺商而言，形成不小的負擔。不過，臺商亦指出，嚴苛的環保政策對於相對守法、願意投資在環保設備的臺廠並非全然不利，只要當地政府公正執法，就會自然淘汰許多規模較小、無力改善環保設備的當地業者，反而有利市場的健全。

三、擴大內需政策是臺商續留或增加大陸投資主因

至於「考慮繼續或增加大陸投資原因」，有超過五成大陸臺商反映「大陸擴大內需政策」是主要原因（53.5%）；其次為「對臺 31 條政策」（33.5%）；至於「大陸減稅降賦政策」、「配合地方政府產業政策」及「參與中國製造 2025」均占兩成多。中國大陸龐大內需市場商機，是多數臺商願意或繼續投資中國大陸的主因（參見表 10）。在當前貿易戰形勢下，中國大陸政府已頒布多項擴大內需政策，包括減費降稅、發行基礎建設公債並規劃大型建設、放寬融資限制等，並推出促進消費方案，這些對臺商來說都是利基。

表 10：考慮繼續或增加大陸投資原因（複選）

因素	有效百分比（%）
大陸擴大內需政策	53.5
對臺 31 條政策	33.5
大陸減稅降賦政策	25.7
配合地方政府產業政策	23.0
參與中國製造 2025	20.0
一帶一路商機	16.1
外商投資法利多	11.3
其他	8.7

資料來源：本研究整理。

伍、結論

　　中共認為，美國從貿易戰課徵關稅，到科技戰的技術封鎖，甚或金融戰、貨幣戰等，其本質可說是美國在霸權戰略下「以貿易戰為名的強權競爭」。但此次新冠肺炎疫情的應對過程，讓中共認為，讓國家／政府在市場資源配置過程中起決定性作用、集中力量辦大事的「中國模式」，不但有助於經濟快速發展，而且具有優越性。而以美國為主的西方國家對中共的指控，是一種隱含西方價值優越的論述。對中共來說，美國的終極目的，仍是希望透過美國／西方價值的標舉，遂行帝國主義霸權。但即使如此，中共仍希望建構有利「中國模式」發展的全球化環境；因此，一方面積極推動各種海外援助的「防疫外交」；另一方面，仍極力避免和美國形成對抗格局。因此，美中兩國短期之內不太可能發生全面性的戰爭。

　　貿易戰只是美中對抗的序曲，不但短期很難結束，且將充滿諸多變數。但可以確定的是：貿易戰普遍衝擊在中國大陸的企業。因此，無論其產品是否出口美國，關稅的增加都影響了大陸臺商的訂單及利潤；且由於美中貿易戰高度的不確定性，臺商投資大陸的態度也趨於保守。然而，近年來中國大陸生產要素成本的上升才是臺商想要撤出的主因，美中貿易戰僅是壓倒駱駝的最後一根稻草。值得注意的是，即使受到貿易戰影響，大陸臺商仍多以轉移市場、轉移產能等方式因應。基於資源有限、產業鏈群聚等諸多因素，考慮完全撤出中國大陸的臺商不到兩成。換言之，並非所有臺商都有轉單的資源和能力。

　　結果發現，美中貿易戰對大陸臺商的影響：一、無論其產品最終市場是否在美國，訂單或利潤都受到影響；二、若具有不可替代性，進口商會吸收關稅，因此影響較小；三、未來兩年內不會增加在大陸投資。至於臺商的因應策略：一、會基於企業規模、產業類別，選擇「開發大陸內需市

場」、「轉移產能」或「轉移市場」等不同策略；二、如果勞動成本持續增加，則將有更多大陸臺商選擇撤出；三、如果大陸內需市場有更多機會，則將有更多大陸臺商繼續或增加對大陸投資。而面對新冠肺炎疫情：大陸臺商開始時受停工影響，面臨斷鏈危機；隨著疫情蔓延到歐美，則面臨需求大幅減少的困境。

　　總結來看，中美貿易戰對臺商投資的影響都是既深且遠。對臺商來說，面對過去三十年從未有的變局，該如何因應？又該何去何從？仍充滿許多變數。因此，對臺灣來說，當務之急是思考臺商在臺灣未來經濟發展過程應扮演的角色，以及思考在臺灣資源有限，不可能所有產業的臺商都回臺投資設廠的情況下，未來臺商全球布局的路徑圖。

參考文獻

一、中文文獻

中華民國全國工業總會，2019，〈美中貿易衝突對中國大陸臺商之影響及動向調查〉，大陸委員會 108 年度專案計畫，計畫案號：1080300089，臺北：大陸委員會。

投資臺灣事務所網站，https://investtaiwan.nat.gov.tw/showPagecht1135?lang=cht&search=1135&menuNum=59。

黃健群，2012，〈中共推動產業升級轉型的戰略意涵〉，《展望與探索》，第10 卷第 6 期：45-65。

經濟部投資審議委員會，〈業務統計〉，https://www.moeaic.gov.tw/chinese/。

經濟部國貿局經貿資訊網，〈美中貿易摩擦重點資訊〉，https://www.trade.gov.tw/Pages/List.aspx?nodeID=1846。

劉震濤，2010，〈淺析臺商在大陸發展的過去、現在與未來〉，田弘茂、黃偉峰

主編，《臺商與中國經濟發展》。臺北：財團法人國策研究院文教基金會。

二、英文文獻

Katie Lobosco, 2019. "Trump says he will go ahead with new China tariffs that would hit iPhones and toys," https://www.cnn.com/2019/08/01/economy/new-china-tariffs-threat-trump/index.html. (Accessed on Oct 25, 2020).

Tessa Berenson, 2016."Donald Trump Details Plan to Rewrite Global Trade Rules." https://time.com/4385989/donald-trump-trade-china-speech/. (Accessed on June 28, 2020).

USTR, "China Section 301-Tariff Actions and Exclusion Process," *Office of the United States Trade Representative (USTR)*. https://ustr.gov/issue-areas/enforcement/section-301-investigations/tariff-actions. (Accessed on Oct 28, 2020).

全球化變遷下的臺灣產業南向布局

徐遵慈

（中華經濟研究院臺灣東協研究中心主任）

摘要

　　經濟全球化浪潮自 1990 年代席捲全球後，貿易自由化、區域經濟整合與全球價值鏈（GVCs），是造就亞洲經濟二十餘年來耀眼表現的重要動能。然自 2008 年全球金融風暴發生後，國際間國家主義與貿易保護主義漸起，尤其近年地緣政治經濟衝突升高，美中抗爭更衝擊多邊主義與自由開放貿易精神，皆反映出傳統的經濟全球化浪潮受挫，現正歷經重大挑戰與威脅。

　　我國企業因應全球化與國際化，自 1980 年代赴海外投資，2000 年以後我對中國大陸投資超越對東南亞投資金額。惟後因大陸投資環境產生變化，以及東亞區域整合加速，以及產業供應鏈漸臻完備，自 2009 年以後我國對東協投資重現成長盛況。當前臺灣企業因應美中貿易衝突與新冠疫情的投資對策具有三項特色，包括：中國大陸仍是最重要市場，臺商投資策略將以內需及服務業為主；美中戰略對抗下臺美產業合作關係將邁向新里程；臺灣產業將啟動「新南向政策」2.0 版，同時面對新的契機與挑戰。

關鍵詞：美中貿易戰、新冠病毒、東協經濟共同體、新南向政策

壹、前言

　　經濟全球化浪潮自 1990 年代席捲全球後，加速貿易自由化、區域經濟整合與全球價值（Global Value Chains, GVCs）形成，是造就亞洲經濟二十餘年來耀眼表現的重要動能（Rajan, 2003）。然自 2008 年全球金融風暴發生後，國際間經濟國家主義與貿易保護主義漸起，尤其 2016 年英國舉行公投決定脫離歐盟、2017 年美國總統川普（Donald Trump）總統就任後延伸前任歐巴馬（Barak Obama）政府提出「再工業化」與重振製造業政策後，要求美國企業將工作機會帶回美國，更實施單邊主義與貿易制裁，開啟美中兩大強權在各個領域的對抗與衝突，被視為已開發國家對全球化的逆襲，突顯傳統的全球化浪潮式微，現正歷經重大挑戰與變遷。

　　臺灣與諸多亞洲新興經濟體都是經濟全球化的受惠者，得以發展出口導向經濟結構，臺灣產業在中國大陸與東南亞建立生產或組裝基地，將產品出口至歐美市場，成為全球供應鏈的重要參與者。近年隨著中國生產優勢漸失、美中貿易衝突升溫，及供應鏈重組與在地化等新興趨勢，臺灣產業也積極進行海外投資布局的調整，擴大至東南亞與南亞投資布局。（中經院，2019）2020 年初新型冠狀病毒肺炎（COVID-19，以下簡稱新冠肺炎）疫情自中國武漢爆發，迅速擴大至全球，再一次重創全球化，也促使臺灣企業在「疫情後時代」（post-Pandemic era）必須更加快因應全球化變遷的挑戰。

　　本文將從臺灣產業與企業的角度，探討近年全球化趨勢的轉變及對臺灣產業與企業海外投資布局的影響，首先將分析全球化的新趨勢與新時代對亞洲經濟體的影響，及美中貿易衝突的進展及對臺灣與東南亞國家的影響。其次，將分析臺灣產業對中國大陸及南向投資布局的背景、動機、調整，與美中貿易衝突以後的最新投資趨勢；然後將分析臺灣產業南向的前

景與挑戰，最後將提出結語。

貳、全球化變遷影響與美中貿易衝突投資趨勢

一、全球化變遷及其對亞洲國家的機會與影響

　　近年國際間熱烈探討反全球化、逆全球化、去全球化等運動、現象與最新趨勢。[1] 雖然許多評論的內容與面向不盡相同，但均認為相較於 1990 年代興盛一時的經濟全球化與全球布局、分工的潮流，當前國際社會對全球化的抗拒與疑慮正快速加深，導致許多跨國企業進行投資布局與營運規劃時，亦須針對不同國家對於全球化與貿易自由化的政策環境與接受程度而做調整。

　　知名商業諮詢顧問公司波士頓諮詢集團（Boston Consulting Group, BCG）[2] 旗下智庫韓德遜研究院（Henderson Institute）自 2017 年 9 月起發布一系列關於全球化研究報告，主旨在提供企業界規劃因應策略的參考。報告整理、分析全球化在不同階段的發展與樣貌，及各界對於全球化變遷的討論，最終結論駁斥部分論者認為當前「全球化已死」或「反全球化」的說法，認為當前係傳統的全球化已進入「新全球化」（New Globalization）或「全球化的新紀元」（New Era of Globalization）（BCG, 2017），並建議企業應該掌握當前的新契機，因應新挑戰。[3]

　　BCG 報告指出，全球化的發展在 2008 年全球金融風暴後進入新的階段，而可以國家經濟主義（economic nationalism）、數位科技

1　有關近年反全球化等討論，可參 Bloomberg. 2019. "Globalization Isn't Dying, It's Just Evolving," July 23, 2019, https://www.bloomberg.com/graphics/2019-globalization/ (June 30)。

2　知名研究與顧問公司，Boston Consulting Group，https://www.bcg.com/(June 30)。

3　參 The New Globalization, BCG Henderson Institute, https://www.bcg.com/publications/2017/globalization-winning-in-emerging-markets-how-asia-can-win-new-global-era.aspx (June 1)。

（digital technologies）快速發展與應用、全球經濟成長停滯與去中心化（decentralization）、貿易保護主義高張等幾大現象為其主要特色，實際反映在如 2016 年英國脫歐（Brexit）公投、川普政府就任後之作為等重大事件上。值得注意的是，雖然 BCG 提出的「新全球化」論仍待進一步定義與討論，但報告提出「新全球化」趨勢下的主要現象，以及主張亞洲開發中國家與新興經濟體將可能成為「新全球化」下的主要受惠者，實殊值重視。

依其分析，亞洲國家是發生於 1990 年代的前一波全球化浪潮下最大的受惠者，主要獲益於歐美工業化國家紛紛將製造業外包（offshoring）至亞洲開發中國家，創造可觀的工作機會及協助當地消除貧窮與創造中產階級，而大量外人直接投資（FDI）更帶來產業聚落、人力提升、技術與創新。展望未來的「新全球化」時代，亞洲開發中國家與新興經濟體雖將面對貿易保護主義、經濟國家主義、去中心化等壓力，但因其產業發展與運用數位科技已有一定基礎，應善用與加速數位轉型，因應出口成長將逐漸趨緩，由內需消費取而代之成為中長期成長動能。

對於 2008 年以後逐漸抬頭的經濟國家主義與貿易保護主義，世界貿易組織（WTO）早已指出，越來越多已開發國家與大型開發中國家實施貿易保護措施的趨勢正快速升高，已對全球貿易造成影響。[4] 例如，根據 WTO 統計，美國自 2013 年以後實施反傾銷調查措施的數量明顯增加，在 2017 年川普就任首年實施反傾銷調查措施達 55 件，創美國自 2001 年後最高紀錄，2020 年更達到 89 件，較 2017 年件數增加 62%。[5] 其餘大型經濟體如印度、中國等亦日趨積極。川普政府揚棄多邊主義，以全球最大經濟

4　參 WTO warns on rise of protectionist measures by G20 economies, Financial Time, June 21 2016, https://www.ft.com/content/2dd0ecc4-3768-11e6-a780-b48ed7b6126f。

5　WTO, AD_InitiationsByRepMem.pdf (wto.org).

體之尊實施單邊主義的貿易制裁，更對經濟全球化催生的全球經貿秩序形成沉重打擊。

近年國際貿易與全球 FDI 總額持續衰退，2017 年後更形嚴重。根據聯合國貿易暨發展會議（UNCTAD）頃發布的「2021 年世界投資報告」（World Investment Report, WIR），2020 年全球 FDI 總額因新冠肺炎疫情、貿易保護主義與供應鏈重組等因素，大幅減少 42%，從 2019 年 1.54 兆美元下降至 8,590 億美元，預估 2021 年將持續衰退，至 2022 年才有機會回溫。[6]

如分析全球化的影響，在亞洲國家中，東南亞國家協會成員（ASEAN，以下簡稱東協）過去半世紀以來的經濟發展歷程，與經濟全球化的進程息息相關。東協在 2015 年底宣布建立東協經濟共同體（ASEAN Economic Community, AEC），完成區域內整合目標[7]，更預計將在 2022 年實施《區域全面經濟夥伴協定》（Regional Comprehensive Economic Partnership, RCEP），建立涵蓋 15 國超過 35 億人口的自由貿易區（Free Trade Area）。[8]

在東協成員中，自 1990 年代全球化加速腳步後，東協五國（新加坡、泰國、馬來西亞、印尼、菲律賓）繼中國大陸與亞洲四小龍後，受惠於 FDI 與出口貿易雙雙成長，經濟表現亮眼，也促使越南、柬埔寨、緬甸、寮國陸續加入整合行列。東協國家因區域內貿易障礙消除而受惠，近年貿易成長速度高於其他區域組織。依據 WTO 統計，自 2009 年至 2019 年 10

6　World Investment Report 2021, UNCTAD, June 7, 2021.
　　World Investment Report 2021: INVESTING IN SUSTAINABLE RECOVERY (unctad.org).

7　東南亞國家協會（ASEAN）自 1967 年成立，至 2017 年屆滿 50 周年。東協持續推動經濟整合，在 2015 年底宣布建立東協經濟共同體（ASEAN Economic Community, AEC），東協國家間超過 95% 貨品關稅已完全撤除。

8　東協先後簽署及實施「東協加一」（ASEAN+1）自由貿易協定（FTA），自 2013 年以來開啟《區域全面經濟夥伴協定》（RCEP）的談判，2020 年 11 月 15 日完成簽署，涵蓋東協 10 國與中國、日本、韓國、澳洲、紐西蘭計 15 國，預計在 2022 年生效實施。

年間，東協出口貿易金額自 8,130 億美元增加至 1 兆 4,212 億美元，成長 75%；進口貿易金額自 7,270 億美元增加至 1 兆 3,888 億美元，成長 91%。不過，2020 年則因疫情出現衰退（參表 1）。

表 1：東協與各區域組織進出口貿易成長之比較（2009-2020 年）

選定之經濟組織貿易額（2009-2020）（十億美元）												
出口												
	2009	2010	2011	2012	2013	2014	2015	2016	2017	2018	2019	2020
世界	12563.0	15306.5	18341.6	18517.2	18966.2	19007.2	16555.6	16043.1	17737.6	19468.1	18888.7	17618.9
歐盟（EU）	4261.4	4768.0	5587.2	5342.5	5535.3	5653.0	4929.1	4969.7	5467.1	5993.7	5813.2	5461.7
北美自由貿易協定（NAFTA）	1601.8	1964.3	2283.4	2372.1	2417.9	2493.7	2293.2	2215.0	2376.4	2565.5	2553.7	2239.8
南方共同市場（MERCOSUR）	276.8	349.1	448.6	435.9	425.3	387.0	301.3	285.3	325.0	352.1	319.5	280.1
東部和南部非洲共同市場（COMESA）	107.6	135.7	117.2	152.6	139.1	113.3	86.6	87.3	104.4	118.8	112.4	103.8
東協（ASEAN）	813.8	1049.8	1239.5	1253.7	1270.0	1296.8	1167.1	1145.1	1316.1	1447.8	1421.2	1384.5
南亞自由貿易區（SAFTA）	206.8	277.6	365.3	358.1	381.6	391.5	335.0	332.2	370.4	402.0	400.3	344.4
進口												
	2009	2010	2011	2012	2013	2014	2015	2016	2017	2018	2019	2020
世界	12710.1	15435.9	18432.5	18654.5	18964.0	19055.3	16722.2	16197.9	17975.2	19812.3	19237.6	17828
歐盟（EU）	4201.9	4732.2	5564.6	5178.3	5261.2	5348.8	4609.3	4621.9	5160.3	5746.6	5526.7	5141.3
北美自由貿易協定（NAFTA）	2176.7	2682.1	3090.7	3193.3	3195.8	3299.4	3150.7	3060.6	3284.3	3561.3	3499.5	3214.9
南方共同市場（MERCOSUR）	227.8	306.0	382.4	375.9	397.6	371.7	292.4	232.7	255.4	288.0	259.9	226.4
東部和南部非洲共同市場（COMESA）	134.6	158.0	165.7	198.2	203.5	201.8	185.0	161.6	178.2	196.9	193.1	177.3
東協（ASEAN）	727.0	953.5	1154.3	1223.2	1242.0	1244.3	1097.8	1083.7	1259.9	1429.6	1388.8	1269.4
南亞自由貿易區（SAFTA）	330.0	441.6	579.8	604.8	582.9	589.3	516.6	491.0	602.8	681.4	637.6	507.2

資料來源：World Trade Statistical Review 2020, WTO, 31 July, 2020, WTO | Trade Statistics - World Trade Statistical Review 2020; WTO, 2021. "WTO STATS," https://stats.wto.org. (Accessed on Nov 24, 2021)

相較於東協，同期間，北美自由貿易區（NAFTA）的出口金額則自 1 兆 6,018 億美元增加至 2 兆 5,537 億美元，成長 59%；進口金額自 2 兆 1,767 億美元增加至 3 兆 4,995 億美元，成長 61%。南方共同市場（MERCOSUR）的出口金額則自 2,768 億美元增加至 3,195 億美元，僅成長 15%；進口金額自 2,278 億美元增加至 2,599 億美元，亦僅成長 14 %。

二、美中經貿衝突對亞洲國家的影響與因應

川普就任後提出「美國優先」政策，以公平貿易（fair trade）與互惠原則為名，責令商務部調查所有美國貿易逆差來源及其是否涉及對美不公平貿易情事。自 2018 年 1 月起，川普政府陸續對全球多國進口產品實施全球性防衛措施，或基於「國家安全」理由實施單邊貿易制裁。雖然川普在 2020 年美國總統大選敗選，拜登總統已自 2021 年 1 月 20 日就任，但拜登現已公布之對外貿易政策中，除宣示將重返多邊主義外，多半仍維持川普政府以美國利益優先考慮之貿易保護精神。其中，川普政府對中國實施報復性關稅，拜登政府無意取消，並且延續川普政府實施對中國科技出口管制措施，顯示美中對抗短期內難以降溫，對全球經貿局勢的衝擊仍將持續。[9]

根據國際貨幣基金（IMF）公布的經濟統計，因美中貿易衝突與新冠肺炎疫情的雙重打擊，2020 年全球經濟成長劇跌至 -3.5%，創下 2009 年全球金融海嘯以來嚴重衰退，其中美國經濟下跌至 -3.5，中國經濟雖仍維持正成長，但亦下跌至 2.3%，雙雙創下多年來新低，東協六國與印度也揮別長久以來經濟擴張，僅越南仍維持 2.9% 的正成長外，印尼、馬來西亞、

---

9 美、中兩國自 2018 年 7 月開始互相徵收報復性關稅，開啟超過 20 個月的關稅戰爭，雙方在 2019 年 12 月 15 日宣布達成協議，隨後在 2020 年 1 月 15 日簽署第一階段經貿協議，雙方為表達善意，同時宣布將 2019 年 9 月課徵的 15% 關稅減半為 7.5%，川普政府並宣布暫緩實施第四波徵稅措施（4B 清單）。拜登政府就任後宣布尚不考慮取消對 2,500 億美元中國商品課徵之關稅。

菲律賓、新加坡、泰國與印度均陷入衰退。根據 IHS Markit 於 2021 年 6 月公布的最新經濟預測報告，2021 年預估各國經濟均將迅速反彈，但均難恢復至 2018、2019 年之表現。IHS 認為全球疫情威脅仍高，國際貿易與政策不確定性持續升高，打擊經商與投資信心，減弱全球經濟成長動能。在各項影響因素中，除疫情因素外，多與前述全球化的反挫與保護主義的興起息息相關（參見表 2）。

表 2：全球及主要亞洲經濟體經濟成長率及預測

單位：%

國家	2018 年	2019 年	2020 年	2021 年	2022 年
全球	3.2	2.6	-3.5	6.0	4.6
美國	3.0	2.2	-3.5	7.4	4.8
中國大陸	6.7	6.0	2.3	8.5	5.8
臺灣	2.8	3.0	3.1	5.8	3.0
新加坡	3.5	1.4	-5.4	7.4	3.4
馬來西亞	4.8	4.4	-5.7	-1.4	10.9
印尼	5.2	5.0	-2.0	4.0	5.0
菲律賓	6.3	6.1	-9.4	5.9	7.7
泰國	4.2	2.3	-6.2	2.1	4.3
越南	7.1	7.0	2.9	5.5	6.8
柬埔寨	7.5	7.1	-4.8	3.2	5.6
緬甸	6.4	6.8	3.3	-10.0	1.2
寮國	6.3	5.2	-0.5	4.4	4.5
汶萊	0.1	3.9	0.1	6.8	5.8
印度	6.5	4.1	-7.4	7.7	6.6

資料來源：IHS Markit，2021 年 6 月 15 日預測值。

值得注意的是，東協國家近年因經濟成長強勁而備受外資企業關注，更成為美中對抗下可對美國出口的新興組裝與生產基地。例如，根據統計，越南自 2018 年起吸收外資金額屢創新高；又例如，2019 年柬埔寨政府核

准 FDI 金額高達 94 億美元，創下新高。[10] 過去東協因區域整合成為經濟全球化的受益者，在當前全球化遭逢逆風的國際趨勢下，東協亦因中國角色不變，成為貿易轉單與投資轉向的受惠者。

南亞國家中則以孟加拉、印度 FDI 成長明顯。印度在 2019 會計年度（2019 年 4 月至 2020 年 3 月） FDI 流入金額達 734.55 億美元，較 2018 會計年度億美元 620.01 大幅成長 18%，其中投資於電腦軟硬體的外資金額達 76.73 億美元，車輛產業投資金額約 28.24 億美元。[11] 孟加拉在 2018 年 FDI 流入金額 36.13 億美元，較 2017 年 21.52 億美元大幅成長近 70%，2019 年亦達 28.74 億美元，其中來自中國投資金額約 6.96 億美元，已連續多年蟬連孟加拉最大外資國。[12]

美中貿易衝突尚未落幕，拜登政府將繼續鼓勵美國企業撤離中國，另如日本政府因疫情頒布緊急經濟刺激方案，實施供應鏈再建構計畫，將補助日本企業把生產據點從中國移回日本，日本政府將編列 2,435 億日圓，用於協助日本大企業將生產據點從中國移回日本等供應鏈整編措施，援助日本企業改變供應鏈過度依賴中國的生產體制。這種去中心化的現象，將在全球創造更多輻射式（hubs and spokes approach）的供應鏈與生產聚落，是經濟全球化下講究全球分工的新趨勢。

10 The Council for the Development of Cambodia (CDC), http://www.cambodiainvestment.gov.kh/why-invest-in-cambodia/investment-enviroment/fdi-trend.html.

11 Fact Sheet on Foreign Direct Investment (FDI) from April, 2000 to March, 2020, DIPP, Department of Commerce, India, at: https://dipp.gov.in/sites/default/files/FDI_Factsheet_March20_28May_2020.pdf.

12 Foreign Investment & External Debt (FIED) Management Cell, Statistics Department, Bangladesh Bank, https://www.bb.org.bd/econdata/fdi.pdf.

參、臺灣產業南向布局的調整與趨勢

一、臺灣產業南向布局背景與動機——在中國投資的起落

根據文獻，臺灣企業最早赴海外投資始自 1950 年，而在 1980 年代時因國內工資上漲、新臺幣升值等因素，開始出現較密集的赴東南亞投資行動。1994 年政府正式推動南向政策，挾政治、經濟之目的，由政府帶領公營及國民黨黨營企業擔任先鋒，也帶動民營企業至東南亞投資熱潮。

在 1980、1990 年代期間，我國曾經長期穩坐東協部分國家最大外資國。政府在 1994 年推動「加強對東南亞地區經貿工作綱領」，一般稱為「南向政策」。其後在 1997 及 2002 年又兩度推動臺商赴東南亞投資，被視為由政府發動的三波南向政策。在此同時，我國自 1990 年開放臺商對中國大陸投資，由於中國大陸經濟快速崛起，積極向臺商招手，因此臺商轉往中國大陸投資風潮日盛，2000 年以後數年，我對中國投資金額超越對東協投資金額，惟後因大陸投資環境產生變化，以及東亞區域整合加速、東協區域內產業供應鏈漸臻完備等因素的影響，自 2009 年以後我國對東協投資重現成長盛況（徐遵慈，2014）。

依據經濟部投審會統計，2010 年我國對大陸年投資金額首次超過 100 億美元，但自 2013 年以後均降至 100 億美元以下，且在 2018 年創下近年新低之 85 億美元，2019 年進一步降至 41.7 億美元，至 2020 年微升至 59.1 億美元。而相較臺商對大陸新增投資案件漸減，臺商對大陸以外地區的投資卻明顯增加，以致 2015 年首度出現反轉，迄今臺商每年對大陸投資金額均落後於對其他地區投資金額，且差距日益擴大，顯示過去臺商對外投資聚集在中國大陸的情形已不復存在，現正逐漸分散至中國以外的區域或國家（參見表 3）。

表 3：臺灣對中國大陸及其他地區直接投資統計（2010-2020 年）

單位：億美元

	2010	2011	2012	2013	2014	2015	2016	2017	2018	2019	2020	累計金額
中國大陸	122.3	131	109	86.8	98.3	103.9	91.8	92.5	85	41.7	59.1	1,924.2 (1991-2020)
其他地區	28.2	36.9	80.9	52.3	72.9	107.4	121.2	115.7	143	68.5	118.1	1,575.0 (1952-2020)
總計	150.5	167.9	189.9	139.1	171.2	211.3	213	208.2	228	110.2	177.2	3,499.2

資料來源：經濟部投資審議委員會統計。

截至 2020 年底，中國大陸仍是我國累計投資金額最高的投資目的國，經我國經濟部投審會報備至中國的累計投資金額為 1,924.2 億美元，至中國以外地區的累計投資金額為 1,575.0 億美元，累計投資案件數量分別為 44,400 件與 17,626 件。臺商加快至中國以外地區投資布局，其中自 2011 年起，至東南亞投資出現大幅成長，另至美國等投資亦持續增加。此種一消一長趨勢顯示臺商對於東南亞投資仍然受到中國大陸因素的密切影響，而目前中國大陸與東南亞投資環境正進行新的調整階段，臺商至東南亞投資熱度將持續發燒，然是否將回歸中國大陸投資，以爭取其內需市場，則將視中國大陸未來的政策發展而定。

依據東協國家的官方統計為基礎，自 1959 年至 2020 年止，臺商對東協國家累計投資總金額接近 1,000 億美元，主要以越南、印尼、泰國、馬來西亞與新加坡為主。[13] 如相較於 1990 年臺商在東協六國（泰國、馬來西亞、菲律賓、印尼、新加坡與越南）累計直接投資金額僅約 95.21 億美元，過去三十年間，我在東協八國（泰、馬、菲、印尼、星、越、柬埔寨、緬甸）累計直接投資金額成長近約 10 倍，企業南向投資的成長幅度驚人。

不過，如相較於 1990 年間我國經常在東協國家外資國中名列前茅的

---

13 此處使用東協國家統計係因其金額遠高於我投審會統計金額，較接近我廠商實際投資情形。參見新南向政策專網之說明（trade.gov.tw）。

情形，依據東協秘書處的統計，我國自 2010 年以後多半已跌出東協前十大外資國，且投資表現已遠落後於中、日、韓等與東協簽署 FTA 的對話夥伴（Dialogue Partners）。截至目前，我國歷年累計投資金額雖然仍然排名泰國、馬來西亞、越南、柬埔寨等前五大外資國等，但主要仍以較早期的投資金額為基礎，除越南以外，我國企業近十年在其他東協國家新增加之大型投資案件相當有限。

　　值得注意的是，亞太區域經濟整合腳步加快，凸顯臺灣短期間無法參加主要區域整合機制的困局，更加積極思考至南向國家布局，尤其 2018 年後更多在中國大陸投資臺商為避免美國貿易制裁將危及其對美國市場的出口，思考轉往其他國家投資，東協國家再次在此波廠商產能或供應鏈移轉潮中，出現新一波投資熱潮，其中尤其以對越南投資最為積極。根據越南外國投資局（FIA）統計，2018 年臺灣在越南投資金額約 10.74 億美元，2019 年增加至 18.42 億美元，至 2020 年時增加至 20.58 億美元，較 2019 年成長 12%，排名當年第四大外資來源國。截至 2020 年底，臺灣在越南累計投資金額共計 338.61 億美元，排名越南第四大外資來源國。

二、美中貿易衝突下臺灣企業的選擇——產業界「新南向政策」

　　學者在 2014 年時指出臺灣正經歷「大陸冷，東協熱」的新投資趨勢，產業界已實施「新南向政策」（徐遵慈，2014）。由於中國大陸投資環境愈趨困難，以致臺商轉進東協國家投資。

　　2010 年以後，臺灣企業赴中國大陸投資逐漸降溫，另一方面因東南亞經濟快速成長，2015 年底「東協經濟共同體」（ASEAN Economic Community, AEC）正式成立，以及部分產業聚落如農漁業與食品加工、紡

織成衣、製鞋、消費性電子等產業聚落漸臻完整，吸引大批臺商陸續前往（黃登興，2013）。尤其近年東協深化與周圍國家經濟整合，如越南等國加入《全面進步跨太平洋夥伴協定》（CPTPP）[14] 等，東協自 2013 年起開始談判洽簽《區域全面經濟夥伴協定》（RCEP），也陸續帶動新一波臺商投資熱潮。

根據我經濟部投審會統計，截至 2020 年底止，我企業經呈報投審會在東協六國（新加坡、印尼、馬來西亞、菲律賓、泰國、越南）的累計直接投資金額約 386.1 億美元，累計投資案計 3,070 件。需特別說明者，此處之投資金額限於從臺灣直接前往東協國家之投資案件，並不包括臺商經由第三國前往之間接投資行為；如將臺商以第三國公司名義之投資案件計入，則據估計包括越南、印尼及菲律賓都是近三年臺灣在東協國家投資較為密集的目的國，惟此類投資行為並無具體之官方投資統計可資佐證，此亦為目前政府不易精確掌握臺商在東協投資動向的關鍵因素。[15]

以個別國家觀察，越南長期以來為我國對東南亞投資之主要目的地，2012 年時我國對越南投資金額落後於新加坡、印尼及泰國，自 2013 年以後即重返我國最主要投資國。其餘國家中，我對印尼、泰國、馬來西亞投資平穩成長，對菲律賓與新加坡投資波動明顯，而近年對於東協新興市場柬埔寨與緬甸投資亦迅速增加。

如從長期投資趨勢觀察，越南在 2000 年以後即成為最受臺商青睞的

---

14 《跨太平洋夥伴全面進展協定》（CPTPP）雖遭遇美國退出協定前身《跨太平洋夥伴協定》（TPP）的窘境，11 國成員仍在 2018 年 3 月 8 日於智利簽署協定，在 12 月 30 日生效實施。CPTPP 第 3 條第 1 項規定，本協定應於至少 6 個或半數初始簽署方（取較低者）以書面通知存放機構其已完成各自適用的法律程序之日起 60 日生效，現已有墨西哥、日本、新加坡、紐西蘭、加拿大、澳洲、越南完成批准程序即生效實施。

15 由於我國甚多廠係以臺灣以外之第三國子公司或控股公司名義，前往東南亞投資，因此目前無論我國經濟部投審會投資統計（不包括未核備投資案件），或是東南亞地主國的投資統計（僅統計以臺灣公司或資金進入之投資案件），均無法如實地反映臺商在東南亞投資的全貌。根據東南亞地主國的投資統計，2017、2018 年臺灣在東南亞投資金額總計各約 22.1 億美元與 13.7 億美元，為自 2010 年以來除 2014 年（15.1 億美元）之最低點。如對照近兩年臺商在東南亞投資熱絡的景象，可知上述官方統計實無法正確反映臺商在東南亞投資的實況。

投資目的地，迄今占我對所有東協國家投資比重接近四成。相較於 1990 年代「南向政策」的重點國家馬來西亞、泰國等，近年臺商至東協投資則需考量工資、勞動力供應、市場規模、支援產業體系，以及發展出口貿易優勢等多重因素。在綜合各類投資條件後，越南因勞動力充沛、工資相對便宜，尤其因同時為 CPTPP 與 RCEP 成員，更簽署其他雙邊 FTA 等優勢，成為東協中對臺商最具吸引力的國家。

在越南之後，則以印尼、泰國、馬來西亞等國最受青睞。其中，印尼擁有超過 2.6 億人口，雖然基礎設施與產業支援體系落後，但亦是近年臺商考慮投資的重要目的國。泰國、馬來西亞在美中貿易衝突爆發後，也因臺商移轉大陸生產基地，出現投資增加或併購當地企業案例。[16]

值得注意的是，相較於歐美或日、韓等企業，臺灣企業在東協國家投資的策略與選擇則呈現過度集中在單一國家越南的現象，與過去臺商高度集中在中國大陸投資的情形十分類似。依據東協秘書處統計，2012 年至 2018 年間，東協 10 國中，接受 FDI 金額的主要國家依序為新加坡、印尼、越南、馬來西亞與泰國，占東協的比重各為 52.6%、13.5%、8.9%、7.9% 與 7.4%。[17] 而我國在東協中高達四成金額集中於越南，且美中貿易衝突後迅速擴大。

如根據聯合國工業發展組織（United Nations Industrial Development Organization, UNIDO）對東協主要國家的評估，不論在工業競爭力排名、經商容易度排名、製造業附加價值占 GDP 比重等指標，越南均落後其他東協國家如新加坡、馬來西亞、泰國，更遑論遠落後於中國（參見表 4）。依此，越南雖在美中對抗下躍升為臺灣與其他跨國企業的移轉投資地點，

---

16 資料來源：ASEAN Stats Database。

17 參經濟部統計處專題：東協外人直接投資近況分析，2019 年 11 月 27 日，https://www.moea.gov.tw/MNS/dos/bulletin/Bulletin.aspx?kind=23&html=1&menu_id=10212&bull_id=6607， 或 ASEAN Stats Database。

其國家競爭力確也大幅提升[18]，但越南整體投資環境與產業發展基礎等仍有改善空間。惟如觀察越南前三大出口導向製造業依序為通訊產品、皮件與製鞋及服飾，恰是我企業在越南投資最主要的領域，顯示多數臺商的投資策略是在越南建立出口導向的製造與加工基地，與臺商在印尼、印度等國投資的一部分原因是在看好其內需市場，並不相同。

表 4：亞洲主要開發中國家工業競爭力之比較

	工業競爭力排名	經商容易度	製造業附加價值占 GDP 比重	製造品占商品出口比重	高科技產品占製造品出口比重	前三大製造業就業人數占比	前三大製造業占出口比重
全球			16.2	88.0	60.8		
中國	3	31	31.3	98.7	62.2	1.電機設備與通訊產品；15.0 2.機械與辦公設備；11.3 3.食品飲料與菸草；9.4	1.通訊產品；20.8 2.機械與家電；10.4 3.辦公設備；9.5
馬來西亞	21	12	22.9	90.9	69.1	1.電機設備與通訊產品；18.0 2.食品飲料與菸草；12.7 3.橡膠與塑膠；11.5	1.通訊產品；36.2 2.化學；9.1 3.食品飲料；8.7
泰國	27	21	28.1	95.2	63.5	1 食品飲料與菸草；20.1 2.服飾、皮件與製鞋；11.1 3.電機設備與通訊產品；9.4	1.車輛；13.7 2.食品飲料通訊產品；12.1 3.通訊產品；11.8

18根據瑞士世界經濟論壇（WEF）「2019 年全球競爭力報告」，在 141 個受評比國家，越南受惠於美中貿易戰轉單效應，競爭力大幅提升，成為全球競爭力進步幅度最大的經濟體。同前註。

	工業競爭力排名	經商容易度	製造業附加價值占GDP比重	製造品占商品出口比重	高科技產品占製造品出口比重	前三大製造業就業人數占比	前三大製造業占出口比重
印尼	38	73	21.4	73.4	33.4	1.食品飲料與菸草；25.5 2.服飾、皮件與製鞋；16.2 3.紡織；10.5	1.食品飲料；21.6 2.化學；11.0 3.基本金屬；7.5
越南	43	70	16.2	92.7	48.6	1.服飾、皮件與製鞋；40.8 2.食品飲料與菸草；9.9 3.電子設備與通訊產品；9.4	1.通訊產品；30.7 2.皮件與製鞋；12.2 3.服飾；11.5
柬埔寨	89	144	16.4	90.0	6.9	無資料	服飾；47.9 紡織；19.6 皮件與製鞋；14.1
印度	39	63	17.4	93.2	38.5	1.食品飲料與菸草；16.6 2.紡織；11.6 3.化學；10.0	1.化學；18.9 2.家具；12.7 3.燃料；10.0

說明：

1. 工業競爭力排名（Industrial Competitiveness Performance）：根據 UNIDO 發布 2017 年排名。

2. 經商容易度（Ease of Doing Business）：據 2020 年世界銀行報告。

3. 製造業附加價值占 GDP 比重（Manufactured goods in total merchandise exports（%））：根據 2019 年法國研究機構 Centre d'Etudes Prospectives et d'Informations Internationales（CEPII）公布 BACI 指數，以 HS6 位碼分析全球貿易流量。

4. 高科技產品占製造品出口比重（High tech goods in total manufacturing exports（%））：同上。

5. 前三大製造業就業人數占比（Top industries by employment）：根據 UNIDO 發布 2016 年指標。

6. 前三大製造業占出口比重（Top industries by exports）：同說明 4。

資料來源：Industrial Analytics Platform, UNIDO, https://iap.unido.org/country/CHN

近年臺灣企業投資東協的範圍擴大至新興經濟體柬埔寨與緬甸，對於

南亞的印度與孟加拉亦日趨積極，在美中貿易衝突下，對這些國家投資出現較明顯的投資成長。其中，近年企業響應印度莫迪政府的「在印度製造」（Make in India）政策，主要目標除印度廣大的內需市場外，亦希望藉印度出口至歐洲、中東等市場。目前，國內已有多家大型電子業者至印度設廠，進行智慧型手機組裝，以直接供應當地的內需市場，部分亦出口至歐洲國家。此種鮮明的產業別投資趨勢，未來是否將進一步形成較完整之產業聚落，受到印度政府高度關注，也將牽動我國與印度雙邊經貿合作關係的變化。

肆、臺灣產業因應全球化變遷的思考與挑戰

臺灣企業自 1980 年代開始赴海外投資，為我產業界最早因應經濟全球化的行動，其後隨著東南亞開發中國家與新興經濟體陸續發展出口導向的經濟模式，以及中國大陸逐漸改革開放，經濟力量快速崛起，臺灣企業積極在中國、東南亞與部分南亞國家逐漸建立海外生產網絡。2008 年全球金融風暴發生，國際間貿易保護主義悄悄復甦，臺灣企業則加速在東南亞投資布局。美中貿易衝突爆發後，因應經濟全球化重大變化，臺灣企業一方面採取去中心化策略，遷移或分散在大陸生產基地，另一方面則強化風險管理，尤其在投資策略中納入地緣政治考慮因素，同步也加快智慧製造與數位轉型的腳步，以因應新的國際變局。

臺灣產業界因應全球趨勢的國際化與靈活表現，是在歷次重大國內外環境變遷下生存的企業，能妥善順應國際潮流，維持企業競爭力的重要原因。根據知名機構瑞士洛桑管理學院（IMD）在今年 6 月發布「2020 年 IMD 世界競爭力年報」（2020 World Competitiveness Ranking）中，不僅臺灣整體競爭力進步，尤其在「企業反應快、彈性大」的細項表現上更高

居全球第一，在「企業對商機或威脅反應迅速」的細項表現亦排名全球第二，顯示我企業在因應國際政經衝突與變局的優異表現。[19]

如綜合投資統計、官方文獻及媒體報導，可觀察臺灣企業在因應最新一波去全球化或新全球化的震盪下因應對策，大致可歸納為以下三項特色，以下分別說明。

一、中國大陸仍是最重要市場，臺商投資策略將以內需及服務業為主

臺灣因缺工、工資上漲、新臺幣升值等因素，以致自 1980 年起便陸續將製造業工廠移往海外，自 2000 年中期開始，臺商在大陸、東南亞投資亦逐漸面臨工資上升、缺工、法規不確定、環評或地主國政府對外商保護不足[20]，以及與當地企業（尤其是陸資企業）競爭加劇等問題。此一情形尤以中國大陸更趨嚴重，再加上中國大陸大力扶植本土供應鏈（即臺商所稱「紅色供應鏈」），多有逐漸取代原給予臺商訂單的情形，促使部分大陸臺商思考轉往其他國家投資，遂導致近年臺灣對外投資出現重大轉折。

近年來，大陸臺商陸續傳出因工資持續上漲、政府實施勞動、工安、環保法規，或調整產業或稅賦政策，而萌生遷廠或撤離的意念，2017 年美中貿易戰一觸即發，凸顯大陸做為臺商出口美國市場的最終生產基地的風險驟升，不少出口導向的大陸臺商加速檢視海外整體生產布局的策略。

自 1990 年代後期開始，國際間貿易保護主義方興未艾，川普就任後，

---

19 國發會指出，針對企業效能，我國在「企業反應快、彈性大」細項表現，全球第一；在「企業對商機或威脅反應迅速」項目，排名全球第二。推薦地指出，「企業擅長以大數據分析輔助決策」、「企業領導人有強烈社會責任感」、「企業擅長透過數位工具及科技增進生產力」等細項，我排名全球第五。

20 最明顯實例為臺塑公司在越南河靜省興建大煉鋼廠，在 2016 年爆發毒水排放事件，臺塑賠償 5 億美元，且遲至 2016 年 5 月始獲得越南政府核發鋼廠點火執照。

美中關係緊張，因此跨國企業與臺商仍須檢視其海外布局策略，進行必要調整。不過，事實上由於臺商欲結束大陸營運及撤離，往往涉及複雜且敏感的利潤匯出及稅賦與土地等問題，因此臺商實際撤資行為不易掌握。再者，鑒於大陸內需市場仍然潛力龐大，以及某些產業供應鏈牽動不易，因此多數臺商因應美中貿易衝突的對策係將大陸一部分生產線，或產品遷移至臺灣或其他國家，並非完全結束大陸事業。

另外，近年臺商至大陸投資以服務業為主要市場，例如大陸金融、保險、互聯網、醫療保健、銀髮養生、人工智慧與自動化、智慧城市等，都是大中型臺商投資的重要領域，此類型臺商投資不僅不受美中貿易戰的衝擊，反而更有機會在大陸因應美國要求開放服務業市場，及進行產業結構與體制調整而受惠。因此成為企業轉進的新市場。

二、美中戰略對抗下臺美產業合作關係將邁向新里程

2017 年 1 月川普提出「美國優先」政策後，即有多家大型臺商響應川普政策。[21] 根據我投審會統計，2018 年我國對美國投資金額計 20.4 億美元，創下歷年來最高紀錄，2019 年降至 5.6 億美元，至 2020 時上升至 42 億美元，排名當年我國對外第二大投資目的國，僅次於中國大陸，累計投資金額達 221.6 億美元。

如觀察我國對美國投資金額自 1990 年以後，除 2001（10.9 億美元）、2007（13.5 億美元）、2009（11.1 億美元）年三年投資金額超過 10 億美元外，其餘年份皆遠低於 10 億美元。川普上任後，2017 年我對美投資金額 8.4 億美元，為 2009 年以來最高峰，至 2018 年美中貿易戰開打後全年投資金額突破 20 億美元，至 2020 年再擴大至突破 40 億美元，為臺美經

---

21 目前已有鴻海、臺塑、中鋼、燁鋼、中油公司、臺積電等宣布在美國投資。

貿關係上的重大里程。

在此期間，美國為加強對中國科技出口實施制裁，以掌握關鍵產品如半導體等進口供應鏈的安全，力邀主力供應商赴美投資。2020 年 5 月 15 日，我企業臺積電公司正式宣布計畫在美國亞利桑那州興建且營運先進晶圓廠，將採用 5 奈米製程，預計 2021 年動工，2024 年量產。臺積電指出，2021 年至 2029 年，該廠的資本支出約 120 億美元（約合新臺幣 3,586 億元）。未來在美中持續對抗的情勢下，預期我國企業赴美投資可望持續升溫。

三、臺灣產業將啟動「新南向政策」2.0 版，同時面對新的契機與挑戰

如前所述，臺灣產業南向布局已歷經四波南向政策鼓勵，與投資行動長達 30 年的歷程。在美中對抗及全球供應鏈變動下，東南亞再度成為臺商對外投資布局的最重要目的地。尤其自 2018 年以來，大陸臺商為規避從中國大陸對美出口被課徵 301 關稅的困局，密集走訪東南亞尋訪未來設廠或擴廠的地點，除將加碼投資外，並將投入上中游與相關零配件之生產，以降低對中國大陸進口中間財的倚賴，也必須加速在東南亞當地培養人才及加強研發與生產自動化。

過去以來，東南亞國家一向不是國際貿易保護主義浪潮下的主角，然而美中緊張關係已波及參與中國大陸供應鏈的周邊國家，也衝擊越南、馬來西亞、泰國等東南亞國家的貿易投資政策與國際產業分工結構。貿易移轉效果雖使這些國家出口聲勢看漲，但對美順差快速增加也恐引發對美關係緊張，例如 2019 年川普政府宣稱將對越南制裁等。[22] 國際經貿局勢持續

22 2019 年 5 月 15 日，彭博社分析指出，繼中國之後，越南或將成為美國懲罰性關稅的下一個目標，原因

變化，東南亞開發中國家亦難避免遭受新全球化浪潮的影響，也將成為我企業海外布局的新挑戰。

伍、結語

川普政府揚棄多邊主義，採行單邊措施，點燃美中貿易戰火，對美中兩強及全球經濟帶來重大傷害，貿易政策不確定性對全球貿易、投資及生產造成重創。新冠病毒疫情爆發，造成全球健康與生存危機，各國經濟、商業活動大幅停擺，失業與貧困人口驟增，成為引爆反全球化或去全球化的近因。美中兩大經濟體系可能逐漸脫鉤（de-coupling），各自「去中國化」與「去美國化」，美中戰略對抗更將長期化與常態化，對於我國企業營運與全球化布局造成重大的影響。

目前，臺商因應美中貿易衝突與新冠疫情的最新投資行為仍在進行或規劃中，尚無法觀察全貌。然依目前已知訊息，此波受川普政策或美中貿易戰影響的臺商，其遷移或新增建廠計畫的地點涵蓋東南亞、南亞、美國及臺灣，惟 2017 年以來眾多臺商投資計畫係有其中長期的考慮，美中貿易衝突並非唯一原因。不過，從地點選擇來看，目前廠商仍以東南亞或部分南亞國家為其首選，選擇回臺投資廠商仍為相對少數，部分大型廠商則決定直接赴最終市場美國。

美中衝突可能使得「臺灣接單，大陸出口」模式面臨空前風險，大陸投資臺商未來如何移轉及因應，將影響我企業在海外之投資布局，可能對我產業參與全球產業鏈之運作造成深遠影響。此外，東南亞、印度為我國

除因越南大量對美國出口以賺取外匯外，亦因越南與中國具有極為相似的經濟發展模式，包括國家控制匯率、廉價勞工、在一些敏感領域不開放給外國投資者等。對此，越南政府為因應美國的關切，已與美國協商及提出多項對美國出口原產地管理等措施，亦承諾將穩定越南盾對美元匯率，變動幅度將維持在 2% 以下，以緩解美國的疑慮。

重要貿易投資夥伴，也是政府推動「新南向政策」的重點國家，近年更成為我國製造業轉移至海外生產，以出口全球市場的重鎮。然而美中貿易戰吸引更多投資流向東南亞，亦恐造成投資過度集中問題，風險亦升高，我政府與企業不應等閒視之。

　　展望疫情過後，東南亞國家正陸續提出新的產業與外資政策，希望藉機吸引自中國大陸撤出的外資企業（含臺資企業）。我國企業應檢視海外布局策略，觀察東協各國中長期產業發展方向與比較投資環境之優劣，進行必要的調整。更重要者，國際經貿局勢持續變化，東南亞開發中國家當前或未來，亦難避免遭受新全球化浪潮的洗禮，如何掌握全球化變遷下的新契機，將是我國與這些國家未來必須面對的共同課題。

參考文獻

一、中文文獻

中華經濟研究院臺灣東協研究中心，2019，〈美中貿易衝突情勢下之我商？因應策略及相關建議〉，中華民國工商協進會委託計畫，臺北，中華民國工商協進會。

徐遵慈，2013，〈我國與東協經貿關係之現狀盤點與再出發〉，《WTO 電子報專題》，https://web.wtocenter.org.tw/Page.aspx?pid=5573&nid=13369。

徐遵慈，2014，〈臺灣產業的「新南向政策」〉，《貿易政策論叢》，22，67-111。

高 長、史惠慈，2018，〈大陸加入 WTO 對其經濟之影響〉，《遠景季刊》，第一卷第一期，頁 139-170。

國家發展委員會經濟發展處，2020 年 5 月，「2020 年第 1 季兩岸經貿、中國大陸經濟情勢分析」。

國際貨幣基金組織，2020 年 4 月，「2020 年 4 月《世界經濟展望》」，https://www.imf.org/en/Publications/WEO/Issues/2020/04/14/weo-april-2020。

黃登興，2012，〈東南亞經貿整合之歷程、現況與前瞻〉，《東南亞區域整合－臺灣觀點》（臺北：中華經濟研究院臺灣東協研究中心），頁 45-51。

二、英文文獻

"Economic And Trade Agreement Between The Government of The United States of America And The Government of The People's Republic of China." https://ustr.gov/sites/default/files/files/agreements/phase%20one%20agreement/Economic_And_Trade_Agreement_Between_The_United_States_And_China_Text.pdf.

Bloomberg. 2019. "Globalization Isn't Dying, It's Just Evolving," July 23, 2019, https://www.bloomberg.com/graphics/2019-globalization/ (June 30).

Bureau of Economic Analysis, "Gross Domestic Product, 1st Quarter 2020 (Second Estimate)," https://www.bea.gov/news/2020/gross-domestic-product-1st-quarter-2020-second-estimate-corporate-profits-1st-quarter.

CONGRESS.GOV, "S.945 - Holding Foreign Companies Accountable Act," https://www.congress.gov/bill/116th-congress/senate-bill/945/text.

Liberty Street Economics, 12 May 2020, "How Did China's COVID-19 Shutdown Affect U.S. Supply Chains?" https://libertystreeteconomics.newyorkfed.org/2020/05/how-did-chinas-covid-19-shutdown-affect-us-supply-chains.html.

Rajan, S. Ramkishen. 2003. Economic Globalization and Asia, George Manson University, U.S.A.

The New Globalization, BCG Henderson Institute, Boston Consulting Group, September 2017, https://www.bcg.com/publications/2017/globalization-winning-in-emerging-markets-how-asia-can-win-new-global-era.aspx.

UNCTAD. Nov 2019. "Trade and Trade Diversion Effects of United States Tariffs on China." https://unctad.org/en/PublicationsLibrary/ser-rp-2019d9_en.pdf.

White House, 26 May 2020, "United States Strategic Approach to the People's Republic of China," https://www.whitehouse.gov/articles/united-states-strategic-approach-to-the-peoples-republic-of-china/.

World Bank, June 2020, Global Economic Prospects, https://www.worldbank.org/en/publication/global-economic-prospects#:~:text=Global%20Outlook,-Download%20highlights&text=The%20baseline%20forecast%20envisions%20a,economies%20will%20shrink%20this%20year.

Worldometer, "COVID-19 CORONAVIRUS PANDEMIC," https://www.worldometers.info/coronavirus/?utm_campaign=homeAdvegas1?

WTO, 2021. "WTO STATS," https://stats.wto.org. (Accessed on Nov 24, 2021)

WTO, April 2020, "Trade set to plunge as COVID-19 pandemic upends global economy," https://www.wto.org/english/news_e/pres20_e/pr855_e.htm.

Yoshifumi FUKUNAGA & Ikumo ISONO, 2013. Taking ASEAN+1 FTAs towards the RCEP: A Mapping Study, ERIA Discussion Paper Series, http://www.asean.org/images/2012/documents/Guiding%20Principles%20and%20Objectives%20for%20Negotiating%20the%20Regional%20Comprehensive%20Economic%20Partnership.pdf.

大陸推動「新基建」與臺灣資通訊產業契機

許加政
（資策會資深產業分析師）
張儀穎
（時任資策會產業分析師）

摘要

2018 年中國大陸「中央經濟工作會議」就提出「新基建」的概念，在新冠肺炎疫情對中國大陸造成的經濟衝擊下，中國大陸在 2020 年頻強調要加快新型基礎設施的建設。2020 年政府工作報告就明確指出透過新型基礎設施建設，發展新一代資訊網路，拓展 5G 應用，建設充電樁（站），推廣新能源汽車，激發新消費需求與產業升級。

此次的「新基建」可視為擴大有效投資、促進數位經濟發展的重要手段，5G、人工智慧、工業互聯網等新型基礎設施建設將產生長期性、大規模的投資需求。這波「新基建」發展所需要的半導體、通訊模組、伺服器等，皆為臺灣資通訊業者的技術／製造優勢所在。因此為把握「新基建」所帶動的投資浪潮與效益，臺灣資通訊業者應該持續關注「新基建」的後續發展。

關鍵詞：新基建、5G、數據中心、工業互聯網

壹、更加密集的發布新基建相關規劃

早在 2018 年底的中共中央經濟工作會議上，中國大陸已提出加快 5G 商用步伐，加強人工智慧、工業互聯網、物聯網等新型基礎設施建設，隨後 2019 年政府工作報告則列入「加強新一代資訊基礎設施建設」。而 2020 年由於疫情的影響，使得中國大陸經濟下行的壓力已日益嚴重，為了藉由發展新基建來帶動經濟成長，中國大陸對於新基建，則更加密集的提出相關規劃，其中代表如中央政治局常務委員會會議提到加快 5G 網路、數據中心等新型基礎設施建設進度；工信部於「關於推動工業互聯網加快發展的通知」指出加快工業互聯網等新型基礎設施建設；發改委於新聞發布會明確新型基礎設施的範圍；國務院常務會議指出要加快資訊網路等新型基礎設施建設；2020 年政府工作報告提到加強新型基礎設施建設、發展新一代資訊網路等。而在近期受到各方關注的「十四五規劃」中，中國大陸明確指出將新基建視為關鍵步驟，聯網技術則為新基建的重點要素。

如圖 1 所示，從所發布的新基建相關內容來看，發改委已明確定義此次的新基建更強調科技化、數位化，聚焦於 5G、物聯網、大數據、人工智慧等資通訊技術的布建、投資與應用。而新基建所聚焦的重要領域，則可視為拉動未來經濟發展的主力，根據新基建白皮書的估算，預計將有 10 兆人民幣投入新基建的七大領域（5G 網路、工業互聯網、大數據中心、人工智慧、特高壓、高速軌交、新能源汽車充電樁（站））。

如圖 2 所示，隨著基礎設施的陸續打造，預期將產生長期性、大規模的投資需求，以 5G 網路建設為例，其不僅將在網路建設投入大量的資金，還可望帶動相關設備的研發和生產，以及培育（新型消費如在線教育、智慧家居等），新基建白皮書則估計此次基於科技的新基建，將進一步帶動約 17 兆人民幣以上的相關投資。

圖1：發改委、工信部所聚焦的新基建發展領域

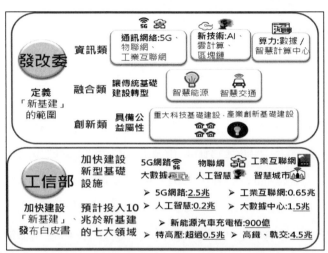

資料來源：發改委、工信部、賽迪研究院，MIC整理，2020年5月

圖2：新基建引入的投資風口

資料來源：賽迪研究院，MIC整理，2020年6月

貳、新基建重點領域的現況與未來潛力

　　從目前已公開的新基建相關內容，其中與資通訊產業主要相關的為5G、大數據中心、人工智慧、工業互聯網，由於臺灣資通訊業者大多在硬體領域具備技術、製造優勢，因此本文進一步觀察新基建下5G、大數據中心、工業互聯網的相關發展。

一、5G

（一）發展現況

5G 稱為第五代移動通信技術，具有高速率、大頻寬、低延遲等技術特性，從中國大陸多次發布促進 5G 發展之相關政策與規劃來看，如「國家資訊化發展戰略綱要」、「政府工作報告」等，明確指出 5G 發展方向（技術、標準、應用等），期望藉由政策支持 5G 全面建設和商用、培育新動能和促進消費升級。而科技部於 2017 年亦公開宣布「新一代寬頻無線移動通信網」將延續並轉為以 5G 為重點，由營運商應用為龍頭帶動整個產業鏈各環節的發展，隨著 5G 的持續發展。2019 年 6 月，工信部則正式發放 5G 商用牌照，可視為中國大陸正式進入了 5G 商用元年。

如表 1 所示，在政府積極推動 5G 發展下，中國大陸三大電信 2020 年共建置 72 萬座 5G 基站，相較於年初預計完成的 5G 基站數，可視為中國大陸加速投入基站布建，以作為將來發展更多商業應用的基礎。此外，根據中國大陸信通院的估算，在同等覆蓋情況下，5G 基站數量將是 4G 的 1.5 倍左右。隨著 5G 基站布建的熱潮延續，工信部表示截至 2021 年 3 月底，中國大陸已建成 81.9 萬個 5G 基站，占全球總數的 70% 以上，而 2021 全年預計將新增 60 萬個 5G 基地臺，至於三大電信的 2021 年的 5G 基站投資金額則預估將拉升至 3,406 億人民幣。

表 1：中國大陸電信三雄 2020 年 5G 基站布建規劃

營運商	2020 年 5G 基站投資總金額	2020 年已完成 5G 基站數量	2020 年初預定完成的 5G 基站數量
中國移動	1,806 億人民幣	39 萬個	25 萬個
中國電信	676 億人民幣	33 萬個	25 萬個
中國聯通	848 億人民幣		
合計	3,330 億人民幣	72 萬個	50 萬個

資料來源：各媒體，MIC 整理，2021 年 7 月。

註：2020 年中國電信與中國聯通共建共享 5G 基站。

（二）市場規模、潛力

在新基建中 5G 主要扮演推動數位經濟發展的角色，5G 的發展將對電信營運、設備製造和資訊服務業帶來快速成長，並經由產業間的連鎖效應，使得 5G 可擴大對於社會經濟的貢獻。信通院於「2020 5G 經濟報告」指出，2020 年 5G 將直接創造約 0.1 兆人民幣的 GDP（以 5G 網路建設初期電信運營商的網路設備支出、用戶的終端購置支出為主）；至 2030 年預計 5G 將直接創造約 2.9 兆人民幣的 GDP（以使用者購買移動互聯網資訊服務的支出、各垂直行業的網路設備投資和流量消費支出為主）。從 5G 所創造的 GDP 來看，前期主要由電信、終端設備業者貢獻，特別是在 5G 基地臺的建置、5G 手機的販售，而後期則移轉自互聯網企業、各行業的網路設備投資，且所創造的連帶經濟效益遠超過前期。

如表 2 所示，隨著 5G 技術逐漸與更多行業融合、形成更豐富的應用場景，信通院的研究報告指出藉由 5G 高速、大頻寬、低延遲的特性，可推動交通、醫療、工業互聯網、教育等垂直行業的應用，而在面對新冠肺炎疫情，5G 亦在遠距會診、遠距教育與復工復產發揮一定的作用。

如表 3 所示，在從三大營運商近年投入試驗的 5G 應用服務場景來看，普遍鎖定交通、醫療、8K 影音，因此預期 5G 在交通、醫療、8K 影音更快有機會發展出商業服務。信通院則在 5G 交通指出車聯網領域的相關投入約 120 億人民幣；在 5G 醫療指出遠距醫療的相關投入約 640 億人民幣。

二、大數據中心

（一）發展現況

數據中心為承載各行業資訊、進行運算的基礎設施，也是搭建資訊平

表 2：5G 融合的代表領域

場景	5G 的價值	應用
交通	車－路－雲間的即時海量數據傳輸；提供更豐富的訊息服務	圍繞車聯網的相關應用包括緊急示警、自動駕駛、車載實景導航／高精地圖等
醫療	醫療高清影音及影像可即時、精準傳輸；藉由穿戴裝置無間斷的蒐集病患的生理數據	包括遠距離診斷／諮詢、治療／手術、醫療輔助，其中疫情預警、院前急救、遠端診療、智慧影像輔助診斷等應用，在疫情期間受到更多矚目
教育	跨時跨地共用教學資源；藉由傳輸高清影音、語音進行遠端互動教學	包括線上教育、高清影音互動教學、沉浸式教學、遠端督導等，其中高清影音的課堂直播在疫情期間受到更多矚目
工業互聯網	確保海量工業數據的即時、可靠傳輸；補充或替代原來有線的控制網路	包括智慧工廠、機器視覺、遠端維運、遠端控制、超高清視頻監控、物料配送等

資料來源：信通院，MIC 整理，2020 年 6 月。

表 3：三大營運商的應用服務試驗情形

營運商	投入試驗的應用服務場景代表
中國移動	➤ 在北京建設自動駕駛車輛測試道路 ➤ 與貴州醫科大學附屬醫院共同成立 5G+ 醫療聯合實驗室
中國聯通	➤ 與車企進行車間通訊的合作 ➤ 已展示了 5G+8K 超高清應用 ➤ 在青島阜外醫院實現基於 5G 的心臟介入手術跨國直播
中國電信	➤ 在雄安實現基於 5G 的自動駕駛示範 ➤ 展開 5G+8K 的試驗

資料來源：公開資料，MIC 整理，2020 年 6 月。

臺的重要前置條件，一般具備完善的硬體（高速網路、高性能伺服器、可靠的機房環境等）及服務（伺服器託管、資料庫系統、數據備份等）。自2013 年起中國大陸就陸續發布相關政策與規劃，如「關於數據中心建設布局的指導意見」、「全國數據中心應用發展指引」等，來促進數據中心的發展、發揮產業引領作用。

　　隨著政策支持，自 2013 年起數據中心總體規模快速成長，累計至2019 年中國大陸的數據中心數量大約有 7.4 萬個，約占全球數據中心總量的 23%，其中多集中於一線城市發展（在北京、上海、廣州、深圳等）。目前數據中心主要由三大電信運營商（中國移動、中國聯通、中國電信）主導，其依託強大的資本實力，可進行數據中心的快速布建，目前三大電信營運商共占據中國大陸約七成的數據中心。

（二）市場規模、潛力

　　在新基建中，數據中心可作為核心 IT 基礎設施，以對於發展數位經濟起到底層支撐的作用，其中巨量數據的儲存和運算，皆有賴數據中心作支撐。伴隨互聯網的持續蓬勃發展，將帶動移動互聯網用戶、企業所產生的數據大量成長，而且在 5G 大量部署後，產生巨量數據的場景將隨之增加如智慧城市中的影像監控、遠距醫療診斷等。根據賽迪研究院的數據顯示，2030 年中國大陸產生的數據量約為 2016 年的 1,000 倍。尤其在疫情爆發以來，強調非接觸的生活模式迅速、大範圍的普及，其中代表如線上娛樂、遠距辦公／學習等，大量業務在疫情期間走向數位化，隨之而來的是線上數據量激增，數據流動性更高。

　　如圖 3 所示，在巨量數據的處理、分析需求激增下，將促進數據中心更大量、快速的布建，同時也將對數據中心的運算、儲存、傳輸能力有更高的要求。根據賽迪研究院的數據，2019 至 2025 年間中國大陸數據中心

的 IT 投資規模將從 3,698 億人民幣成長至 7,071 億人民幣，其成長速度將平均維持在 12.4%。目前數據中心已集中於一線城市發展，而在耗能、土地資源稀缺等限制下，預期數據中心未來將轉往一線城市周邊發展，或形成新的數據中心產業帶；或者移往電價、土地較優惠的地區，形成大型數據中心產業帶。

圖 3：中國大陸數據中心的投資規模

資料來源：賽迪研究院，MIC 整理，2020 年 6 月。

　　為了因應數據中心的布建需求，掌握中國大陸目前七成數據中心的三大電信營運商，已陸續發布數據中心的布建規劃，可視為其期望持續維持規模上的優勢，如中國電信投資達 68.9 億人民幣興建粵港澳大灣區 5G 雲計算中心；中國移動在張家口投資 20 億人民幣興建數據中心；中國聯通將聚焦京津冀、五大重點區域打造數據中心。

　　除了三大營運商積極布建數據中心外，從數據中心的投資發布也觀察到，互聯網巨頭近年加速投資具備雲計算功能的數據中心，可視為互聯網

巨頭期望藉由數據中心，拓展雲端相關服務，如騰訊投資 45 億人民幣興建西部雲計算數據中心；阿里巴巴投資約 62 億人民幣興建杭州雲計算數據中心；百度投資 20 億人民幣在保定興建徐水智能雲計算數據中心。

三、工業互聯網

（一）發展現況

美中貿易戰開打前，「互聯網＋」及「中國製造 2025」為中國大陸大力推行的兩項中央級戰略，而在十九大報告更指出要「加快建設製造強國，加快發展先進製造業，推動互聯網、大數據、人工智慧和實體經濟深度融合」，目的不外乎就在於期望能振興中國大陸實體經濟，加快轉型升級。只是在美中貿易戰開打後，「工業互聯網」成了取代「中國製造 2025」的名詞，2018 年中國大陸「兩會」中，「工業互聯網」成為眾多委員代表的熱門話題，在現今中國大陸製造業迫切面臨轉型升級需要的情況下，「工業互聯網」將可望成為促進製造業轉型升級的重要手段。而在十四五規劃中，「工業互聯網」成為「數字中國」重要的一個環節，作為帶動工業數位化的重要方向。

「工業互聯網」概念就是透過系統建構「網路、平臺、安全」三大功能體系，打造「人、機、物」全面互聯的新型網路基礎設施，形成工業智慧化發展的新興業態和應用模式。透過「工業互聯網」的應用，不僅可以大幅度地提升生產效率，還能準確地滿足不同種類的消費者需求。「工業互聯網」實際上是工業雲平臺的延伸發展，也就是說其本質為在「傳統雲平臺」的基礎上再疊加「物聯網、大數據、人工智慧」等新興技術。

如圖 4 所示，邊緣接入網路為工業互聯網體系的最底層，主要是透過大範圍的數據蒐集，及異質數據的協議轉換與邊緣處理，來獲取工業互聯

網平臺所需要的數據。工業 PaaS 平臺層為工業互聯網體系的中間核心層，主要是在通用的 PaaS（平臺即服務）基礎上，再疊加大數據處理、工業數據分析、工業微服務等創新功能，以形成一個可延伸的開放式雲操作系統。工業應用層則是工業互聯網體系的最上層，目的就在於提供各種 SaaS（軟體即服務）與工業 APP，這些所形成的相關應用，將不僅可使用在各種不同的工業場景，甚至可拓展應用至其他非工業領域，如醫療、金融、零售業等，這也就是工業互聯網平臺的最終價值。

圖 4：工業互聯網平臺架構

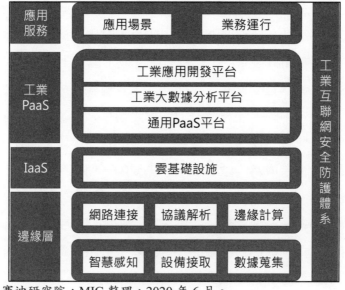

資料來源：賽迪研究院，MIC 整理，2020 年 6 月。

依據賽迪研究院指出中國大陸在工業互聯網的發展主要朝三個方向，分別為「新技術加速融合」、「新模式加速推廣」以及「新生態加速形成」推動。其中，在「新模式加速推廣」則是鎖定工程機械、鋼鐵、石化、採礦、能源、交通、醫療等 30 個產業，推動五大模式「智慧化生產」、「網

路化協同」、「個性化定制」、「服務化延伸」、「數位化管理」。在「新生態加速形成」部分則是希望透過中央政策的引導地方快速發展工業互聯網，目前已有 27 個省（區、市）發布了地方工業互聯網發展政策文件。

（二）政策制定

2017 年 10 月 30 日，中國大陸國務院發布《深化「互聯網＋先進製造業」發展工業互聯網的指導意見》，正式為中國大陸發展「工業互聯網」立下重要的政策基點。《意見》擘劃出了中國大陸「工業互聯網」中長期（三個階段）的發展目標：到「2025」年，將基本建成覆蓋各地區、各行業的「工業互聯網」網路基礎設施；到 2035 年，建成國際領先的「工業互聯網」基礎設施和平臺；到本世紀中葉，「工業互聯網」創新發展能力、技術產業體系以及融合應用等全面達到國際先進水準。因此自 2018 年以來，各式工業互聯網文件及政策不斷地頒布。

- 工信部：國家製造強國建設領導小組關於設立工業互聯網專項工作組的通知
- 工信部：工業互聯網 APP 培育工程實施方案（2018-2020 年）
- 工信部：工業互聯網發展行動計畫（2018-2020 年）
- 工信部：工業互聯網平臺建設及推廣指南、工業互聯網平臺評價方法
- 工信部：工業互聯網網路建設及推廣指南
- 工信部：關於推動工業互聯網加快發展的通知

其中在 2020 年 3 月所公布的「關於推動工業互聯網加快發展的通知」指出，未來將遴選十個跨行業、跨領域平臺，發展 50 家重點產業／區域平臺；據工業互聯網產業聯盟統計顯示，工業互聯網領域有海爾、阿里、航太雲網、華為、樹根、徐工、用友等十大跨行業跨領域工業互聯網平臺。

而這些平臺平均工業設備連接數量達到 80 萬臺、工業 App 數量達到 3,500 個、服務工業企業超過 © 萬家。

（三）市場規模、潛力

如圖 5 所示，依據中國大陸中國信息通信研究院的研究，工業互聯網核心產業範圍可分為狹義和廣義。從狹義範圍來看，工業互聯網核心產業包含工業互聯網平臺、新型網路、邊緣計算等；從廣義範圍來看，工業互聯網核心產業基本等同於工業數位化的相關產業。再從產業範疇來看，包括工業軟體、工業自動化、工業網路、工業裝備、工業安全等傳統產業的智慧化升級部分。

圖 5：工業互聯網產業範疇

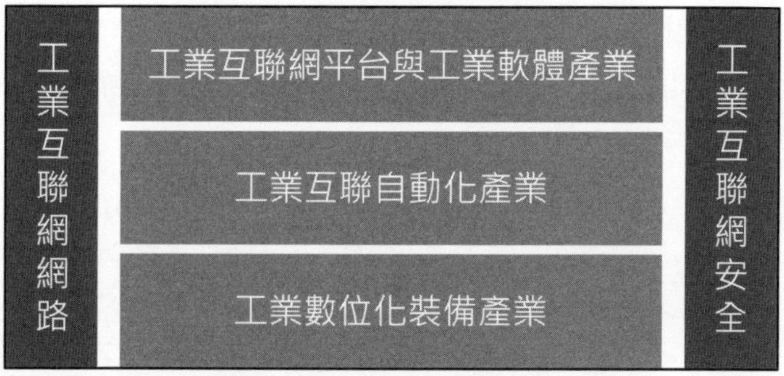

工業互聯網網路　工業互聯網平台與工業軟體產業　工業互聯自動化產業　工業數位化裝備產業　工業互聯網安全

資料來源：中國信息通信研究院，MIC 整理，2020 年 6 月。

依據中國信息通信研究院推估，2018 年、2019 年中國大陸工業互聯網產業經濟總體規模分別為 1.42 兆人民幣、2.13 兆人民幣。其中，2018 年、2019 年工業互聯網核心產業增加值規模分別為 4,386 億人民幣、5,361 億人民幣；工業互聯網融合帶動的經濟影響迅速擴張，2018 年、2019 年規模分別為 9,808 億人民幣、1.6 兆人民幣。預計 2020 年，工業互聯網產業

經濟總體規模約為 3.1 兆人民幣，年成長率約為 47.9%，工業互聯網核心產業約為 6,520 億人民幣，工業互聯網融合帶動的經濟影響約為 2.49 兆人民幣。

　　若細化工業互聯網的產業範疇項目來看，中國大陸統計局測算，在工業數位化裝備產業規模由 2017 年的 658 億人民幣成長至 2019 年的 1045 億人民幣，年複合成長率高達 26.0%，占工業互聯網核心產業規模比重近年來基本維持在 19.5% 的水準。工業互聯自動化產業規模由 2017 年的 829 億人民幣成長到 2019 年的 1152 億人民幣，年複合成長率達到 17.8%，2019 年工業互聯自動化產業占工業互聯網核心產業增加值比重為 21.5%。工業互聯網網路產業規模由 2017 年的 381 億人民幣成長到 2019 年的 651 億人民幣，年複合成長率高達 30.7%，2019 年在工業互聯網核心產業規模中占比為 12.1%。工業互聯網安全產業規模由 2017 年的 13.4 億人民幣成長至 2019 年的 27.2 億人民幣，年複合成長率高達 42.3%，但在工業互聯網核心產業中占比仍較低，近年來基本維持在 0.5% 的水準。工業互聯網平臺與工業軟體產業規模由 2017 年的 1490 億人民幣成長至 2019 年的 2486 億人民幣，年複合成長率達到 29.2%，2019 年占工業互聯網核心產業規模的比重為 46.4%，成為工業互聯網核心產業成長的主要驅動力量。

　　如圖 6 所示，另外再從疫情期間（2020 年 2 月 - 6 月）中國大陸投資公司在新基建的項目來看，在工業互聯網部分占所有投資數量的一半以上，顯示中國大陸在工業互聯網的積極投入。從投資的細項來看，包括工業機器人、工業軟體、製造設備、機器視覺等，但可以注意到的是這 58 個投資項目中有 20 個左右項目為工業互聯網平臺。而這樣的平臺持續擴大，亦會逐步帶來更多數據中心的需求。

圖 6 ：2020 年 2 月～6 月中國大陸投資公司在新基建項目

7	15	14	58	15
5G網路 5G 帶動投資5兆	大數據中心 帶動投資3.5兆	人工智慧 帶動產業規模0.4兆	工業互聯網 帶動投資超過1兆	新能源汽車充電樁 帶動投資0.27兆

資料來源：清科研究中心，MIC 整理，2020 年 6 月。

參、新基建對臺灣資通訊的影響

一、5G

（一）5G 基站

　　隨著三大電信積極投入 5G 基站的布建，預期將帶動未來幾年在基站設備的採購，尤其 5G 的傳輸、通訊品質，有賴更高密度的基站布建，根據中國信通院的估算，5G 基站數量將是 4G 的 1.5 倍左右，其中臺灣業者已在小型基地臺、基站晶片、射頻元件等領域已具備一定的優勢。

　　以小型基站來說，其相較於大型基站更容易於人口稠密地區大量布建、並具備更低資本支出，因此預期隨著 5G 基礎建設持續布建，小型基站將扮演更重要的角色。目前深耕小型基站領域的臺灣網通業者多為華為、中興、三星、愛立信等通訊設備大廠在 3G、4G 時代的小型基站的重要供應鏈，這些小型基地臺代工業者近年多透過自主研發，或與法人研究機構合作，以掌握 5G 關鍵網通技術並強調軟硬整合的能力， 2020 年下半年臺灣已有網通業者的毫米波小型基地臺通過認證，對業者而言，這將有助於其在未來爭取訂單。再者，5G 以企業專網的布建形式而被特定場域接受如企業、工廠、醫院等，使得臺灣網通廠有機會在電信業、企業的成

本與需求考量下，而搶進相關供應鏈。

　　以基站晶片來說，臺灣半導體業者在基站供應鏈的價值在於，可透過臺灣半導體生態系完成晶片製造並進行封測，在晶片製造的部分，臺灣晶圓代工業者作為產業的龍頭，藉由持續強化的研發能量，已形成在先進製程無法被超越的地位，目前臺灣晶圓代工業者已投入 5G 基站晶片（七奈米）的生產。在晶片封測的部分，臺灣封測業者在全球前十名中占有五席、約占全球共 49.5% 的市占率，具備規模、技術等優勢，目前已有多家封測業者針對 5G 基站晶片擴增測試機臺、增加產能。

　　以射頻元件來說，5G 基站在頻段提升下，需要更大量且更高功率的射頻元件才能使訊號傳輸穩定，其中射頻元件的關鍵核心在於砷化鎵（III-V 材料，也是化合物半導體的一種），而臺灣砷化鎵業者為全球代工市占率最高，在規模、技術具備領先地位並可維持穩定量產，目前相關業者已陸續啟動擴產計畫。

（二）5G 手機

　　5G 基礎設施與 5G 手機的推出存在高度關聯，在 5G 基站逐漸大量布建下，使得電信商可開通 5G 手機服務，隨之而來的是 5G 手機紛紛出爐，根據 Strategy Analytics 所發布的研究數據，中國將成為全球最大的 5G 手機市場，工信部則指出預計今年底 5G 手機出貨量將達到 1.8 億支、中國大陸有 130 款 5G 手機獲得銷售許可。

　　觀察 2021 年中國大陸 1~5 月的 5G 手機市場，5G 手機出貨量約 1.08 億部，較 2020 年同期成長 134.4%、占同期手機出貨量的 72.8%，可視為 5G 手機出貨力道強勁，已逐漸成為中國大陸手機市場的主流，這其中與中國大陸電信業者、手機業者看好 5G 市場有關。目前三大電信藉由低門檻 5G 資費、購機補貼、異業結盟打造多元生態系等方式，以加速累積 5G

用戶，同時手機業者的定價策略，也帶動 5G 手機的出貨量持續墊高，例如手機業者在 2020 年中把低價 5G 手機降至 1,500 元人民幣左右。

隨著中國大陸 5G 手機逐漸普及，預期將為臺灣 5G 手機供應鏈帶來正面影響，尤其在手機功能方面，目前 5G 手機更加強調影音應用，期望透過影音給予更好的娛樂體驗如影音創作、演出／賽事觀看、遊戲等，因此預期在鏡頭、手機晶片、天線模組等手機零組件，將為臺灣供應商帶來更多機會。

二、數據中心

未來幾年三大電信營運商、互聯網巨頭在數據中心的積極布建，將帶動數據中心設備的採購機會，其中伺服器被視為可提高數據中心競爭力的重要關鍵之一，如阿里巴巴的線上會議服務軟體「釘釘」，為了滿足兩億多人在家辦公、視訊會議等需求，阿里巴巴緊急增加了一萬臺伺服器來應對語音、視訊會議的流量洪峰和用戶數量的激增。因此進一步預期隨著更多行業走向數位化發展，會加速推升伺服器的需求，根據中國大陸互聯網數據中心預測，到 2023 年，中國大陸伺服器市場規模將達到 340 億美元，約 2,380 億元人民幣，占全球市場的 30%；中國數據中心市場規模將達到 40 億美元，約 280 億元人民幣，占全球市場的 7%。

臺灣業者在伺服器市場出貨占比高達 85% 以上，其中主要為伺服器代工、白牌伺服器，同時也有多家業者已在雲端伺服器有所布局，因此預期在這波數據中心、伺服器的建置浪潮中，將強化臺灣伺服器業者的出貨成長動能，目前臺灣主要的伺服器業者普遍認為 2021 年的全年出貨量有望超越 2020 年，整體伺服器業者的出貨成長幅度預估約達 6%。此外，臺灣的伺服器供應鏈也可望從中受惠，例如伺服器主機板、儲存設備等。

三、工業互聯網

　　如圖 8 所示，對於工業互聯網的推動與發展，中國大陸主要是由 2016 年工信部協助成立「工業互聯網產業聯盟（Alliance of Industrial Internet, AII）」為主，至今四年多會員數已達 1,988 家，其中不乏世界級的中國大陸本土與國際企業，如中國移動、阿里巴巴、Bosch、Siemens、ABB、富士康、研華等。AII 成立宗旨為「建立工業互聯網的合作與促進平臺」，現在已然成為中國大陸在推動製造業轉型升級最重要的組織。依 AII 的組織架構來看，包括技術標準、平臺建立、產業發展、行業應用、國際合作、政策法規以及投融資等，幾乎涵蓋所有發展所需要的面向。從區域發展面來看，已在上海、廣東、重慶、江蘇與貴州設置分聯盟，因此未來將會形成區域型的工業互聯網平臺；另一方向是鎖定在 16 個行業積極推動，所以亦會有屬於垂直行業型的工業互聯網平臺；從系統需求面來看，在大數據、邊緣運算、APP、區塊鏈與 ARVR 等亦設有專項組別負責規劃。

　　目前中國大陸在推動工業互聯網非常的積極，除了透過中央政策試點示範支持外，現階段更重要的一步是建立標準，透過標準的統一讓更多廠商可以快速參與。因此對於未來要切入中國大陸工業互聯網的企業，勢必需要掌握或配合中國大陸的工業互聯網標準，但另一部分涉及企業 Know How 數據保存問題卻會影響著在陸臺商參與工業互聯網的意願。最後則是中國大陸透過工業互聯網提升製造業的品質，強化更多元、更有效率的製造流程，進而成為「製造強國」的意圖仍是主要方向，因此未來與美國的競爭只會更加提高，廠商可能需要注意被迫選邊或拆分布局的風險。

圖 8：工業互聯網聯盟組織與廠商

資料來源：工業互聯網聯盟，MIC 整理，2021 年 7 月。

肆、結論

一、「十四五」為中國大陸布建新基建關鍵時期

　　為有效布建新型基礎建設，「十四五」規劃明確提及關鍵聯網技術的目標，包含 5G 網路將加快規模化部署、普及化，並推動萬物聯網全面發展，並建設全中國大陸一體化的大數據中心體系，將大數據進行有效傳輸、處理與應用。透過新型基礎建設的布建與 5G 聯網的普及，可望有效推進中國大陸在科技自主與產業供應鏈自主的發展；除此之外，新型基礎建設亦被視為帶動數位經濟、「數字中國」的關鍵，透過聯網設備、通訊系統與公共建設整合布建，建立智慧城市、智慧城鄉與智慧生活，將加速中國大陸往數位化社會目標趨近。

二、隨著 5G 持續發展，將拉動基站、終端的硬體需求

　　5G 的發展可視為拉動數位經濟發展的火車頭，從新基建目前所涉及的項目來看，5G 所能帶動的投資效果最強。而在現階段的 5G 發展中，就屬 5G 基站、手機，可對臺灣資通訊業者帶來較明顯的拉貨力道。

　　目前中國大陸仍處於 5G 基站的高速布建期，同時三大電信業者、手機業者也加速提高在 5G 手機的市占率，對於臺灣資通訊業者而言，一方面可期待 5G 需求量能的持續放大，並運用在硬體（基站晶片、射頻元件、5G 手機零組件等）擁有的技術與製造優勢，取得更多訂單商機；其次可持續關注小基站在電信業與 5G 企業專網應用機會點。

　　此外，全球各國也已陸續投入 5G 的發展，中國大陸作為 5G 發展的領先國家，臺灣資通訊業者在把握現階段的訂單之際，可藉此持續累積 5G 技術能量、生產經驗，以提高將來在國際間爭取 5G 訂單的競爭力，進而讓 5G 的拉貨動能擴大、延續。

　　而隨著 5G 基站逐漸布建完善、進入應用遍地開花時期，目前三大電信營運商已有所試驗的交通、醫療領域，將有機會優先形成商業應用服務，其中可能採用的相關半導體、零組件等，可視為臺灣資通訊業者在 5G 的另一波商機，如車聯網所運用的傳輸、通訊模組；遠距醫療傳輸 8K 影像所採用的螢幕等。

三、數據量的持續增長，拉動伺服器需求

　　中國大陸近年強調數位經濟的發展，其中大多需要 5G、大數據、人工智慧等資通訊技術的支撐，隨著更多線上應用服務的形成，將驅動數據量的激升，進而帶動數據中心的大量布建。

　　在此趨勢之下，作為數據中心關鍵環節的伺服器在未來幾年將持續提

高市場規模，對於臺灣資通訊業者而言，短期之內將可望獲得釋單效益，長期則可望隨著更多行業的數位轉型、企業上雲，來延續伺服器的採購力道，像是疫情期間大量應用的遠端辦公、視訊會議模式，將有望進一步成為新的產業生態，這可視為臺灣資通訊業者的潛在商機。

而在積極把握伺服器商機時，臺灣資通訊業者也需要持續留意中國大陸針對網通設備所發布的資安法規，以發展相關的因應策略、進而符合中國大陸對於關鍵資訊基礎設施、供應鏈安全的要求／標準，如 2020 年 4 月發改委發布「網路安全審查辦法」強調，未來採購網絡產品和服務時，皆需依照該辦法申報。

四、工業互聯網為大陸推動製造轉型升級重要方向

工業互聯網成為中國大陸推動製造轉型升級的最重要方向，無論中國大陸本土企業，還是國際大廠都積極加入「工業互聯網聯盟」，期能快速掌握或參與相關政策、標準或活動，取得及早切入的機會。除了中央級的組織外，地方型的聯盟平臺或是垂直行業型的平臺亦是可以成為切入的重點方向。但短期中國大陸要先解決三個問題，分別是「不敢用」，是否真的是一個安全可靠的解決方案；二是「不會用」，不知工業互聯網的用途；三則是「用不起」，投入產出效益不符。

不過整體而言，工業互聯網確實可以帶動數位轉型與自動化的需求，如工業軟體、雲平臺、機器視覺、工業機器人、工具機等商機。但是從競爭的角度來看，中國大陸全面在各地方、各行業推動工業互聯網，如此全面性的推動將有機會建立起具有中國特色的工業互聯網平臺與標準，亦有機會在一帶一路成為工業互聯網的主導者，未來美中之爭仍會持續，如何避免被迫選邊或拆分布局是企業必須面對的議題。

參考文獻

中國信息通訊研究院，2017，《5G 經濟社會影響白皮書》。

中國信息通訊研究院，2018，《數據中心白皮書》。

中國信息通訊研究院，2020，《2020 5G 經濟報告》。

中國信息通訊研究院，2020，《工業互聯網產業經濟發展報告》。

吳栢妤，2019，〈搶攻 5G 市場商機　臺廠鎖定小型基地臺開發〉，https://www.
2cm.com.tw/2cm/zh-tw/market/6CFFEBC51763410391E58D6B86241BF3，查閱
時間：2020/06/15。

林宏文，2019，〈5G 設備商機臺灣也有機會參一腳？一個比白牌伺服器更大的
破壞式創新正在形成〉，https://www.bnext.com.tw/article/54268/white-box-5g-
infrastructure，查閱時間：2020/06/20。

林麗雪，2020，〈伺服器迎來大旺年臺廠搭上順風車吃紅〉，https://www.
chinatimes.com/realtimenews/20200419000016-260410?chdtv，查閱時間：
2020/06/21。

許加政，2018，〈中國大陸工業互聯網發展布局與動態〉。

許加政，2019，〈中國大陸重點政策評析──工業互聯網相關政策連發〉。

賽迪電子信息研究所，2020，《中國「新基建」發展研究報告》。

賽迪電子信息研究所，2020，《新基建發展白皮書》。

全球化變遷與投資臺灣：
　　案例分享與實務

全球化與臺商投資變遷

陳華昇

（臺灣經濟研究院兩岸發展研究中心主任）

摘要

　　1980 年代全球化趨勢下，臺商展開向外投資的行動，有助臺灣出口擴張與經貿成長。過去三十餘年來，眾多臺商前往中國大陸發展，透過在當地的投資經營及產業合作，參與東亞和全球經濟體系，以及全球產業分工，促進臺灣的經濟成長；臺商的投資和發展也受到全球化趨勢變遷的影響。

　　自 2018 年以來，在美中經濟戰和疫情影響下，臺商為因應逆全球化趨勢的衝擊，必須調整投資布局和供應鏈重建的策略，以增強企業營運的韌性。在當前全球經濟新局及全球供應鏈重組形勢下，臺商企業的投資發展布局調整策略包括：（一）續投資中國大陸，並開發其內需市場；（二）續留中國大陸，但開拓東南亞等新興市場的出口；（三）保留部分產能在中國大陸，同時也轉移、調整產線產能到東南亞等地區；（四）選擇回臺投資，重啟閒置產線或擴大產能、重新設廠；（五）因應各國政策導引，或國際品牌商要求而前往他國投資；（六）貼近終端消費市場，並肆應「短鏈化」趨勢而進行全球布局。

關鍵詞：全球化、逆全球化、臺商、產業供應鏈

壹、前言

　　經濟發展為我國生存壯大之基礎，而臺灣缺乏天然資源、腹地較小、人口不多，因此發展貿易方為振興經濟之道。多年以來，臺灣已發展成為外貿導向型的國家，強化對外貿易、擴大出口為我國經濟成長主要動能。但近年來，我國資通訊終端成品的出口逐漸下滑，而透過臺商在外投資所帶動的關鍵元件的出口，則是延續我國對外貿易擴大增長的有效方式。

　　而自 1970 年代全球化風潮興起，1979 年中共改革開放，再到 1990 年代初期，蘇聯、東歐共產國家解體、冷戰結束後，歐、亞共產國家推動經濟改革並融入世界經濟體系，這一系列的全球化歷程，也賦予我國企業對外投資貿易的機會。尤其 1980 年代中期以後，臺灣企業面臨外移的壓力，適逢全球化趨勢加速發展，促動了臺商的向外投資，1995 年 WTO 成立，更加速了經貿全球化發展，而臺商的全球化趨勢更有助於臺灣的出口擴張與經貿成長。

　　全球化潮流隱含人流、物流、資金流、技術流、資訊流等的複雜變遷與快速流轉，而國家、跨國企業、國際組織、社會團體，甚至企業主都可能是全球化趨勢下的重要行為者，並以跨境、跨域的全球區域為活動範圍。就此而言，在 1980 年代以後，臺灣國際空間受限、國際活動受阻的情況下，臺商無疑為我國融入全球化趨勢的重要行為者之一；而臺商的投資策略和發展趨向，也會受到全球化趨勢變遷的影響。

　　過去三十餘年來，眾多臺商各自考量不同因素而紛赴各國投資，然其中前往中國大陸投資者最多，其原因乃在於臺商試圖透過最便捷的路徑、最低廉的成本，藉以參與東亞和全球經濟體系；就此意義而言，臺商通過在中國大陸的投資營運融入全球化的過程，亦是臺灣全球化發展的路徑之一。

中國大陸自改革開放、鄧小平南巡和 2001 年加入 WTO 後，更快地融入全球化的趨勢潮流中，也使得中國大陸經濟快速成長。21 世紀初以來，中國大陸成為「世界工廠」，不但撐持且強化東亞各國之間的分工關係，更促使「全球性三貿易網絡」（the globle triangular trading network）的形成。日本、臺灣、韓國及東協國家的跨國公司，都分別生產較精緻的技術密集零組件，運送到中國大陸和東協國家組裝，其裝配後之成品則運銷全球。中國大陸成為以進口零組件和出口加工成品的全球化生產中心基地；其過去二十餘年間大量吸收外資、大幅擴展外貿，並有力地支撐一種全新的東亞經濟動態（相對於過去的「雁飛型」〔the flying-geese model〕發展）和全新的分工關係。這種全球性新分工模式促使跨國產銷流程的碎裂化，亦即一項產品的研發、設計、原料供應、製造、分銷，到售後服務等，可以分化成各種垂直或水平性的產業間或產業內的分工關係，而且可能是跨地域或超越國境的網絡。這種新的分工關係，促使美、歐各國對中國大陸的投資偏向服務業或上游製造業，而東亞各國對中國大陸的投資則偏向中、下游製造業。另方面，在此分工關係下，各廠商或生產集團的生產要素稟賦變得非常關鍵，也因而促成周邊國家間產業內貿易的大量擴張。總之，這樣的生產和分銷關係，直接影響各國的分工關係和外人直接投資型態（蕭全政，2020：140-141）。此一全球化趨勢影響下的中國大陸生產製造發展模式，也相當程度決定包括臺灣（及臺商）在內的各國（及其跨國企業）彼此間的投資與貿易關係。

貳、全球化下的臺商投資發展

全球化趨勢下，資訊科技進步和各國管制解除對企業廠商帶來的全球競爭壓力，同時也賦予其發展契機，並促使企業將分散於各區域或國家之

工業、財務、科技、商業加以整合運用，並靈活調度資源與資金，以在不同地區進行技術研發、資源配置、產品設計、市場行銷和製造生產，從而在全球市場採取擴張的策略與作為，包括出口貿易、技術授權、對外投資、併購企業、建立零組件工廠或成立銷售據點等方式，使其市場領域擴大至國際或全球範圍；這些企業策略與行為決定其參與全球經貿的競爭力高低（陳德昇，2011：132-133）。

　　經濟全球化模糊了國家市場藩籬，同時促進了國際分工更趨細緻而複雜，臺灣廠商與跨國企業一樣，為充分利用全球各地資源優勢，以降低成本及提高國際競爭力，乃將研發、製造和銷售活動等分散布局。由於中國大陸實行改革開放政策，積極引進外資，當地的勞動、土地等要素資源供應充沛，製造成本低廉，許多臺商受到吸引紛紛前往投資，而將中國大陸定位為全球布局中的製造基地（高長，2019：184）。故許多臺商基於降低成本的考量，將其傳統產業的生產轉移至中國大陸；1990 年代之後臺灣開放赴陸投資之際，中國大陸開始發展新高科技產業，臺灣資通訊產業鏈也逐漸轉移過去，也促使中國大陸資通訊產業發展、生產規模不斷擴大，其產業供應鏈逐漸完整且效率不斷提升，並形成龐大的產業聚落（顧瑩華，2019：178）。而 21 世紀初期全球化形成過程中，中國大陸也逐漸成為全球供應鏈中生產製造核心基地，進而形成了全球化之供應鏈模式（外貿協會，2021：42）。在全球化趨勢下，而臺商赴中國大陸投資，初期大多為出口考量，以期結合跨國企業前進國際市場，並就近參與已在中國大陸形成的全球供應鏈。故臺商向中國大陸轉移，其選擇有利於全球化發展的投資區位，建立生產製造基地，以強化其整合全球資源與運籌之能量，進而增進營業利益，提升其全球競爭力，爭取以美國為主的全球市場，向全世界行銷其產品；許多製造業臺商也成為全球性的企業，逐漸發展成為國際大廠，此乃臺商全球化的表現（陳德昇，2011：159）。

　　臺商投資中國大陸不僅促進了兩岸經貿關係，也使得臺灣與國際產業大分工以及全球化發展之間形成了密切關聯；而兩岸經貿關係在國際產業大分工的架構下形成相互依賴，互謀其利的格局（胡石青，2019：1）。然而經濟全球化的發展可能削弱、限制一個國家的經濟主權，並使國家面臨經濟安全的威脅，尤其金融市場容易受到國際經濟動盪衝擊；因而跨國企業的投資生產活動和資金操作所形成的全球化作用，也會受到各國的關注和管制，而成為一個高度的政治經濟問題。而臺商投資在全世界「逐水草而居」，其動向與發展乃不免受到地緣政治和國際政經動態變化的影響（蕭全政，2020）。

　　也因此，經濟全球化將影響跨國企業投資決策，各國財經政策與規範也左右跨國企業的投資動向與變遷。在當代經濟全球化潮流下，跨國企業彼此的互動，建立起跨國界的產業供應鏈，形成全球化的生產體系；而世界各國政府都訂定許多政策措施，一方面吸引外人投資，同時也防範國家經濟安全受到負面影響。過去中國大陸推出許多優惠政策以吸引包括臺、港、澳在內的全球資金前往投資，以利其發展各項產業，形成產業聚落，促進其與西方市場和產業鏈接軌，並逐漸建立起在地化的產業供應鏈。近年來，越南、印度等新南向地區國家也同樣在政策、稅務、基礎設施方面提供較優條件吸引全球資金前往投資，同樣也吸引許多臺商前往投資發展。顯然全球化發展已影響國際資金活動與產業供應鏈的變化，使得臺商在選擇投資區域時有更多的選擇。

參、全球經濟新局對臺商投資的影響

　　自 2018 年以來，各國企業為因應貿易戰、疫情、地緣政治、科技競爭等衝擊，透過遷移生產基地的方式重組供應鏈，以期增強供應鏈的韌性

（外貿協會，2021：18），臺商也不例外，必須審視中國大陸投資環境變化情勢，因應逆全球化趨勢衝擊，而進行投資布局和供應鏈重建的策略調整。

一、中國大陸投資環境面臨逆全球化的衝擊

　　近年來臺商在中國大陸的發展，已承受勞力和土地成本升高、環保和稅務條件日益嚴格、優惠措施減少或取消，以及 CRS 制度實施、本地產業技術升級競爭等壓力，而面臨獲利縮減、風險增加，故而也思考、規劃產業轉型升級或轉移他地再投資。此外，原本臺商投資中國大陸而得以受益於經貿全球化趨勢，但在 2018 年以後，美中貿易衝突和新冠肺炎擴散，致使中國大陸的投資環境遭遇新的全球化逆轉之形勢，因而在當地投資的臺商乃須評估全球經濟變遷的影響，並採取有效的因應策略。

　　過去臺灣經濟高度依賴「臺灣接單、大陸生產，出口美國」的出口貿易模式，進而在兩岸建立龐大代工體系，但在美中貿易戰發生之前，中國大陸已出現傳統產業企業外移的現象，許多包括臺商在內的外資，因中國大陸投資環境轉差而評估移轉其產線。而美中貿易戰發生、貿易保護主義興起後，在中國大陸的臺商出口產品關稅成本提高，且全球產業鏈分工開始進行調整，加上技術供應鏈受到美國制裁的威脅，使得美國與中國大陸的貿易壁壘延伸到國安與科技層面，衝擊全球資通訊供應鏈的穩定性，致使全球供應鏈及價值鏈出現加速轉移之情勢，衝擊臺商的營運、布局及產業供應鏈運作，使得兩岸三角貿易營運模式產生質變；許多受到貿易戰、科技戰影響的中國大陸臺商紛紛將生產基地轉至新南向國家發展，或直接重啟、擴大臺灣之生產線。

　　事實上，因應美中貿易戰帶來的全球供應鏈調整並不是一個短暫的現

象，而是未來的長期**趨勢**。貿易戰不僅影響美、中兩國貿易，衝擊國際供應鏈，尤其對美、中兩國產業供應鏈關係密切的國家帶來負面影響。例如，在全球產業分工的體系下，如果美國或中國大陸以更高的關稅進口中間財，將會導致該產業的生產過程中增加累計關稅，進而影響全球產業鏈的成本。

更有甚者，美中貿易戰更有逐漸轉化為科技戰的**趨勢**。隨著美國陸續制定《出口管制改革法》、《外國投資風險審查現代化法》、擴大出口管制的「實體清單」等，從修訂法律加強規範、強化機構管制能力，以及採取司法與行政措施三個面向，對中國大陸實施科技圍堵，這場美中貿易戰正在轉向科技戰。美國針對中國大陸的科技禁運與圍堵已是愈益明顯的**趨勢**。

而 2020 年初爆發至今持續延燒的新冠肺炎疫情，初期造成中國大陸製造業停滯和生產供應鏈「斷鏈」的情勢，後來更形成全球各國紛紛採取封閉管理的「鎖國」措施，造成全球生產供應鏈的失序和不順，衝擊全球製造業和貿易發展。

當新冠肺炎疫情襲捲全球，除對全球經濟與貿易造成嚴重衝擊，國際間人員往來、商業活動、產業互動也受到限制，實際上已出現逆全球化的**趨勢**。

二、中國大陸供應鏈產生變化促使臺商將產能移出

當中國大陸新冠肺炎疫情快速蔓延之際，其政府採取封閉管理的「封城」措施以遏制疫情擴散，導致中國大陸交通物流受阻、原物料或產品無法運輸、大量工廠停工。由於中國大陸早已成為全球生產供應鏈的重要一環，因而其實行封閉管理措施乃直接導致世界各地的企業也無法取得生產

商品必要的原物料，進而引發生產供應鏈斷裂的風險。

　　對於跨國企業而言，在美中貿易戰影響下，許多企業已經考慮將部分產線轉移至中國大陸以外地區，或尋找非中國大陸地區的供應商。新冠肺炎疫情爆發後，對中國大陸的企業用工、物流運輸製造生產造成衝擊，凸顯出全球供應鏈過度倚賴中國大陸，將發生生產鏈「斷鏈」的風險，容易形成大規模供應鏈中斷的危機，因而促使跨國企業重新檢討當前的生產布局規劃。

　　換言之，在美中貿易戰、科技戰與新冠肺炎疫情影響下，企業將重新調整產業布局，將全部或部分的產能移出中國大陸已成為全球產業界的共識，而全球供應鏈將因此出現變化。同時世界各國政府也帶頭鼓勵企業撤出中國大陸，例如日本政府於 2020 年 4 月 9 日宣布撥款美金 22 億元，資助日本生產線撤離中國大陸，補貼的對象主要是包括依賴於中國大陸的產品和原料，如半導體製程中使用的氟化氫、電動汽車電機中需使用的稀土。而 2020 年 4 月間美國白宮顧問庫德洛（Larry Kudlow）也提議，政府應該全額補助企業的轉移成本，包括工廠、設備、知識財產、裝修等，將所有供應鏈遷回美國；此後促使美國企業遷出中國大陸而回流其本土設廠，成為美國政府的重要經濟政策。

　　而面對美中貿易戰、科技戰和新冠肺炎疫情影響，在中國大陸的臺商也加速採取因應策略，有能力的大企業開始進行全球布局而加速外移，以避免供應鏈過度集中帶來的斷鏈風險，同步帶動中小企業移出中國大陸。

　　值得注意的是，在電子、汽車、機械等產業，廠商本來就會因應美中貿易戰加徵關稅的影響，或是依國際品牌的要求而調整生產線，甚至是自中國大陸外移，新冠肺炎疫情則加速了供應鏈「分鏈」的趨勢。

三、臺商的投資營運變遷新趨勢：短鏈化、區域化

　　長期以來，臺商在中國大陸投資，又在當地進行區位選擇與調整，不僅是緣於中國大陸投資環境變遷，也是在回應全球生產網絡連結之考量（陳德昇，2011：127）。而隨著中國大陸經濟持續高速成長，近年來中國大陸經營環境愈來愈不利於加工製造業之發展，且中共扶植本地產業與企業，並逐步在各項產業建立「紅色供應鏈」，加以美中貿易戰和科技戰的衝擊、新冠肺炎疫情影響與亞太區域整合形勢，在在都影響臺商營運發展，促使其重新檢視生產供應鏈變化、思考全球布局方向與策略。

　　正如麥肯錫在《變革中的全球化：貿易和價值鏈的未來圖景》報告中所指出：「價值鏈正在變得越來越區域性，而非全球性。」當前全球供應鏈正在發生結構性轉變，如紡織業，跨越上中下游的產業鏈正在越南、馬來西亞、印尼、印度和孟加拉等個別國家內進行垂直整合。顯見，全球價值鏈生產（GVC）長度出現「縮短」的跡象。尤其在新冠肺炎疫情影響下，跨國企業重新思考全球布局策略，從「全球化」的生產，翻轉成「在地化」或「區域化」的全球價值鏈變革，形成所謂的「短鏈革命」，全球價值鏈生產不僅縮短且更具有彈性（林雅鈴，2021：98-99）。

　　誠如經濟部長沈榮津所言，面對新冠肺炎帶來的影響，供應鏈的潛在反應為「去全球化」，即企業會避免未來供應鏈中斷的風險，降低過去全球化帶來的相互依賴；這時，在全球各區域皆擁有在地供應優勢的大型企業，便可靈活調配全球產能，彈性出貨。

　　長期以來，中國大陸做為世界工廠，成為全球製造業大國，以其為核心建構出全球分工模式及供應鏈關係。由於亞洲國家自中國大陸進口中間財比重相對偏高，疫情爆發之初，中國大陸主要製造業省、市在 2020 年 2 月至 3 月間停工、缺工、生產物流受阻，造成企業工廠原料和關鍵零件供

應短缺而無法正常生產，亞洲國家製造業因此蒙受較高的斷鏈風險，促使各國跨國企業也必須重新思考調整投資規劃。

在此之前，因美中貿易戰造成貿易不確定性升高等因素，全球供應鏈關係已由全球化下的專業分工布局，逐步朝向在地化、美中供應鏈分流的趨勢。因此當疫情阻斷其供應鏈運作之際，已使各國政府、企業和臺商警覺到供應鏈斷鏈的威脅，以及全球分工體系面臨重整的危機（莊國鼎，2020：171），許多長期高度依賴中國大陸之跨國企業乃決定調整其戰略布局，加速建置多元生產基地與分散市場，同時強化關鍵零組件在母國生產的備援能量並啟動雙源採購（Dual Sourcing），即同時在境內與境外進行採購。對於臺灣而言，由於我國與美、中兩國經貿往來密切，包括臺灣經濟、產業發展，以及在中國大陸投資設廠的臺商，都受到美中貿易戰的影響，難以置身事外。再者，臺灣身為全球供應鏈的重要一環，當全球供應鏈因前述情勢影響而轉變時，臺灣未來在全球供應鏈中的角色與定位也隨之調整，臺商也宜考量全球經濟情勢變化而改變投資經營布局策略。

四、中國大陸臺商調整投資布局策略考量因素

隨著美中貿易戰、科技戰的影響，西方主導的產業供應鏈部分移出中國大陸的趨勢將無法避免（顧瑩華，2019：178），中國大陸若干出口導向型企業已意識到改變投資經營策略的必要性，愈來愈多外資企業被迫將產能、產線轉移甚或撤離，中國大陸長期以來建構的供應鏈體系和世界工廠地位面臨考驗（高長，2019：184）。而疫情發生後，跨國企業已更為堅定且積極地加速展開全球布局；而在此全球經濟新局下，中國大陸臺商的投資營運也必須思索新的發展策略。畢竟在疫情爆發之初，臺商遭受供應鏈斷鏈及勞動力不足的產業衝擊，而將思考長期分散風險、降低對中國

依賴的新策略（莊國鼎，2020：181-183）。故其未來調整投資策略、選擇投資地區之考量因素包括：一、在消極面：（一）須有助於規避美國對中國產品加徵高關稅；（二）可以因應科技戰下供應鏈可能移出中國的形勢；（三）能夠因應短鏈化、區域化的生產供應鏈變革趨勢。二、在積極面：（一）應有較完整的供應鏈和產業聚落；（二）與歐美等西方國家市場有較好的聯結；（三）能盡量充分地供給具產業技術的勞動力；（四）具備能順利取得關鍵元件的物流交通設施。

肆、全球經濟新局下的臺商投資發展策略分析

許多製造業臺商在中國大陸發展多年，面臨當地投資環境轉差、獲利空間變小，或當地政府縮減優惠條件的經濟困局。中國大陸政府原本希望這些臺商能夠「轉型升級」，惟其構想乃是希望這些臺商加速提升產業技術水準，或轉型經營服務業（如生產性服務業、醫療服務業），或遷往「內地」以降低企業生產成本，並助益中西部地區發展。然而在中國大陸「就地轉型」未必是製造業臺商的最佳選擇，許多臺商在面臨經濟環境挑戰時，會從區域或全球的視野來調整投資經營策略以擺脫困境。

而自 2018 年 3 月以來，美國總統川普引爆以提高關稅為名，卻實質上涉及霸權爭奪的美、中貿易戰，繼而擴及科技戰以及軍事戰略上的對峙與對立；自此美、中之間一種新的海陸爭霸格局已經展開，全球化潮流出現明顯的轉折（蕭全政，2020：144）。此一新趨勢促使臺商體認到美、中貿易戰、科技戰將常態化、長期化地持續發展，則其勢必會考慮調整投資布局與經營策略。

其中，以受影響最大的資通訊產業而言，因有極大比例以出口美國市場為主，故因應美中經濟戰，中國大陸臺商乃轉而利用其他國家的生產基

地，即採取調整生產線轉移產能方式，增加其他地區的產能。然另一方面，面對既有的中國大陸市場，則在當地保留部分產能，以極大化營運效率並降低風險。顯然，資通訊產業因各自產業特性不同，將有不同調整生產線方式，其調整產能之差異情況，已使得中國大陸資通訊產業供應鏈呈現出顯著的「分鏈」的現象。而相關臺商也基於供應鏈的「分鏈」發展趨勢，而進行生產線的分流，採取嶄新的、多元的全球布局的策略，以因應當前經濟新局的變化和挑戰，掌握未來發展機會和方向，更有效地利用兩岸經貿發展潛能，同時也接軌、連結世界產業格局調整的脈動。

　　而自 2020 年肺炎疫情擴散，不僅促動逆全球化之形勢，且衝擊全球經濟，也對全球產業鏈造成深遠的影響，從疫情爆發期間作為全球製造供應鏈核心的中國大陸出現「斷鏈」之情形，以致全球產業鏈朝向分散化和多元化的方向調整（陳添枝、顧瑩華，2020：28），也使臺商體認到供應鏈的脆弱性，而考慮將其在中國大陸的產線、產能轉移至海外其他國家（陳華昇，2021：94-96）。

　　因應美、中貿易衝擊及肺炎疫情影響下全球供應鏈重組之經濟變局，臺商企業所採取的投資生產布局調整策略可歸納如下：

一、續投資中國大陸，並開發其內需市場

　　由於中國大陸多數產業已擁有完整供應鏈，且中國大陸仍深具廣大消費潛力及新興產業發展前景，故而面對美、中貿易戰未知的前景以及困難重重的關廠遷移過程，在陸臺商了解到調整生產布局較為困難，且開拓新出口市場需要較長時間，故其有許多臺商乃轉而開發中國大陸內需市場以因應美、中摩擦。尤其，臺商著眼於近年中國大陸當局積極推動「內循環」等擴大內需政策並發展新興科技產業，加上中共為留住臺商停駐當地繼續

營運和吸引臺企前往投資，近兩年來提出多項對臺經濟政策、釋出「優惠利多」，因而許多中小型臺商企業乃有意在中國大陸就地實現轉型升級，以創新為手段打入大陸市場。以臺商現有條件來看，在中國大陸轉型升級，主要著眼點將由降低生產成本為主轉向以中國大陸市場為主要發展依據，即以創新為手段，更貼近市場提供符合當地需求之產品與服務；但此對以中小企業居多數的臺商而言，其中的挑戰與難度相當高（胡石青，2019：4-5；高長，2019：198）。惟 2020 年以來新冠肺炎疫情擴散，防疫措施帶動遠距設備及數位科技之需求，宅經濟亦逆勢成長，加速中國大陸數位產業之發展，對規模較小的臺商而言，參與智慧城市與物聯網相關產業或有利基，因此未來採取續留中國大陸並開發中國大陸內需市場策略的臺商比例可能上升。

二、續留中國大陸，但開拓東南亞等新興市場的出口貿易

由於國際經貿情勢充滿不確定性，對於中國大陸以外尚無生產據點的中小型臺商，全面關閉中國大陸廠房並遷移至他處的風險太高，但既有出口美國市場之商品又面臨巨額關稅負擔，因此乃必須採取調整銷售布局、擴大對美國以外地區之出口以為因應。依據 2020 年全國工業總會調查，為因應美中貿易戰，33.8% 的中國大陸臺商將選擇開發中國大陸以外的出口市場。而近年來高速發展且湧入龐大外人投資的東南亞地區，因地利之便及成本因素考量，成為車輛零組件、機械設備和塑橡膠等產業臺商有意拓銷之新出口市場。

此外，中國大陸推行「一帶一路」政策，在東南亞、南亞、中亞、中東等地加強海空港、鐵公路交通基礎設施和自由貿易區等建設，並藉此與

周邊國家實現交通、貿易網絡的互聯互通，進而積極發展和扶持跨境電子商務，實有利於中國大陸企業拓展美、歐以外各國的出口貿易。因此，許多中國大陸臺商也積極運用中國在海外的商貿網絡、自貿港區和國際電商平臺，積極開拓東南亞等新的海外出口市場。

三、保留部分產能在中國大陸，同時也移轉、調整產線到東南亞等地區

　　而臺商多以中小企業為主，其主要特性就是規模小但應變速度快，具彈性又擁有客製化能力，因此更適合因應市場需求而調整以獲取商機，因此近年來隨著新興市場崛起，許多臺商早已前往東南亞、南亞投資布局。特別是近年來中國大陸工資快速提升且「五險一金」費用增加人力成本負擔，同時在中國大陸推動產業結構轉型下環保要求趨嚴，已不利勞力密集屬性與高汙染產業之臺商在中國大陸投資生產。

　　而美中貿易戰則進一步促使這類廠商加速撤離中國大陸，並遷移至提出投資優惠誘因且人力及土地成本相對較低的東南亞地區。尤其若干產品，如成衣、製鞋、玩具、家具等，中國大陸事實上已失去生產的比較利益，其產業鏈已漸次移到東南亞和南亞各國，美中貿易戰則加速其移動的進程和步伐。故對於規模較大且同時在多國進行區域布局的臺商而言，面對美國對中國出口產品加徵高額關稅所須承擔的關稅成本，則其產能調整策略乃是將銷往美國的品項轉移至東南亞地區製造並出口。此類臺商以紡織及塑橡膠產業為主，首要地點包含越南、菲律賓和柬埔寨等。

　　而若干產品如筆電和智慧型手機，中國大陸雖仍擁有生產上的比較優勢，但因為美、中關稅戰和科技戰持續延燒，也將迫使其移出中國大陸。但因為中國大陸本土的市場龐大，且仍維持其產業保護政策，故產業鏈只

是部分移出中國大陸，並不會從中國大陸完全消失；而且中國大陸這些年來所建立的強大生產聚落，仍有能力支援其他國家的聚落生產，因此可以預測許多資通訊產業鏈，特別是生產低階產品或下游組裝代工的廠商（包括臺商），都會相當幅度的移轉到周邊的國家，包括東南亞和南亞（顧瑩華，2019：178）。

四、選擇回臺投資，重啟閒置產線或擴大產能、重新設廠

由於美中貿易衝突持續發展，在中國大陸所製造生產的銷美商品須承受較高附加關稅，故而許多上游品牌商要求中國大陸臺商進行生產線或生產基地的移出中國大陸，因此許多中國大陸臺商考慮加大在臺灣的布局。誠如我國經濟部門官員所言，在美中貿易戰、科技戰影響下，許多高階資通訊廠商選擇回臺設廠，而低階資通訊廠商選擇赴新南向地區設廠。而在回臺投資之產業中，以電子零組件製造最多，其他亦屬高附加價值之產業或部門，如高機能布料製造、關鍵零組件製造與研發、精密齒輪製造、橡膠產品研發等較難被取代之產業。

五、因應各國政策導引，或國際品牌商要求而前往他國投資

中國大陸臺商也可能因看到中國以外市場的新機會而前往投資，包括東南亞地區和印度。自 2018 年中以來，中國大陸臺商為規避輸美商品將被課徵額外關稅，早已密集走訪東南亞國家尋訪臨時轉單對象及未來考慮設廠或擴廠的地點。由於東南亞地區充沛且年輕的勞動力、相對中國大陸低廉的工資、綿密的雙邊協議和多邊協議洽簽網絡，且該地區各國政府推

出積極吸引外人直接投資的優惠措施，已吸引紡織、低階電子業臺商前往投資。除東南亞之外，著眼於人口規模不遜於中國大陸的印度內需市場，同時響應「印度製造」（Made in India）政策，2018 年以來在陸臺商已有多家大型電子業者至印度設廠進行智慧型手機組裝（如緯創），以直接供應當地的內需市場。

此外，美國政府正積極鼓勵製造業回流美國，也促使跨國布局的臺商前往美國設廠，故臺灣企業亦有因應全球經濟新局而直接赴美國設廠者（如鴻海、臺積電均已宣布將前往美國設廠），其考量因素包括：一、直接遷廠到美國或直接在美國設廠，乃是因應美中貿易戰的有效策略方案；二、為因應疫情持續蔓延所可能衍生的斷鏈風險；三、可回應美國政府對於科技資訊和國防安全要求。

在此同時，國際品牌大廠（如蘋果、微軟、Google、三星）為因應美中貿易戰和疫情擴散，乃要求其組裝代工廠商（如鴻海、和碩）將在中國大陸的產能轉移海外，並從其他國家的生產據點出口美國，如此也牽動供應鏈上下游臺商將生產據點移出中國大陸或增加東南亞、印度等海外據點以另闢產線、產能（外貿協會，2021：46）。

以上顯示臺商受到各國政策導引，或在國際品牌大廠的要求下，加速前往中國大陸以外的國家投資之情形甚為普遍。

六、貼近終端消費市場，並肆應「短鏈化」趨勢進行全球布局

許多臺商因其規模龐大，財務資金情況較好，具備全球運籌能力，且先前已進行全球布局；故當其面臨美中貿易戰而須自中國大陸重新調整生產布局和出口策略時，即會運用其既有的全球各地生產線，再以接近其出

口市場所在地區作為考量，配合終端消費市場進行全球布局。如仁寶公司早已進行全球布局，然為因應美中科技戰，乃擴大在越南、臺灣平鎮的投資，並規劃赴菲律賓與印度投資。而廣達除返回臺投資製造伺服器，但同時亦在越南進行布局；中磊原本在蘇州與臺灣的生產比重為 9:1，後來因應美中科技戰，在菲律賓成立新工廠，現在產能比重為中國占比 50%、臺灣 20%、菲律賓 30%。此即「分鏈」的典型模式，在中國生產的產品主要銷往中國跟東協；銷往美國的產品，則從臺灣或東協出口；而在東協生產的產品，則能同時輸出中國與美國市場。

隨著跨國企業（包括外資、臺資和陸資企業）的生產線調整，中國大陸資通訊產業供應鏈也向全世界各地延伸發展，我國重要企業也紛紛依全球供應鏈重組趨勢進行全球布局。一旦旗艦型企業或指標性廠商（如臺積電、鴻海等）因應美中貿易戰或疫情影響而展開全球布局，將部分產能移出中國前往東協、印度、美國設廠，則往往又帶動許多包括臺商在內的協力廠商、衛星工廠一同跟進前往布局發展（外貿協會，2021：17）；當地也逐漸形成新的產業聚落和生產供應鏈，則又更促使臺商考慮前往投資發展。

表 1：臺商投資布局調整策略

因應策略		產業別	考量因素
續留中國大陸	開發中國大陸內需市場	金融服務業 醫療保健業 智慧城市產業 物聯網相關產業	• 多為僅在中國大陸布局的中小型企業 • 著眼中國大陸對臺商、臺企之優惠措施及中國製造 2025 商機
	開發新的出口市場	車輛零組件業 機械設備業 塑橡膠業	• 多為僅在中國大陸布局的中小型企業 • 著眼消費市場潛力及經濟高速成長

因應策略		產業別	考量因素
產能移出中國大陸	加速投資布局東南亞	紡織業 塑橡膠業	• 已在區域內布局的規模較大臺商 • 多屬勞力密集或高汙染產業 • 轉往東南亞生產再銷往美國
	回臺投資	關鍵零組件業 高機能布料製造業 機密機械業 橡膠產品研發	• 多為配合品牌商客戶 • 著眼於臺灣的吸引臺商回流政策
進行全球布局	全球布局廣增產能	半導體產業、 手機組裝代工產業	• 受到他國優惠的製造業發展政策吸引 • 配合品牌客戶 • 配合他國政府要求
	前往終端消費市場主要國家或鄰近地區設廠	具全球布局能力之組裝代工業者及其下游衛星廠商	• 就近生產，降低運輸成本與物流風險 • 貼近市場，肆應疫情後之短鏈化趨勢

伍、臺商回流及全球布局分析

　　美中貿易戰後，臺商投資布局調整有兩項重要趨勢值得觀察分析：第一，美中貿易戰前在中國大陸臺商已於東南亞越南、馬來西亞、泰國等地布局，美中貿易戰後相繼擴大在當地的投資規模。第二，許多臺商回流臺灣進行投資，同時也以臺灣為運籌中心展開或擴大全球多元投資布局。其中低階資通訊產業或汽車零組件產業，考量勞動人力技術要求較低，且需配合國際品牌大廠壓低成本的要求，故其往往考慮前往人力、土地成本較低廉的東南亞或印度地區投資設廠；而高階資通訊產業則考量臺灣具備高階技術人才與較完整之產業供應鏈，故選擇回臺投資設廠。而在新冠肺炎

疫情擴散後，將更促使臺商加快將其供應鏈或產能、產線移出中國大陸的步伐。

一、中國大陸臺商在東南亞及印度之投資布局：以資通訊產業和汽車產業為例

資通訊產業在陸臺商多為大型代工業者，早在美中貿易戰前即規劃全球布局，惟在美中貿易戰與新冠肺炎疫情下，更加深其進行產能移轉以分散風險的思維。而在汽車產業方面，中國大陸臺商前往新南向國家布局者主要為汽車零組件業者，其目的在因應國際經貿情勢變化進行彈性布局。資通訊產業和汽車產業之臺商因應經濟新局而在新南向國家投資布局，謹分析如下：

（一）資通訊產業

中國大陸資通訊產業臺商的投資設廠決策，往往是隨國際品牌大廠的要求而進行調整。例如，許多蘋果供應商的臺企在美中貿易戰前已赴東南亞投資設廠或擴廠，而在美中貿易戰爆發後包括光寶、英業達、鴻海、仁寶、廣達、和碩、正崴、臻鼎等均擴大其在東南亞或印度的投資布局。

而美中貿易戰發生後，印度亦為中國大陸臺商及臺灣企業前往投資發展的地區。根據印度媒體報導，在新冠疫情過後，因蘋果認為其過分仰賴在中國大陸的供應鏈，因此考慮將 20% 產能遷移至印度，預期生產價值達 400 億美元的智慧手機，主要由臺商緯創資通和富士康（鴻海）等代工廠製造、出口。因此，預期若蘋果公司決定未來將中國大陸部分產能移轉至印度，則將會更多蘋果供應商的臺商增加或擴大其在印度的投資布局。

表 2：資通訊產業臺商近年在海外的布局

類型	臺商企業	業務	海外布局
蘋果供應鏈	光寶科	電源	泰國（1989 年設、2020 年擴產）、越南（2014 年設、2019 年擴產）
	英業達	組裝 Airpods	馬來西亞（1990 年設，2019 年擴）、越南（2020 年）
	緯創	組裝 iphone	菲律賓（1994 年設）、印度（2017 年設）、馬來西亞（2014 年購併）
	鴻海	組裝 iPhone、iPad、Mac	越南（2007 年設、2019 年擴）、印度（2007 年設、2019 年擴）、泰國、馬來西亞
	仁寶	組裝 AppleWatch、iPad	越南（2007 年設、2019 年擴）
	臺達電	電源	泰國、新加坡、印度
	日月光	IC 封測	馬來西亞、新加坡
	廣達	組裝 Mac、Apple Wacth	泰國（2018 年收購泰國春武里府世界電子組裝廠）
	和碩	組裝 iphone	印尼（2019 年設）、越南（2020 年設）
	正崴	連接器	印度（2019 年設）
	臻鼎	印刷電路板	印度（2020 年量產）
其他	臺積電	積體電路製造	美國（2020 年設）、日本（2020 年設）
	樺晟	電子線材	柬埔寨（2020 年設）
	元太	顯示器及終端機製造	日本（2020 年設）
	智易	無線網路器材	俄羅斯（2020 年設）
	群聯	積體電路製造	日本（2020 年設）
	中磊	電腦系統整合	墨西哥（2020 年設）、美國（2020 年設）
	旺玖	數位系統及微機電整合應用	美國（2020 年設）
	超眾	其他電子零組件製造	越南（2020 年設）
	新唐	半導體	日本（2020 年設）、韓國（2020 年設）、新加坡（2020 年設）
	美律	視聽電子產品製造	越南（2020 年設）
	國巨	被動電子元件	美國（2020 年設）

類型	臺商企業	業務	海外布局
	華邦	半導體	德國（2020 年設）、 印度（2020 年設）
	臺光電	印刷電路板組件	美國（2020 年設）
	微星	電子設備及其零組件	加拿大（2020 年設）
	蔚華	積體電路製造	日本（2020 年設）
	亞弘電	電子零組件製造	菲律賓（2020 年設）

（二）汽車產業

　　對中國大陸臺商而言，赴東南亞主要投資之汽車產業包含汽車製造商與汽車零組件廠，並主要以汽車零組件廠為主，且我國許多汽車產業在陸臺商在成本考量下，早在美中貿易戰發生前即前往新南向國家投資，在美中貿易戰或新冠肺炎疫情下可透過調整產能因應。例如，車燈與其零組件業者堤維西、柴油引擎噴嘴業者宇隆、麗清、永欣等均在 2018 年美中貿易戰即至東南亞國家投資布局或擴大產能。敏實集團為汽車零組件與外飾企業，2008 年即成立 Minth AAPICO 泰國有限公司，2018 年美中貿易衝突導致其當年業績下滑，敏實企業將中國大陸出口到北美的產品轉業到泰國、美國等其他基地生產，以逐步消除貿易戰影響。陸輝集團為全球知名氣門嘴製造廠之一，2011 年成立六暉工業（印度尼西亞）股份有限公司（PT.LUHAI INDUSTRIAL），目前旗下三大生產基地，包括大陸廈門、昆山及印尼製造基地，可彈性調配生產，因中美貿易戰，美國擬將大陸汽機車零組件進口關稅，由原調升 25%，再增至 30%，六暉工業計畫 2020 年第一季在印尼廠擴產，並改由印尼出口氣門嘴，以規避大陸產品輸美的加稅風險。我國汽車龍頭裕隆汽車在新南向國家則是聚焦布局菲律賓，2014 年裕隆汽車與菲律賓環球汽車公司合資成立日產菲律賓銷售公司，整

合日產乘用車與商用車產品在菲國的代理權，新公司由日產持股 51%，裕隆 NMPI 與菲律賓 UMC 各持股 24.5%，由日產主導經營。此外，裕隆持續擴大在菲律賓的布局，2018 年 8 月裕隆集團旗下裕融企業在菲律賓成立子公司，進軍菲國的汽車分期與庫存融資市場。

　　因此，近期在美中貿易戰及新冠肺炎疫情下，中國大陸臺商汽車業者至東南亞國家的意願與需求提高，且前往投資者以中小型的汽車零組件業者為主，並主要增加在泰國、馬來西亞、印尼等地之布局。然亦有考慮到國際市場需求，或因國際品牌大客戶要求而前往歐、美投資設廠者，如劍麟 2019 年赴波蘭設廠。

表 3：汽車產業臺商近年在海外的布局

臺商企業	業別	海外布局
敏實集團	汽車零組件與車飾	泰國（2008 年成立，美中貿易戰後轉移部分中國大陸產能至泰國）
六暉工業	氣門嘴製造	印尼（2011 年成立；2020 年擴產）
堤維西	車燈與其零組件、模具、板金	泰國（2011 年設）、越南（2020 年設）
裕隆集團	汽車製造廠	菲律賓（2014 年成立日產菲律賓銷售公司；2018 年成立子公司）
永新	汽車零組件	馬來西亞（2018 年投資）
帝寶	車燈與其零組件	泰國（預估 2021 年營運）
劍麟	汽車零組件	波蘭（2019 年設廠，2020 年量產）
正新	汽車零件製造業	日本（2020 年設）
聯嘉光電	汽機車零組件	德國（2020 年設）

二、臺商資金回流投資，並進行全球布局

　　美中貿易戰下，臺灣許多產業獲得轉單效益，但中國大陸臺商成了美中貿易衝突的間接受害者，而必須考慮產業供應鏈變化下的產能、產線或市場的調整策略；許多臺商被迫對其未來如何在中國大陸發展作出取捨與

抉擇。在此同時，肺炎疫情問題激化美中衝突，並使臺商在中國大陸製造生產面臨「斷鏈」風險；因此，中國大陸臺商乃會基於臺灣具備高階技術人才與較完整之產業供應鏈，而考慮將高階資通訊產品的生產線移回臺灣。特別是我國政府在此同時也推動「歡迎臺商回臺投資方案」等積極鼓勵臺商回流之政策，提供土地租金優惠、專案貸款等協助措施，統一由經濟部「投資臺灣事務所」擔任服務窗口，望能吸引臺商資金回流臺灣，而可以強化我國長期推動經濟成長的動能。

　　在回臺投資的大型臺商企業中，因其資本雄厚、具全球布局實力，可以多元運用以上的投資布局策略，同時保留在中國大陸的生產線，並擴大在東南亞或歐美等國的投資或生產線，同時又回臺投資設廠或擴充產能；其透過全球運籌的方式，擴大生產規模、提升全球競爭力，搶占出口市場，以因應國際經貿情勢發展，掌握全球商機。

　　例如鴻海、仁寶、廣達等在產業鏈下游的加工組裝業者，其毛利率可能低於 10%，承受美國對中國大陸商品課徵附加關稅的能力不足，且易受國際品牌大廠客戶的影響；這類企業的應變策略，最主要是隨國際品牌大廠的要求而遷移生產線至其他國家，或是自行進行產能轉移、分散生產地點（高長，2019：196-197）。而 Covid-19 疫情的衝擊，則促使加工組裝大廠必須加速前往區域性的整合性產業聚落投資布局，以分散生產製造的風險。

　　鴻海的研發基地和企業總部設於臺灣新北市土城，而在中國大陸深圳、東莞、重慶、鄭州等地均設有大型組裝加工廠，並於墨西哥、捷克、巴西投資，進行全球布局；近年更前往越南、泰國、馬來西亞等地投資，在美中貿易戰後則為配合蘋果手機生產線調整和貼近美國市場，已規劃前往印度和美國投資設廠、擴大產能；Covid-19 疫情後，為加速分散生產基地，更計畫在全球 16 個國家打造或擴大生產據點。和碩在上海昌碩廠為

其生產製造主力，美中貿易戰和 Covid-19 疫情後，和碩除強化臺灣總部的製造、研發能量，並優化其全球運籌管理能力，決定提高印尼巴丹島的產能，並計畫前往越南和印度設廠（黃欽勇，2020：74）。而其為仁寶（金寶）在 1990 年代初即前往泰國投資設廠，其後在中國大陸南京、重慶、昆山以及越南、巴西、墨西哥均設有大型組裝加工廠，美中貿易戰後則擴大越南生產線，並規劃在菲律賓投資設廠，以利爭取銷美產品之訂單，加強全球布局；仁寶企業總部在臺「根留臺灣」，但早已進行全球布局，在中國大陸和全球各洲均有投資設廠，故當美中貿易戰發生時，可以很快降低中國大陸的產能，而將部分來自美國的訂單轉移至東南亞、歐美或臺灣的生產線製造生產，故能有效因應美中貿易戰和疫情影響。而廣達企業總部設於龜山林口一帶，過去已赴中國大陸上海、重慶設廠，並投資於美國、德國等地，2018 年因應美中貿易戰乃赴泰國投資，收購電子組裝廠，近期並將資金回流臺灣投資，規劃在林口增建廠房、擴大生產。英業達 1990 年代初期即在上海投資設廠，為其生產製造重心；但在 Covid-19 疫情爆發後，英業達重開馬來西亞檳城的生產基地，並在捷克、墨西哥建廠，並擴大其臺灣的筆電、伺服器產能（黃欽勇，2020：125）。生產瓶蓋的全球大廠臺商宏全，原已積極布局東南亞市場，在泰國、印尼、越南、馬來西亞、緬甸、柬埔寨等國設有生產據點，在 Covid-19 疫情後更擴大海外投資，除擴大印尼廠區的營運規模，並將新增菲律賓廠和北非的阿爾及利亞廠；同時，宏全也新增在臺投資案，於臺中港區建置倉儲物流園區，並增設廠房以擴大臺灣產能，生產跨產業的包材及增加高附加價值包材比重，確保未來營運持續成長。惟臺灣許多中小企業受限於企業和資本規模，則缺乏全球布局的能力，難以因應美中貿易戰的衝擊，而亟需政府之協助以度過難關。

臺商企業透過海外投資設廠，或以併購方式強化全球產銷能力者頗

多，如工具機產業的上銀和友嘉、不織布產業的南六、自行車產業的巨大等，其設廠和投資遍及中國大陸和海外，但近期仍將資金回流臺灣投資，且其企業總部留在臺灣，成為全球運籌經營管理的中心，調度著該企業在全球投資的資金和產線，營運全球的生產、行銷和貿易活動。這種多元布局能力的展現，正是臺商的全球競爭力提升，也是其因應當前經濟變局的有效策略。政府宜持續協助更多臺商回臺設立營運總部，以壯大臺灣經濟實力。

陸、結論

1960 年代臺灣採取出口導向政策，我國經貿開始與國際接軌；1970 年代經濟全球化趨勢下，臺灣企業向外發展，對外貿易和出口快速成長。1980 年代中期以後，製造業臺商紛紛尋找對外投資設廠的機會；1990 年代初，隨著兩岸經貿交流啟動和國際冷戰結束，臺灣產業和臺商向中國大陸、東協國家擴大轉移和投資設廠，是為全球化的深化階段。

而臺商在向外發展的歷程中，透過在中國大陸的投資經營及產業合作，參與了國際產業大分工，促進了臺灣經濟全球化，也造就臺灣高度的經濟成長；故臺商在中國大陸的發展，亦可視為臺灣全球化之一環。

惟自 21 世紀初以來，臺商面臨全球化發展的轉折階段。因為金融海嘯、歐債危機，使得自由市場資本主義的機制受到質疑，造成各國民粹主義的盛行和孤立主義的擴散，這反映出個別國家的國家主義和民族主義對全球主義的對抗，而展現出逆全球化的現象。而近兩年的川普的經濟政策、美中貿易戰和肺炎疫情擴散，更激化了這一股逆全球化的趨勢，且加劇地緣政治緊張局勢與區域貿易衝突。在此情勢下，臺商企業普遍地更加重視其投資布局與企業營運的分散風險，以降低貿易戰、科技戰、疫情等不確

定因素之衝擊；此「韌性思維」成為其供應鏈布局的決策關鍵，同時也在全球供應鏈重組之際，順勢進行全球投資布局的調整。

質言之，由於美中貿易戰美中結構性衝突將有長期化的趨勢，促使許多許多國際大廠與以外銷為主的資通訊產業臺商作出必須分散生產基地的選擇而考慮撤離中國；同時，Covid-19 疫情的衝擊，則更加速臺商將投資與生產線移出中國大陸，並審慎評估和規劃在其他適當的區域尋找整合性產業聚落，以進行投資布局，從而也牽動全球供應鏈重組的趨勢。

現階般中國大陸投資環境面臨逆全球化衝擊，以其為核心的全球供應鏈產生變化，促使臺商將產能外移，疫情影響下更促使臺商投資營運朝向「短鏈化」、「區域化」的新趨勢，進行向外轉移和投資布局的策略調整。而其未來調整投資策略、選擇投資地區的考量諸多因素，除須有助於規避美國加徵關稅，並能因應科技戰導致供應鏈可能移出中國大陸，以及疫情造成生產供應鏈短鏈化、區域化的趨勢。同時，臺商考慮轉移投資的地區乃是有較完整的供應鏈和產業聚落，並與歐美市場有較好的聯結，且當地能充分供給具產業技術的勞動力，以及能夠順暢地取得關鍵元件的物流交通。

在當前全球經濟新局及全球供應鏈重組形勢下，臺商企業的投資發展布局調整策略包括：（一）續留中國大陸並開發其內需市場；（二）續留中國大陸但開拓東南亞等新興市場的出口；（三）保留部分產能在中國大陸，同時也轉移、調整產線產能到東南亞等地區；（四）選擇回臺投資，重啟閒置產線或擴大產能、重新設廠；（五）因應各國政策導引或國際品牌商要求而前往他國投資；（六）貼近終端消費市場並肆應「短鏈化」趨勢而進行全球布局。

其中，許多臺商在考慮產業供應鏈變化情勢和下的產能、產線或市場的調整策略；而肺炎疫情使得臺商在中國大陸製造生產面臨「斷鏈」風險，

而會考慮將高階資通訊產品的生產線移回具備高階技術人才與完整產業供
應鏈的臺灣。臺商資金回流臺灣投資，且其企業總部留在臺灣，成為全球
運籌經營管理的中心，並據以進行全球布局，實為臺商的全球競爭力提升
的表現，也有助於壯大臺灣經濟實力。

　　面對全球化與逆全球化趨勢下，臺商投資布局方向的調整改變，政府
宜鞏固臺灣關鍵產業在全球供應鏈的重要地位，協助企業發展先進核心技
術，優化投資環境，培育高階技術人才，並擴大與各國簽訂投資保障、經
濟合作協議，消除臺商對外投資和貿易障礙，以利臺商企業根留臺灣並掌
握全球投資布局的契機。

參考文獻

外貿協會，2021，《供應鏈重組的領航地圖：以數位轉型、國際夥伴合作的新思
　　維開啟韌性供應鏈 2.0 時代》，臺北：中華民國對外貿易發展協會。

林雅鈴，2021，〈國際新局下臺灣產業轉型升級契機與策略建議〉，《臺經月刊》，
　　44（1）：98-104。

胡石青，2019，〈中美經貿摩擦與大陸臺商發展前景關係探討〉，《臺海研究》，
　　3：1-9。

高長，2019，〈美中貿易爭端對中國大陸臺商影響與因應分析〉，陳綠蔚、陳添
　　枝主編，《中美貿易戰：全球政經變局與臺灣產業出路》，頁 183-204，臺北：
　　中技社。

莊國鼎，2020，〈新冠肺炎對中國大陸臺商經營動向影響研析〉，《「新冠疫情
　　下國際與臺海形勢」學術研討會論文集》，頁 171-192，臺北：中共研究雜
　　誌社。

陳添枝、顧瑩華，2020，〈COVID-19 對全球產業供應鏈的影響及臺灣的挑戰〉，

《經濟前瞻》，191：28-34。

陳華昇，2021，〈國際政經瞭望：後疫情時代全球供應鏈變化趨勢之分析〉，《臺經月刊》，44（1）：92-97。

陳德昇，2011，〈經濟全球化與臺商大陸投資：策略與布局〉，陳德昇主編：《經濟全球化與臺商大陸投資：策略、布局與比較》，頁 127-164，臺北：印刻。

黃欽勇，2020，《斷鏈之後：科技產業鏈的分整合》，臺北：大椽。

蕭全政，2020，《臺灣政治經濟學：如何面對全球化與美中海陸爭霸的衝擊？》，臺北：時報。

顧瑩華，2019，〈美中貿易戰對全球產業鏈的影響〉，陳綠蔚、陳添枝主編，《中美貿易戰：全球政經變局與臺灣產業出路》，頁 162-181，臺北：中技社。

臺商回應全球產業變遷與投資臺灣策略

羅懷家

（光電科技工業協進會執行長）

摘要

2002 年兩岸均加入世界貿易組織後，雙方加快經貿交流與合作，自 2010 年雙方簽署 ECFA 後經貿呈現互補互利高度發展。

由於臺商赴大陸投資著眼於利用廉價生產因素外銷，與歐美著眼內銷不同，但在大陸生產要素價格與環保要求日益升高，加上東南亞、印度以廉價生產因素吸引臺外商投資及美中互課高額關稅，歐美企業仍有相當比例願意留在大陸，但隨美中貿易大戰及新冠疫情全球肆虐，中國大陸的跨國企業，包括臺商基於風險分散及避稅已開始全球布局。

臺灣政府採取統一招商事權，提供優惠資金、土地、外勞比率，保證水電供應等措施吸引臺商返臺投資，並對境外資金匯回給予課稅優惠，各項措施均取得顯著成效。

臺灣與臺商未來應在全球經貿定位下調整發展方向，而不只是單面偏向臺商返臺投資，也應布局成長快速之市場。

關鍵詞：兩岸經貿、臺商回臺、境外資金匯回管理、臺商全球布局

壹、前言

　　1949 年以後兩岸隔海對峙，直到 1987 年臺灣開放老兵赴大陸探親以後，兩岸才逐步建立文化、經貿的交流與合作制度。然而隨中國大陸經濟影響力逐漸擴大，對習慣以美國為首的世界經濟體系自然產生衝擊。美中競爭包括新興科技如 5G、電動車的競爭，以及經貿限制與相互課稅的競爭。臺灣一直以來以歐美為市場，在兩岸交流之後也在大陸建立生產基地，面對全球產業大變局，如何爭取新興市場並保有既有市場，在分散投資地點的同時，繼續在臺灣投資，確實是臺灣政府與廠商的一大考驗。本文擬從兩岸經貿現況與全球產業變遷的角度，比較探討跨國企業，特別是臺商電子業的做法、政府作為與績效，作為後續其他臺商之決策參考。

一、兩岸從兩個世界到當前經貿互惠互利的發展

（一）兩岸經貿從無到有，發展迅速，且互補互利明顯（許勝雄，2017）

　　回顧兩岸過去 70 年交流發展。1949 年兩岸分隔分治，當時全世界處於自由主義與社會主義的冷戰對峙氛圍，雙方各自在所屬陣營發展。其後，臺灣選擇進口替代到出口擴張之開放經濟政策，臺商以「一只皮箱」開拓全世界市場，使臺灣享有大量的貿易出超，經濟發展獲得「亞洲四小龍」的國際肯定，而中國大陸對外閉關自守，兩岸關係處於緊張對立的狀態，雙方各個領域均呈現各自發展，彼此「不接觸、不談判、不妥協」。

　　經貿與文化是臺灣與中國大陸最先開始交流的兩個領域，兩岸經貿發展迄今已邁入第 30 年，相對兩岸關係 70 年的發展，經貿交流時間雖然短，但發展迅速，雙方交流密切，迄今已形成不容忽視的規模。

（二）兩岸貿易與投資形成傾斜式發展，規模顯著（羅懷家，2020）

1. 在貿易方面臺灣呈現順差

　　依據臺灣海關統計（如表 1），兩岸貿易總額（含香港）在 2016 年達到 1,575.97 億美元，仍然持續上升至 2017 年 1,814.60 億美元，2020 年達到最高峰為 2,162.30 億美元。值得注意的是臺灣對大陸出口與臺灣自大陸進口貿易占臺灣進出口比率並未大幅下降，美中貿易大戰及新冠肺炎全球肆虐，對美出口反而增加，大約占臺灣出口 43.9%，進口占總進口的 22.7% 左右，仍呈穩定增加。而自 2011 年臺灣對大陸享有高達 787 億美元的貿易順差（含香港），近三年也呈現相對起伏上升態勢，2017 年順差 783.62 億美元，2018 年順差 827.00 億美元，2019 年順差 737.01 億美元，2020 年順差 86,650 億美元，達到史上最高且有繼續增加態勢。

表 1：近年臺灣及兩岸貿易進出口概況

單位：百萬美元、%

| 年 | 臺灣總出口 | 對中國大陸出口 | | 臺灣總進口 | 自中國大陸進口 | | 臺灣總貿易餘額 | 對中國大陸貿易餘額 |
		金額（含香港）	比例（含香港）		金額（含香港）	比例（含香港）		金額（含香港）
1990	67,433	8,588	12.74	54,786	1,677	3.06	12,647	6,912
1995	113,340	26,938	23.77	104,010	5,019	4.83	9,330	21,918
2000	151,948	37,133	24.44	140,731	8,593	6.11	11,217	28,540
2005	198,431	77,680	39.15	182,613	22,203	12.16	15,818	55,477
2010	274,613	114,739	41.78	251,390	37,579	14.95	23,223	77,159
2011	308,303	124,059	40.24	281,600	45,284	16.08	26,703	78,775
2012	301,082	118,664	39.41	270,712	43,569	16.09	30,370	75,096
2013	305,442	121,226	39.69	270,050	44,251	16.39	35,392	76,975
2014	320,089	128,533	40.16	281,848	50,989	18.09	38,242	77,544
2015	285,341	112,540	39.44	237,217	46,733	19.70	48,124	65,806
2016	280,319	112,276	40.05	230,566	45,321	19.66	49,753	66,955
2017	315,487	129,911	41.2	257,200	51,549	20.0	58,287	78,362
2018	334,007	137,899	41.3	284,792	55,199	19.4	49,216	82,700
2019	329,194	132,148	40.1	285,694	58,447	20.5	43,500	73,701
2020	345,220	151,440	43.9	285,840	64,790	22.7	37,730	86,650
2021（1-7月）	244,880	104,210	42.6	207,150	46,180	22.3	59,380	58,030

資料來源：經濟部網站。

　　再以臺灣對大陸出口占臺灣總出口的比重來看，2005 年以來穩定維持在 39-40%，代表臺灣產品在大陸市場仍有一定的競爭力，但以臺灣自大陸進口占臺灣進口比例則呈現逐漸擴大的趨勢，從 2005 年的 12.16%、2011

年 16.08%、2014 年 18.09%、2018 年 19.4%、2019 年為 20.5%，2020 年為 22.7%，代表大陸產品在臺灣市場已有穩定的需求；而雙方出、進口產品均以零組件居多，即透過大陸工廠轉銷世界，或回臺組裝再加工出口，兩岸貿易實互補互利。

2. 在投資方面（如表 2），臺資赴陸投資大於陸資來臺

表 2：臺商赴中國大陸投資統計表

單位：百萬美元、%

期間	金額 （百萬美元）	成長率	件數	平均投資金額 （千美元）
1991-2000 年	17,102.6	58.8	22,974	744.4
2001-2005 年	30,153.6	20.5	11,478	2,627.1
2006-2010 年	50,064.7	24.0	4,233	11,827.2
2011 年	14,376.6	-1.7	887	16,208.1
2012 年	12,792.1	-11.0	636	20,113.3
2013 年	9,190.1	-28.2	554	16,588.6
2014 年	10,276.6	11.8	497	20,677.2
2015 年	10,965.5	6.7	427	25,680.3
2016 年	9,670.7	-11.8	323	29,940.3
2017 年	9,248.9	-4.4	580	15,946.3
2018 年	8,494.7	-8.1	726	11,704.9
2019 年	4,173.0	-50.8	610	6,840.9
2020 年	5,906.5	41.5	475	12,441.0
2021 年（1-7 月）	2,114.4	-40.2	240	8,810.0
1991-2021 年 1-7 月	19,453.3		44,640	435.8

資料來源：經濟部網站。

近年經濟部核准赴大陸投資件數雖然有下降，但投資金額約於 100 億美元規模，2016 年核准赴大陸投資 252 件，投資金額 91.8 億美元，2017 年核准赴大陸投資 580 件，投資金額 92.5 億美元，達到高峰以後逐漸減

少，但 2020 年投資又有較大幅度增加。2019 年核准赴大陸投資 610 件，投資金額 41.7 億美元，2020 年核准赴大陸投資 475 件，投資金額 59.1 億美元，累計至 2021 年 7 月底，核准赴大陸投資共計 44,640 件，累計投資金額 19,453.3 億美元；但是平均每件投資金額從 2016 年 2,994.0 萬美元的最高峰，其後年平均有較大波動，至 2020 年 1,244.1 萬美元。

由於臺商赴大陸投資，順利帶動臺灣產業由勞力密集轉向資本及技術密集，並得以擴大生產規模，例如資通訊產業的金仁寶、宏碁、華碩、臺積電、友達、鴻海，石化業的臺塑，食品業的統一，航運業的長榮，物流業的聯強，百貨業的太平洋，大賣場的大潤發等等，均在兩岸及世界有舉足輕重的地位。

相較臺商赴大陸累計投資 1,865.1 億美元的規模，陸資來臺部分（如表 3）卻是微小的進展。經濟部於 2009 年 6 月核准陸資來臺投資開始，迄 2021 年 7 月底止，陸資來臺累計投資件數 1,484 件，金額為 24.39 億美元。

表 3：陸資來臺投資概況　　單位：千美元、%

年度	金額	年增率	件數	平均投資金額
2009 年	37,486	-	23	1,629.8
2010 年	94,345	151.7	79	1,194.2
2011 年	43,736	-53.6	102	428.7
2012 年	328,067	650.1	138	2,377.2
2013 年	360,884	10.0	141	2,559.5
2014 年	334,631	-4.3	136	2,460.5
2015 年	244,067	-27.1	170	1,435.7
2016 年	247,628	1.5	158	1,567.3
2017 年	265,705	7.3	140	1,897.9
2018 年	231,242	-13.0	141	1,640.0
2019 年	97,180	-57.8	143	679.5
2020 年	126,311	29.9	90	1,403.5

年度	金額	年增率	件數	平均投資金額
2021年（1-7月）	27,880	-52.0	23	1,212.2
合計	2,439,162		1,484	1,643.6

資料來源：經濟部投資審議委員會。

（三）兩岸貿易與投資方面，中國大陸是臺灣最大貿易與首要投資對象

　　2020年臺灣對中國大陸進出口（含香港）貿易占臺灣整體對外進出口貿易比重34.26%，其中出口比重43.9%，進口比重22.7%；根據大陸商務部統計，2020年臺灣是大陸第五大貿易夥伴，第六大進口來源地。

　　若是按實際使用外資統計，迄2020年，臺資占中國大陸累計實際吸收境外投資總額的3.6%，是大陸第七位外商直接投資來源。

圖1：臺商2020年對外投資地區分配比例

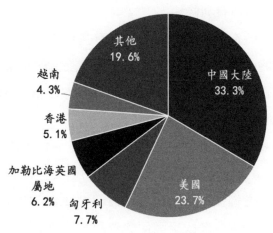

資料來源：陸委會經貿統計月報2020年第334期。

（四）兩岸走向世界，加入 APEC、WTO 及 ECFA

　　1991 年兩岸正開展包括經貿在內的交流，這一年兩岸也同時加入「亞太經濟合作」（Asia-PacificEconomicCooperation，簡稱 APEC）會議，雙方同時開啟並邁入亞太區域組織的大門，而 APEC 會議希望藉由亞太地區各經濟體政府相關部門官員的對話與協商，達成尋求區域內共享經濟繁榮的目標，並強調貿易暨投資自由化與便捷化（TILF），透過 APEC 經濟領袖會議、部長聯席會議等相關會議安排，兩岸代表在區域經濟的舞臺上與亞太重要的經濟體有了新的接觸與交流。

　　隨著區域經濟整合與全球化的風潮，兩岸經貿順應世界潮流走進了全球經貿舞臺，大陸與臺灣分別在 2001 年底、2002 年初加入全球最大的經貿組織——世界貿易組織（World Trade Organization，簡稱 WTO），藉由 WTO 世界級的規範準則，兩岸得以與世界經貿舞臺進一步融合，透過漸進開放市場，約束關稅與非關稅措施，促進公平競爭，鼓勵發展與經濟轉型。兩岸遵循 WTO 的規則，成為世界經貿重要的一分子，也有利於雙方經貿交流進一步發展，創造有利條件。

　　為尋求新興產業及時進入大陸市場，由華聚基金會推動的兩岸產業標準論壇、經濟部推動的兩岸產業搭橋及兩岸企業家交流的企業家峰會，均對兩岸產業交流與合作帶入另一高峰，同時也為雙方在 4G、5G 世界標準的制定奠定相互合作的基礎。

　　在兩岸經貿持續交流下，雙方在 2010 年簽署「海峽兩岸經濟合作架構協議（ECFA）」，這是兩岸經貿交流與合作的重要里程碑，代表兩岸經貿融入世界並加強雙方經貿往來的新局。目前 ECFA 早收清單項目已全面零關稅，為兩岸貿易帶來許多成果與便捷優勢，由於 ECFA 只是架構性協議，ECFA 後續有關貨品貿易協議正待協商，服務貿易協議尚未生效，

投資保障和促進協議以及海關合作協議已經生效，換句話說，兩岸經貿關係全面性的合作及制度化、正常化發展，尚差最後一里路，我們對此有很高的期待，希望兩岸未來能早日實現。

貳、兩岸經濟發展程度不同，臺灣產業朝其優勢發展

根據主計處 2021 年 8 月 13 日引 HIS Monthly Forecast Update（2021.7. 15）預測 2021 年世界經濟體的排名中，中國大陸 GDP 為 17.84 兆美元是世界第二大經濟體，僅次於美國 GDP23.08 兆美元，中國大陸 GDP 總值占美國約 77.3%，占世界 GDP 的 18.8%，而臺灣是世界排名第 22，中國大陸 GDP 總值是臺灣 23.51 倍。

眾所皆知，大陸目前已是世界工廠和世界市場，而臺灣許多產業在世界也有亮眼的表現，依據經濟部技術處的資料，2015 年臺灣全球排名世界第一的產業（以不含海外生產計算者）有 7 項，例如晶圓代工、IC 封測、高階自行車、玻纖布、綠藻、機能性布料、可攜式導航裝置（PND）等，如包含海外生產者則有 19 項；排名世界第二位不含海外生產者有 8 項，含海外生產者有 11 項；排名世界第三位不含海外生產者有 8 項，含海外生產者有 5 項。

一、構成臺商思考其他生產據點的原因

早期臺商赴大陸投資的原因與歐美國家不同。歐美國家赴大陸投資都是著眼於大陸內銷市場。例如：瑞典的諾基亞、芬蘭的易利信、美國的 AT&T 都是以技術換市場；美國通用、克雷斯勒、北京吉普、日本豐田、

本田、大發等國際車廠亦是。另外，當時中國大陸旅館與交通環境，均不適合外國人在大陸生活起居，因此特許國際五星級飯店進駐大陸。然而賺得的人民幣在當時的管制環境，是無法兌換美元的，特准許北京吉普與北京長城飯店鏈結，北京吉普可兌換長城飯店收取的美元匯出大陸。臺商赴大陸投資則是著眼於大陸廣袤的工業用地與廠房、眾多價廉與質優的勞動力，透過臺商的技術、管理與掌握行銷通路，教會大陸勞工生產技能、賺取所得、富裕地方、發展經濟、豐厚稅收與外匯，此與歐美日企業著眼內銷大不同。當然後來基於規模經濟與大陸生產競爭力，外商也開始外銷，臺商也開始注意日漸茁壯的大陸消費市場，而大陸政府也注意到應開放臺外商生產產品內銷，以節省許多外匯。例如蜂擁到日本購買的吸塵器、電鍋、免治馬桶都是在大陸生產的，但在大陸買不到。因此當前大陸既是包括臺商與跨國企業重要的生產基地也是重要的市場。然而有些生產條件與市場變化，企業基於風險分散與防微杜漸，必須預為規劃轉型升級或布建其他生產基地。隨著 2019 年美中貿易課稅大戰與 2020 年新冠肺炎的全球肆虐，跨國企業包括臺商避免被課高額懲罰性關稅或地主國確保關鍵性產品必須國內生產，更加快臺商產地遷移的速度與配合各國在地生產的要求。

二、中國大陸生產成本日漸高漲

（一）勞工成本上升

中國大陸 80 年代首先開放深圳、珠海、汕頭及廈門四個特區與廣東、福建兩省，吸引東南沿海及中西部農民湧入打工，春節前的春運與春節後的返工潮，都為當地地方官員重要任務。為爭取臺外商投資，各種土地廠房特價、稅費優惠、保險減免都成為招商重要手段，然而隨工商全面發展、

政府法規逐步完善、公共建設落實、工安與保險保障制度普施，勞工成本逐年增加。加上為保障中下階層人民生活，中國大陸也提出國民收入倍增計畫，就企業言從早期（90年代）每週連加班每月700元人民幣，到現在每月3,000元請不足工人，勞工成本要再加上0.4倍保險金。上海專業人員薪資已高過臺北。

（二）環保成本巨量成長且不保證能繼續生產

早期臺商赴中國大陸生產，投資者求土地成本最低且盡快開工生產，經常選在非工業區內土地（地價最便宜）又在沒有取得廢水、廢氣與噪音達標核准下盡快生產，一旦地方政府認真按規定處理，動輒巨額罰款，甚至勒令停工，或造成汙染圍廠鬧事，業主被拘及地方官員下臺等情事。中共十三五計畫提出「美麗中國」政策後，在中國大陸實施地方政府問責制，誰汙染誰整治。以蘇州河為例，上海市政府發現該河流入上海超標，要求昆山市政府處理，昆山市政府要求所有排水廠商停工檢測，零汙染才能再開工。在此等「突發」政策的要求下，即使是達標準廠商也要停工，影響巨大。大陸汙染法已實施，但企業多在該法實施前就已開設，該土地使用前也未經檢測，一旦發現汙染即要求該土地上公司負責，有時年代久遠或轉手換人，廠商備感冤屈，實在難以服人。

（三）社會公共事業與行政稅費

大陸水、電、供暖、排汙等公共事業費用基於使用者付費及投資回收，其費率均較臺灣為高，若該工廠不在工業區內需自行拉管線，成本更高。大陸對於土地、廠房及住宅亦每年開徵土地及房產使用稅，這些都是當初沒有估算的成本增加。

這些成本的增加，再再增加大陸生產成本，根據美國波士頓諮詢管理

公司根據 2015 年數據估算，與美國相關的 25 個國家製造業生產成本比較：若美國成本為 100，中國大陸已升為 97，臺灣為 92，墨西哥為 90。當時該管理顧問公司建議跨國企業應將公司遷出中國大陸或增設生產據點。

圖 2：波士頓諮詢管理公司：美國與 25 國製造業成本比較（2015 年）

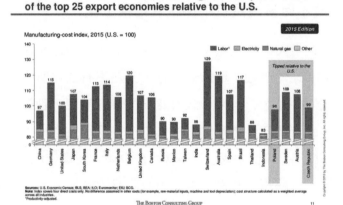

三、其他發展中國家陸續加入世界供應鏈

　　隨著亞洲四小龍成功發展經驗，許多開發中國家紛紛起而仿效，其中最為積極的就是東協國家，這些國家所得水準低於中國大陸，又有廣袤土地與平均不超過 30 歲的勞工年齡，大大吸引臺外商在中國加一策略中，再找一地投資。「區域全面經濟夥伴關係協定」（Regional Comprehensive Economic Partnership, RCEP）已於 2019 年 10 月 12 日草簽協議（印度除外），現今總共有 15 個成員包含東南亞國家協會 10 國（泰國、馬來西亞、新加坡、印尼、菲律賓、汶萊、越南、寮國、緬甸、柬埔寨），加上中國、日本、南韓、澳洲以及紐西蘭等 5 國。RCEP 將於今年 11 月將正式簽署實施，其範圍涵蓋全球 35 億人口以及近 30% 的全球貿易總額，因此 RCEP

將成為全球最大的 FTA（中央社，2020）。目前最為臺商熱衷的熱門投資地包括越南、泰國、緬甸、印尼、菲律賓。有關東南亞各地優勢圖（如圖3）。

圖 3：東協各國國情簡介

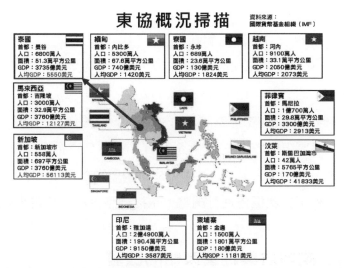

資料來源：東協區域經濟整合對臺商拓展東協市場之商機探討簡報，中華經濟研究院，吳玉瑩，2015 年 11 月 9 日。

四、美中貿易戰引發企業避轉高關稅成本作為

中國大陸 GDP 於 2010 年超越日本以後，美國擔心世界老大地位不保，對中共處處提防，透過處罰及打壓中興、華為等大陸通訊公司，限制大陸公司來美投資、併購、貿易及上市，且限制學生赴美研習科學等全面對大陸科技產業打壓，同時四次對大陸輸美特定產品課徵報復關稅。

具體作為包括：

清單一：第一波制裁清單 818 項，自中國大陸進口 340 億美元的產品，

於 2018 年 7 月 6 日開始課徵 25% 關稅。

清單二：第二波制裁清單涵蓋 279 項產品（原先 284 項），自中國大陸進口 160 億美元的產品，於 2018 年 7 月 23 日開始課徵 25% 關稅。

清單三：第三波清單涵蓋 5,745 項產品（原先 6,031 項），自中國大陸進口 2,000 億美元產品，於 9 月 24 日起課徵 10% 關稅，並自 2019 年 5 月 10 日起改為課徵 25%。

清單四：第四波清單涵蓋剩餘項目，自中國大陸進口 3,000 億美元產品，於 2019 年 9 月 1 日起課徵 15% 關稅，其中涉及手機、筆電、遊戲機、玩具等 1,600 億美元延至 12 月 15 日課。

由於臺商在大陸建立生產基地，中美貿易占對臺商影響非常大，以 2017 年為例，大陸出口美國前十大企業有 5 家為臺資企業，顯見其影響有多大（羅懷家，2019）。其次，由於 25% 關稅過於巨大，許多企業改變過去觀望態度並利用此次機會進行調整，包括轉型升級或移轉生產基地。

五、臺灣企業發展與經營策略的改變

面對接二連三的衝擊，臺灣企業除因為第二代不願意接班，自己也無力繼續經營，會採取出售母公司股權或歇業。其他企業大概採取與 OEM/ODM 等代工企業類似作法，包括：電腦、筆電、智慧手機、網路、伺服器、電視、遊戲機及其零組件廠商（如圖 4）。

圖 4：大陸臺灣電子業轉型升級策略

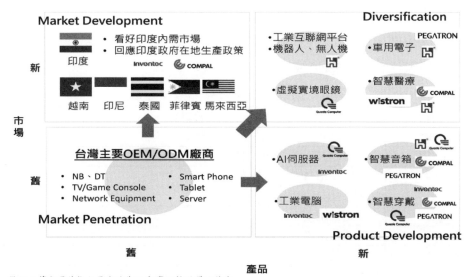

備註：舊市場係指主要客戶為既有資訊軟硬體品牌廠
資料來源：MIC，2017年9月

1. 在開發新市場方面：注意中國大陸、印度、東協與北歐、東歐及中南美洲等市場。例如英業達、金仁寶、鴻海、緯創、和碩等。

2. 在新產品開發面；AI、5G、智慧音箱、工業電腦、智慧穿戴等。

多角化經營：富士康在工業電腦、機器人、無人機等領域。仁寶智慧醫療、廣達在虛擬實境 AR/VR 等等。

六、主要跨國公司之選擇

雖然美國朝野及企業界幾乎同仇敵愾，支持美國政府對中國大陸強勢課稅與打壓。但根據中評社 2019 年 9 月 5 日引美中貿易全國委員會（USCBC）最新發布的年度會員報告發現：82% 的美資企業仍將中國市場作為最優先或五大優先之一；七成八美國公司在華運營狀況與公司總體運

營狀況一樣或更好，比前幾年有明顯好轉；97% 的美國公司表示在中國市場是盈利的。超過八成的美國公司報告說，貿易緊張影響了他們在中國的業務（余東暉，2019）。我們看看主要跨國公司的近期作為（如表 4），均有分散風險的生產基地移轉。

表 4：國際大廠大陸產能遷移規劃

公司	遷移計畫
Dell、HP	中國大陸產能減 30%，遷往臺灣或東南亞
Apple、Google	大陸產能減 15%-30%，轉往東南亞或印度
LG	手機、家電產線移往越南
Shape	PC 遷往越南
Olympus	產地遷往越南
三星	產地遷往越南及印度
BrooksRunning	產地遷往越南

資料來源：本研究收集。

臺灣主要電子代工廠近期均有包括臺灣在內的全球布局措施（如表 5），顯然均在進行全球布局，且以美、歐、東協及印度為考量重點。

表 5：臺灣電子代工大廠全球布局概況

公司	現況
鴻海	集團約 25% 產能在中國大陸以外地區，分布在臺灣、印尼、印度、越南、泰國、捷克、日本、墨西哥等 16 國
廣達	臺灣、美國、德國
英業達	臺灣、捷克、墨西哥、馬來西亞
緯創	臺灣、墨西哥、捷克、馬來西亞、印度、菲律賓，考慮在美國設廠
金仁寶	臺灣、越南、墨西哥、巴西、泰國、美國
和碩	短期：臺灣、大陸、捷克、墨西哥；長期布局：印尼、印度

資料來源：本研究蒐集整理。

　　根據大陸網路信息亞威信息於 2020 年 4 月 26 日發表的「百家臺灣電子供應鏈企業大陸地區產能向外遷徙動態」顯示臺商 EMS（Electronics Manufacturing Service）目前在大陸的生產比重大約在 10% 至 25% 之間，比例不算高。主要原因是這些工廠都是美國 Apple 手機與 HP、Dell 筆電與桌上型電腦的代工廠，而美國政府目前尚未對這些產品課徵懲罰性關稅，這些廠商雖已進行全球布局，但還不急切將產能立刻移出大陸。由於新冠肺炎肆虐，印度、馬來西亞、泰國及越南都有多次不同程度封城並影響當地工廠作業，均影響臺外商遷廠離開中國大陸速度。

表 6：臺灣 EMS 大廠在大陸與非大陸產能布局分配

產業	公司	中國大陸產能比重	非中國大陸產能	產能規劃
EMS	鴻海	75%	25%	目前鴻海在 16 個國家有生產基地，其中在印度以及越南的投資腳步不會停歇，將依照客戶調整需求逐步展開。
EMS	廣達	80% 以上	20% 以下	2018 年已經開始移動伺服器產能，受關稅影響主要移至臺灣，去年增資泰國子公司，主要規劃生產消費性電子，後續也不排除生產筆電。
EMS	仁寶	90% 以上	10% 以下	臺灣有平鎮廠、觀音廠，主要用來生產高價 NB; 越南二廠已經動土，預計今年底完工、明年投產，除了網通產品，包括 IOT、行動裝置客戶，也要求往越南移動。
EMS	英業達	80%	20%	桃園龜山廠組裝伺服器，桃園大溪廠負責筆電生產、馬來西亞檳城廠規畫生產智慧裝置，將投資越南。
EMS	緯創	75%-80%	20%-25%	越南廠今年下半年開始擴建，目標 2020 年上半年投產墨西哥、印度也會擴產，預期 2020 年非中國大陸產能占比目標要達到 50%。

產業	公司	中國大陸產能比重	非中國大陸產能	產能規劃
EMS	和碩	90% 以上	10% 以下	印尼巴淡島廠目前生產網通、IOT 等低價產品；越南廠第一期預計 2020 年上半年投產，並持續規劃分散產能，下一步將鎖定印度。
伺服器	神達	80% 以上	20% 以下	2019 年開始至 2021 年，陸續在新竹科學園區新增產線，主要增加伺服器產能，若客戶還有其他規畫不排除將尋求新增中國大陸以及臺灣以外的產能。

資料來源：大陸網路，亞威信息，「百家臺灣電子供應鏈企業大陸地區產能向外遷徙動態」，2020 年 4 月 26 日發表。

參、政府對臺商返臺投資之具體措施與成效

一、政府適時回應業者需求

　　臺灣廠商雖然赴海外生產，但臺灣一直是臺灣企業的主要市場信息、技術訊息與融資來源。因此若有投資機會自然會想到返臺投資生產，特別是他們熟悉臺灣產業環境，許多企業在臺灣還有廠房設備。其次，當時赴大陸投資許多都是中小企業，早期會計制度並不完備無法清楚分辨析回資金哪一部分是資本或哪一部分是利潤，一旦攜回資金，全以利潤課徵所得稅，包含大陸匯出稅合計課稅近 45%，大部分企業不捨得將資金匯回有近一半要繳交稅金。再者，代表臺灣製造業的全國工業總會曾於 2015 年 7 月 23 日發表「2015 年工總白皮書」，內容指出，國內產業環境艱鉅，面對「缺水、缺電、缺工、缺地、缺人才」的「五缺」的窘境，近期亦增加缺船運與缺原材料。政府若不能有效克服這些問題，臺商即使有心也不可能返臺投資。

　　面對美國持續對中國大陸課徵關稅措施之美中貿易戰影響，全球供應

鏈出現轉變，臺商正逐漸分散海外生產基地，並把回臺投資作為調整生產地點之重要選項。為掌握此一契機，政府於 108 年 1 月 1 日啟動「歡迎臺商回臺投資行動方案」（108 年至 110 年），希望克服臺商顧慮問題，爭取臺外商來臺投資，創造臺灣經濟再成長。

二、政府協助臺商返臺投資主要優惠內容

（一）三大法案協助企業在臺投資（國家發展委員會，2019）

目前政府實施的「投資臺灣三大方案」包含「歡迎臺商回臺投資行動方案」以投資大陸兩年以上臺商為主；「根留臺灣企業加速投資行動方案」以在臺且未對外投資廠商為主；以及「中小企業加速投資行動方案」以中小企業且未對大陸投資之企業為主。與本研究有關的為第一項「歡迎臺商回臺投資行動方案」。

（二）參加資格

共同資格（須全部符合）：美中貿易戰受衝擊業者、赴中國大陸地區投資達二年以上、回臺投資／擴廠之部分產線須具備智慧技術元素或智慧化功能之企業。

特定資格（至少符合一項）：屬 5+2 產業創新領域、屬高附加價值產品及關鍵零組件相關產業、國際供應鏈居於關鍵地位、自有品牌國際行銷、經認定回臺投資項目與國家重要產業政策相關。

（三）方案特色

（1）以需求端驅動：有別於以往吸引臺商回臺作法，以需求端驅動，並以創新作法滿足廠商用地需求，充裕企業所需人力，同時協助臺商快速

融資。

（2）客製化單一化窗口：政府成立「投資臺灣事務所」，由投資審議委員會執行秘書、經濟部投資業務處處長，同時兼任該單位執行長，統一事權，全力協助臺商返臺投資。並指定小組進行專人專案，提供客製化服務，申請案提供諮詢與預審，並於遞件 10 天內核發核准函。

（四）採行五大措施吸引優質臺商

1. 滿足用地需求

首先整理現有工業區及科學園區閒置空地與廠房之資訊，供有投資意願臺商選擇租購。

a. 提供租金優惠：提供進駐經濟部開發工業區前二年免租金之優惠，已租者租金按物價指數調整，具平穩固定成本。

b. 提高土地使用效率：依「都市型工業區更新立體化發展方案」，提升既有都市計畫區容積率，加速工業區更新與立體化發展。

c. 輔導合法業者擴廠：協助有擴廠需求之合法業者依現有法規擴廠。

d. 擴建產業用地：推動擴建科學園區產業用地、運用前瞻計畫補助地方政府設置在地產業園區。

e. 盤點土地供給：依經濟部及科技部盤點目前可立即供給的產業用地約 435 公頃，預估 108-110 年新增產業用地 873 公頃。

2. 充裕產業人力

a. 優先促進本國勞工就業，外籍勞工採補充性原則。

運用雇主僱用獎助、勞工就業獎勵、跨域就業津貼，協助勞工就業及補實企業人力需求。

b. 依現有機制，協助企業內部調動或引進所需陸籍專業人才。

啟動「外勞預核制」，讓廠商可以同時進行本勞及外勞聘僱作業，快速補充廠商人力，因本案核准之首名外籍人士入臺後才辦理查核。

c. 核准外勞人數可按現有 Extra 制規定再提高 10%。

3. 協助快速融資

a. 匡列額度：委由銀行以自有資金 5,000 億元辦理。

b. 貸款利率：不超過郵政儲金 2 年期定期儲金掛牌利率，加年息 0.5% 機動計息。

c. 貸款辦理方式：

i 貸款總額度在 377 億元以內，依實際貸放平均餘額以年息 1.5% 支付，惟支付期間最長不超過 10 年。

ii. 貸款總額度逾 377 億元後中小企業貸款：依實際貸放餘額以年息 1.5% 支付，惟支付期間最長不超過 5 年。

iii. 非中小企業貸款：每家廠商累計貸款額度前 20 億元，依實際貸放平均餘額以年息 0.5% 支付；額度逾 20 億元至 100 億元部分，依實際貸放平均餘額以年息 0.3% 支付；額度逾 100 億元部分，依實際貸放平均餘額以年息 0.1% 支付；惟支付期間最長不超過 5 年。轉移生產基地須足夠資金，國發基金依實際貸放餘額以年息 1.5% 支付銀行委辦手續費，委由銀行出資辦理，承貸銀行將依據個別廠商貸款計畫及信用狀況，核定貸款額度及利率。

iv. 貸款保證：依「中小企業信用保證基金對政策性貸款款信用保證要點」規定，移請該基金信用保證。

4. 穩定供應水電

　　a. 行政院於 2017 年 11 月列專案工作，預計 2031 年前可增加日供水 519 頓（相當全臺四成用水），可滿足各地產業用水。

　　b. 專人協助加速用水計畫申請，確保產業投資所需用水無虞；同時積極辦理各項水資源建設管理工作。

　　c. 透過單一窗口及專案控管，加速用電取得，並強化發電機組運轉維護，確保新規劃發電機組如期如質完成，提供穩定電源。

5. 稅務專屬服務

　　a. 財政部各地區國稅局設立聯繫窗口，提供稅務法規諮詢服務，有效區分所得與資本。

　　b. 國稅局成立專責小組與臺商諮商，有效處理稅務疑義。

（五）配套措施

1. 修訂「外國人工作資格及審查標準」

　　108 年 4 月 5 日發布修正「外國人從事就業服務法第 46 條第 1 項第 8 款至第 11 款工作資格及審查標準」，協助臺商解決回臺投資缺工問題，進而創造本國優質勞工就業機會。

2. 推動《境外資金匯回管理運用及課稅條例》協助臺商資金返臺（財政部，2019）

　　在符合洗錢與資恐防制等相關國際規範下，提供適當租稅優惠措施，引導臺商匯回境外資金，挹注產業及金融市場，促進我國整體經濟發展。該法案於 2019 年 8 月 15 日起實施兩年，第一年課稅 8%，次年 10%。符

合一定條件並將資金匯入指定帳戶，並在五年內投資於政府規定之 5+2 產業准退回所繳稅款之 50%。

四、主要成果

（一）關於「歡迎臺商回臺投資行動方案」成效

根據經濟部投資臺灣方案網站於 2021 年 8 月 26 日止的資料顯示，投資臺灣三大方案包含歡迎臺商回臺投資行動方案、根留臺灣企業加速投資行動方案及中小企業加速投資行動方案等，已核准 979 案，促成對臺投 1 兆 3,105 億元臺幣，創造就業 109,870 個就業機會。其中歡迎臺商回臺投資行動方案有 221 件，總投資金額 8,390 億元，創造就業 69,616 人。產業也積極回臺，至 2020 年底臺商返臺已在打造出五大供應鏈，包含伺服器、通訊零組件、汽車電子及汽車零組件、自行車等，可謂成果豐碩。

表 7：投資臺灣三大方案成果截至 2021 年 8 月 26 日止

項目	案件	總投資額（億元臺幣）	創造就業（人數）
歡迎臺商回臺投資行動方案	221	8,390	69,616
根留臺灣企業加速投資行動方案	111	1,995	15,253
中小企業加速投資行動方案	647	2,720	25,001
投資臺灣三大方案（加總）	979	13,105	109,870

資料來源：經濟部網站，投資臺灣專區。

根據投審會報告（經濟部，2019），個別產品鏈陸續返臺投資設廠或增加產能如下。

伺服器產業鏈：品牌大廠（HP、Dell、Cisco），ODM 組裝廠（廣達、英業達、緯創〔緯穎〕），電源供應器（臺達電、A 公司），機殼（勤誠），

電路板（臺耀、F公司），電路板運輸夾取設備（迅得）。

網路通訊設備產業鏈：Switch（智邦），CableCPE（亞旭、中磊），4G接取產品（啟碁、中磊），DSLCPE（中磊、亞旭），WLAN（亞旭），IPSTB（亞旭），IPPhone（亞旭），天線（啟碁），電池（緯創），被動元件（4家公司），電源供應器（臺達電）。

汽車電子產業鏈：車用駕駛資訊／娛樂（廣達），車身照明系統（TYC公司）、車用雷達（啟碁）、車用變速／減速（H公司），智慧人機介面與儀表總成（車王），電動馬達／模組（臺達電），車用影像鏡頭（大立光），車用二極體／繼電器（S公司），車用IC（A公司）。

汽車零組件供應鏈：整車（國瑞、福特、臺灣本田），傳動／底盤系統（H公司），駕駛安全輔助系統（車王）、冷卻／空調系統（T公司），保險桿總成（T公司），電機／電氣系統（臺達電）、車載資通訊系統（車王），車燈（TYC公司），輪胎（K公司）、齒輪變速機構（H公司），內裝（T公司）。

自行車供應鏈：整車（巨大、美利達），前叉避震器（宇隆），車架（T公司）、車胎（K公司）、橡膠（K公司）。

綜觀這五大產業鏈均為美國對大陸課徵25%懲罰性關稅，而臺灣原本有良好產業聚落，且臺灣一直與歐美大廠有深厚技術合作關係，臺灣公協會、財團法人與研究機構有密切的產官學研關係，有助於企業取得下階段技術與市場銷售的競爭優勢。

（二）關於「境外資金匯回管理運用及課稅條例」成效（翁至威，2020）

根據《經濟日報》引財政部最新統計至2020年5月15日，專法自上

年 8 月 15 日上路已屆滿九個月，申請回臺金額共 937 億元，其中有 811 億元已實際匯回。預估到 6 月申請匯回金額將可正式突破千億元。官員表示，境外資金匯回專法規定，首年申請適用專法，且在核准期限內匯回存入資金者，可享有優惠稅率 8%，到該年 8 月 14 日止。其後至 2021 年 8 月 14 日優惠稅率為 10%。這段期間臺商資金透過專法匯回呈現加速現象。

肆、結論：看法與建議

一、當前兩岸經貿的看法

　　1. **互惠互利明顯**。兩岸經貿藉由合作為兩岸各自經濟創造許多成果，滿足雙方經濟發展階段所需，為雙方產業帶來互惠互利的空間，奠定雙方相互了解與交流互動的深厚基礎。

　　2. **互補競爭並存**。伴隨國際企業投資大陸與大陸本地企業崛起，兩岸部分產業由互補轉為競爭態勢，臺商也面臨高度的產業升級壓力及市場競爭。

　　3. **兩岸經貿影響雙方經濟發展**。對臺灣而言，兩岸經貿對臺灣經濟發展相當重要，是臺灣經濟成長重要的動力；對大陸而言，兩岸經貿促成大陸產業升級與經濟現代化，面對美國對大陸科技限制與貿易戰，臺商是大陸重要的支柱。臺灣企業專業經營，努力創新，善盡企業社會責任，值得大陸企業學習。

　　4. **兩岸產業科技創新與升級有相互需求**。在下一世代產業例如第五代行動電話、人工智慧、智慧自動化生產、生物醫療、自動駕駛汽車、綠色產業、智慧城市、文創服務業都高度的互補合作空間，仍有待進一步深化與有系統地推動。

二、全球產業變局對臺商的建議

　　1.跨國企業包括臺資企業希望保留大陸為生產基地的理由包括：中國大陸珠三角與長三角具備產業群聚，隨時根據市場需求組合，均可生產獲得利潤。當地有質優量多之熟練勞工；土地廣袤且有良好的基礎建設（鐵路、高鐵、高速公路、公路、機場、碼頭、水電）；優惠的獎勵投資制度；高效的行政團隊。且面對新冠肺炎的全球肆虐，中國大陸未來可能是全球經濟復甦之起始中心，自然不能放棄，但企業家應該思考如何將製造中心的中國大陸變成也是消費市場。

　　2.臺商基於風險分散與傳統市場保有，勢必克服移轉部分產能至歐、美先進市場，或於新興潛在生產基地生產，既要原有市場也要建立新的生產基地，同時別忘記「一帶一路」的市場。

　　3.臺灣是我們的根本，目前的鼓勵臺商投資三法策略與推動境外資金匯回管理運用及課稅條例確有成效，不能否定目前政府官員的努力。但是臺灣未來要變成科技島、全球營運總部、科技研發與展銷中心、全球運籌與投資中心、華人生活休閒中心，現有投入與改革明顯不足，需要以恢弘氣度與宏觀視野，大力興革才能有所成效。

　　4.面對科技的創新，例如5G/6G、智慧電動車、綠能科技、量子計算、人工智慧、生醫科技、低軌寬頻衛星與先進化合物半導體、前瞻顯示器等，各國政府均投入大量資源，臺商應把握此等機會，特別是美國處心積慮希望切割中國大陸供應鏈之關聯，這是臺商轉型升級與占有美國集團市場的一個機會，應妥善把握。另也應注意節能環保與零排放的全球趨勢，企業應加快體質變革，以因應全球氣候變遷之綠能化調整。

參考文獻

中央社，2020 年 6 月 23 日，〈RCEP 擬今年簽署經部關注中日韓降稅對臺影響〉，《中央社》，https://www.cna.com.tw/news/afe/202006230345.aspx，查閱日期：2020 年 6 月 30 日。

余東暉，2019 年 9 月 6 日，〈特朗普強令美企撤出中國注定幻滅〉，《中評社》，http://www.crntt.tw/doc/1055/3/1/5/105531551.html?coluid=7&kindid=0&docid=105531551 查閱日期：2020 年 6 月 30 日。

翁至威，2020 年 6 月 8 日，〈境外資金匯回突破千億元〉，《經濟日報》。

財政部，2019，〈境外資金匯回管理運用及課稅條例〉。

國家發展委員會彙整，2019 年 7 月，《歡迎臺商回臺投資手冊》，臺北：國家發展委員會。

許勝雄，2017 年 10 月 26 日，〈兩岸經貿交流回顧與展望〉，《「兩岸交流 30 年回顧與前瞻」研討會論文集》，頁 17-23，臺北：大陸委員會。

經濟部，2019 年 4 月 1 日，〈臺商回臺投資方案推動業務報告〉。

羅懷家，2019 年 8 月 20 日，〈美中貿易戰趨勢及對臺經貿的可能影響〉，《每日頭條》。

羅懷家，2020 年 4 月 28 日，〈兩岸關係與兩岸經貿交流回顧與前瞻〉，《東吳大學兩岸經貿教學資料》。

論壇 24

全球化變遷與兩岸經貿互動：策略與布局

主　　　編	陳德昇	

發 行 人	張書銘
出　　版	**INK** 印刻文學生活雜誌出版股份有限公司
	新北市中和區建一路249號8樓
	電話：02-22281626
	傳真：02-22281598
	e-mail:ink.book@msa.hinet.net
網　　址	舒讀網 http://www.inksudu.com.tw

法 律 顧 問	巨鼎博達法律事務所
	施竣中律師
總 代 理	成陽出版股份有限公司
	電話：03-3589000（代表號）
	傳真：03-3556521
郵 政 劃 撥	19785090 印刻文學生活雜誌出版股份有限公司
印　　刷	海王印刷事業股份有限公司

港 澳 總 經 銷	泛華發行代理有限公司
地　　址	香港新界將軍澳工業邨駿昌街7號2樓
電　　話	852-2798-2220
傳　　真	852-2796-5471
網　　址	www.gccd.com.hk

出 版 日 期	2022年 1 月　初版
ISBN	978-986-387-519-2

定　　價	**350**元

國家圖書館出版品預行編目(CIP)資料

全球化變遷與兩岸經貿互動：策略與布局／陳德昇主編.
　--初版. --新北市中和區：INK印刻文學 , 2022.01
　面；17 x 23公分. --（論壇；24）
　ISBN　978-986-387-519-2 (平裝)
　1.國際經濟 2.經濟發展 3.中美經貿關係 4.兩岸經貿 5.文集

552.15　　　　　　　　　　　　　　110020828

舒讀網